AF608744

Friedrich Dürrenmatt
Charlotte Kerr

Rollenspiele

Protokoll einer fiktiven Inszenierung und Achterloo III

Diogenes

Umschlagillustration:
Ausschnitt aus ›Die Astronomen‹ von
Friedrich Dürrenmatt

Originalausgabe

60/86/8/1
ISBN 3 257 01715 4

Inhalt

Charlotte Kerr

Protokoll einer fiktiven Inszenierung

Die Wolke, die ich rede, ist meine Wolke,
aus der dichte ich mich heraus.

Friedrich Dürrenmatt
31. 12. 1985

München, Oktober 1983

Ich habe Dürrenmatt gerade kennengelernt, *Achterloo* in Zürich gesehen. Das Publikum lacht, applaudiert wie verrückt. Ich bin irritiert. Wir gehen spazieren im Englischen Garten, ich beginne zu fragen, vorsichtig. »Wo spielt das? Wer leitet die Rollentherapie? Wenn es im Irrenhaus spielt, warum erfahre ich das erst am Schluß? Ich kenne den geschichtlichen Hintergrund nicht, wie soll ich die Assoziationen verstehen? Und wenn ich nicht verstehe, versteht das Publikum auch nicht, ich bin nicht blöder als das Publikum...« »Das Publikum lacht, auch wenn es nicht alles versteht.« »Aber an den falschen Stellen.« »Theater hat eine andere Logik.« Dürrenmatt ist irritiert. Ich habe den Eindruck, daß er sich nicht mehr mit *Achterloo* beschäftigen will.

Am nächsten Tag, zweiter Spaziergang im Englischen Garten.

DÜRRENMATT: Wo haben sie an der falschen Stelle gelacht?

Damit beginnt die Diskussion über *Achterloo*. Sie wird zwei Jahre dauern. In diesen zwei Jahren mache ich einen Film über Dürrenmatt, wir heiraten, Dürrenmatt schreibt den *Minotaurus*, eine für ihn neue Prosaform, er schreibt *Justiz*, wir diskutieren über *Justiz*, ich mache einen Film über Melina Mercouri*, Dürrenmatt hilft mir beim Text, ich entdecke eine für mich neue Filmform, das politische Feuilleton, und immer wieder flammt die Diskussion über *Achterloo* auf, das Stück »sitzt noch nicht«, es sitzt uns im Nacken, die Idee einer fiktiven Inszenierung, die letzte dramaturgische, strukturelle Probleme lösen soll, kommt auf, ich werde den Weg dieser Inszenierung in einem Protokoll festhalten, wir machen uns an die Arbeit.

D: Was ich mir vorstelle ist zunächst einmal eine leere Bühne. Büchner tritt auf. Er hält ein Manuskript in der Hand. Er tritt vors Publikum, an die Rampe und sagt: »Ich bin Georg Büchner, geboren am 17. Oktober 1813, gestorben am 19. Februar 1837 in Zürich, an Typhus. Ich habe die Stücke *Dantons Tod*, *Leonce und Lena* und *Woyzeck* geschrieben und den *Hessischen Landboten*, und jetzt habe ich ein neues Stück verfaßt, das ich die Ehre habe, Ihnen, verehrtes Publikum, heute vorzuspielen. Gestatten Sie, daß ich die Bühne einrichte –« Er schnippt mit den Fingern, zwei Bühnenarbeiter in Pflegerkleidung bringen einen kleinen Tisch, Stuhl und Schreibutensilien herein, Stöße von Papier. Büchner setzt sich sogleich an den Tisch, vorne, seitlich an der Rampe. »Mein Stück ist natürlich fertig, aber wirklich fertig wird der Text erst auf der Bühne, im Zusammenprall mit den Schauspielern, das Ende schreibe ich immer erst auf der Bühne.« Damit beginnt er wie wild zu schreiben, zerknüllt ein Blatt, wirft es hinter sich, schnippt ein zweites Mal mit den Fingern, dann, stelle ich mir vor, bringen die Bühnenarbeiter einen, so einen großen Wäschekorb mit Kleidern auf die Bühne,

Kostümteile, beim dritten Fingerschnippen kommt eine Soffitte von oben, ein Stück Sackleinwand, im leichten Rahmen, auf die zeichnet Büchner ein Fenster, mit Kreide, schnippt wieder mit den Fingern, ein Betthimmel schwebt herab, die Bühnenarbeiter schieben ein Bett herein mit dem schlafenden Napoleon, stellen es unter den Betthimmel, das Fußende zum Publikum, eine Art Feldbett, ich seh es vor mir, das Feldbett Napoleons, das er mit nach Sankt Helena genommen hatte und in welchem er gestorben ist, ich hab irgendwo ein Foto gesehen.

KERR: Also, ein Feldbett mit dem schlafenden Napoleon wird hereingeschoben. Warum wird Napoleon im Bett hereingeschoben?

D: Weil das Bett das wichtigste Requisit ist.

K: Wird ein schlafender Mann in einem Bett hereingeschoben, oder ist er von Anfang an als Napoleon kenntlich?

D: Ein schlafender Mann.

Dürrenmatt ist ungeduldig. Er will weiterspielen.

D: Büchner geht zu ihm, rüttelt ihn wach, drückt ihm das Manuskript in die Hand, geht zu seinem Tisch, setzt sich, schreibt weiter. Er schreibt das ganze Stück durch, drückt den Schauspielern immer wieder Zettel in die Hand mit Textänderungen, aber die spielen gar nicht sein Stück, er bildet sich nur ein, daß sie es spielen, sie werfen die Zettel weg, er schreibt, zerknüllt, zerreißt Geschriebenes, am Schluß, sehe ich, ist der ganze Bühnenboden bedeckt mit Papier.

K: Was tut der Mann im Bett?

D: Napoleon liest, schüttelt den Kopf, er findet das

Manuskript schlecht, schmeißt es weg, steht auf, geht zum Korb, kramt, nimmt den Hut heraus, so mit der Geste zum Publikum: »Ihr wißt, wen ich spiele«, steht da im Hemd mit Hut, holt die Brille raus, dann geht er zu Büchner, bei dem liegt das Lexikon, aus dem liest er seine Biografie vor.

K: Hat Büchner seine Biografie auch vorgelesen, oder kann der sie auswendig?

D: Der kann sie auswendig. Und während des Monologs zieht Napoleon sich an, mit Kostümteilen aus dem Korb.

Ich reagiere nicht. Dürrenmatt geht zum Schreibtisch, liest mir den Anfang des Napoleon-Monologs* vor.

K: Ich verstehe immer noch nicht, warum Napoleon im Bett hereingefahren wird. Daß du es als Requisit brauchst, ist kein Grund.

D: Sie machen Rollentherapie, das Bett war vorher abgesprochen, ihm ist langweilig geworden, er hat sich reingelegt, ist eingeschlafen. Jetzt wird er reingeschoben. Das Verrückte ist der Büchner, der sich einbildet, man spiele sein Stück, das ist die erste Panne.

K: Das weißt du, aber wie weiß es das Publikum?

D: Das Publikum kann ruhig verwirrt sein. Die fangen an zu spielen, dann muß die Handlung so stark werden, daß du davon gefangen wirst. Das Verrückte muß immer realer werden. Das ist Sache der Schauspieler. Wer ist der Objektive? Der Zuschauer. Die Schauspieler sind subjektiv, sie sind ganz ihre Rolle, sie dürfen nicht verrückt spielen. Die beiden Ärzte, Louis und Plon-Plon, die Napoleons Diener spielen, aber sich für Freud und Jung halten, denen muß man wirklich die Ärzte glauben.

K: Aber sie sind doch auch verrückt. Wer leitet die

Rollentherapie? Du brauchst einen rationalen Grund, warum alle in deinem Stück verrückt sind und warum sie in ihrer Verrücktheit allein gelassen sind.

D: Da bist du bei Brecht. Der will das Theater als Theater, nicht als vorgetäuschte Wirklichkeit installieren. Er hat ja immer gesagt, der Schauspieler müsse verfremden, demonstrieren, daß er Theater spiele, sich nicht mit der Rolle identifizieren, neben der Rolle stehen. Ich verstehe Brechts Einwand im Grunde nicht. Theater ist Theater. So tun, als glaube der Zuschauer, das Theater sei die Wirklichkeit und man müsse ihm diesen Glauben nehmen, verstehe ich nicht. Ich nehme doch nie an, Theater sei Realität, auch die gespielte Realität ist Theater. Dieser Korb: aus ihm wird Realität kreiert, aus ihm quillt Theaterrealität. Ich kann mir zum Beispiel vorstellen, daß mitten im Stück die Schauspieler zum Auftritt kommen, sie suchen im Korb Requisiten, Rollenembleme, sie fangen an, sich zu kostümieren, daß ein Spiegel hereingebracht worden ist, sie fangen an, sich zu schminken, die Zimsen könnte einen prachtvollen Kardinalsmantel herausziehen, die Marxe Bärte. Napoleon und Richelieu sollten sich ganz ankleiden, Jeanne könnte in Bluejeans sein, vielleicht holt sie nur eine Fahne aus dem Korb.

K: Gehn wir zurück auf den Anfang. Achterloo ist eine Klinik, ein Irrenhaus.

D: Die Welt ist ein Irrenhaus.

K: Richtig. Aber dein Spielplatz für die Welt ist Achterloo. Das Stück heißt *Achterloo.*

D: Es könnte auch heißen, ›*Napoleon schläft*‹. Oder ›*Napoleon will ins Bett*‹.

K: Ich weiß immer noch nicht, warum er schläft. Warum er im Bett hereingeschoben wird.

D: Die beiden Marxe werden auch im Bett hereingeschoben. Vielleicht bleiben sie überhaupt das ganze Stück über im Bett, wachen nur auf zu ihrer Rolle, wie Somnambule, dann schlafen sie wieder weiter, vielleicht haben sie Injektionen bekommen, vielleicht machen sie eine Schlafkur. Das soll sehr wirksam sein.

K: Da ist ein Irrenhaus. Man arbeitet mit modernen Methoden. Nehmen wir an, es ist angeordnet: um 17 Uhr Rollentherapie, gespielt wird ein Stück, das wir *Achterloo* nennen, die Rollen stehen fest, die Patienten haben sich ihre Rollen ausgesucht, sie werden innerhalb ihrer Rollen improvisieren, in einer losen Zuordnung zueinander. Wer leitet die Rollentherapie? Wenn sie niemand leitet, wie weiß ich, daß das Spiel da oben Rollentherapie ist? Was haben die Leute an, wenn sie hereinkommen? Privatkleidung? Ich könnte mir zum Beispiel vorstellen, daß sie alle eine Art BIP-Anzug anhaben, dreiviertellange weiße Hosen, weiße Bluse mit Schärpe, so eine Art Pantomimen- oder Judoanzug, das ist locker, ästhetisch, gibt eine gleiche Ausgangsbasis für alle, nämlich die von Achterloo, und dazu holen sie dann ihre individuellen Kostümrequisiten, die Rollenembleme, aus dem Korb ...

D: Das ist Napoleon. Er hat die Hand im Hosenschlitz.

Während ich versuche, einen rationalen Zwischenboden in das Irrenhaus zu ziehen, hat Dürrenmatt sich an den Schreibtisch gesetzt, Napoleon gezeichnet, im BIP-Anzug, mit Dreispitz, die Hand in der typischen Napoleonspose – im Hosenschlitz.

D: Büchner kann gleich als Büchner herauskommen. Richelieu sollte ein tolles Kleid haben, eine verrückt elegante Frau, sehr katholisch. Als Gott kann sie dann wieder im Hemd sein, der reine Geist. Für Napoleon genügt der Hut, Sonnenbrille, Stiefel fände ich lustig.

Napoleon bekommt mit dem Zeichenstift Stiefel angemessen.

K: Und wenn Jeanne und Napoleon Judith und Holofernes sind, eigentlich müßten sie dann nackt sein, ›ganz bei sich‹.
D: Das habe ich eben auch gedacht. Hollmann würde das machen. Aber ich mag das nicht.
K: Verzeih, ich komme noch einmal zurück: Warum wird Napoleon im Bett hereingeschoben, warum schläft er? Am Stückanfang bekommt das ein ungeheures Gewicht. Deine Erklärungen genügen mir nicht, ich versteh's immer noch nicht.
D: Das ist eine grausame Geschichte: Ein Mensch, der sich einbildet, Holofernes zu sein, weil er die Erinnerung an die Realität nicht erträgt, muß Napoleon spielen und flieht vor dieser Rolle in den Schlaf.
K: Was war seine Realität? Was war er, bevor er nach Achterloo kam?
D: Er war ein großer Diplomat, eine Art Kissinger, Historiker, Politologe, hat eine Friedensmission geleitet, die endete mit Krieg. Das ist der Schock. Er will sühnen. Er rettet sich in den Wahn, Holofernes zu sein. Holofernes ist ein Todessymbol. Der Tod des Holofernes ist früher für die Maler ein berühmtes Motiv gewesen. Holofernes sühnt dadurch, daß ihn Judith ermordet, seinen Angriff auf Israel. Der Professor will seinen unfreiwillig verursachten Krieg sühnen: Er sehnt seine Ermordung,

seinen Tod herbei. Wie Holofernes ist auch Napoleon ein Feldherr, wie Holofernes hat auch Napoleon Länder erobert, aber er hat nicht mit dem Tod gesühnt, sondern mit Sankt Helena. Sankt Helena ist die Anstalt Achterloo: Man hofft den Professor durch die Rollentherapie von seiner Todessehnsucht zu heilen. Aber der Professor hält zäh an seiner Sehnsucht fest: Sich in den Schlaf flüchten ist eine unbewußte Flucht in den Tod, darum schläft er zu Beginn. Er wird von Plon-Plon und Louis gezwungen, bei der Rollentherapie mitzumachen: Er spielt, was ihm in der Wirklichkeit mißlungen ist, als Napoleon verhindert er einen Krieg. In Jeanne erkennt er seine mögliche Mörderin. Als Napoleon weist er ihr zwar nach, daß seine Ermordung sinnlos ist, doch dann gibt er der Versuchung seines echten Wahns nach, er gibt sich ihr als Holofernes zu erkennen, sie ermordet ihn. Bei Jeanne geschieht das gleiche. Ihr Großvater war Leiter eines Konzentrationslagers, Kriegsverbrecher. Sie will seine Verbrechen sühnen. Sie flüchtet in den Wahn, Judith zu sein, die ihr Volk, das jüdische Volk, rettet, indem sie Holofernes tötet. Unbewußt ist für sie Holofernes ihr Großvater. Hat der Professor den Wunsch getötet zu werden, ist es ihr Wunsch zu morden. Indem man sie in der Rollentherapie Jeanne d'Arc spielen läßt, will man ihren Wunsch zu morden ins Institutionelle umprogrammieren: Jeanne d'Arc hat nicht gemordet, sie hat Krieg geführt, um ihr Volk zu retten. Napoleon will den Krieg verhindern, so wird er für Jeanne zum Verräter, als Verräter müßte sie ihn ermorden, aber Jeanne mordet nicht. Doch blitzt ihr Wahn, Judith zu sein, immer wieder durch: am Schluß steigt auch sie aus ihrer gespielten Rolle in ihre Wahnrolle um, so kommt es zur Katastrophe. Sie hat sich als Jeanne in Napoleon verliebt, und nun liebt sie auch als Judith Holofernes und haßt, was sie einst liebte, ihr Volk: Sie tötet Holofernes, der ihr Volk verschonen will, weil er sie liebt, damit dessen Soldaten ihn rächen und ihr Volk vernichten und mit ihrem Volk auch sie, die wie ihr Großvater geworden ist.

K: Du manipulierst die Motive: Du biegst die Geschichte zurecht, damit deine Geschichte psychologisch stimmt. Bei Jeanne vermischen sich Rationales und Emotionales, Bewußtes und Unbewußtes. Ihr geraten die Rollen durcheinander, weil sie sich in den Professor verliebt, den sie als Napoleon und Holofernes haßt, weil sie im Grunde auch den Großvater geliebt hat, den sie wegen seiner Taten nicht mehr lieben durfte, sondern hassen mußte, den sie jetzt durch ihren Mord entsühnt und mit dem sie sich, entsühnt, im Liebestod vereint. Da bist du archetypisch bei *Tristan und Isolde*, psychoanalytisch bei Liebestrieb und Todestrieb.

D: Endlich begreife ich, warum sich Louis einbildet, C. G. Jung zu sein, und Plon-Plon Sigmund Freud.

K: In keiner Klinik wird man die Insassen ihr Rollenspiel spielen lassen ohne Aufsicht. Wo sind die Ärzte?

D: Die sind so fasziniert von ihren Theorien, daß sie die Praxis vergessen. Die sind alle auf einem Ärztekongreß.

K: Und das Pflegepersonal?

D: Streikt.

K: Findest du das glaubhaft?

D: Die Bühne kommt nicht ohne Übertreibung aus.

K: Die politisch ›Erbbelastete‹ flüchtet in die Rolle der politischen Schwärmerin, bereit zu töten. Ist sie eine Schwester der heutigen Terroristinnen?

D: Judith war eine religiöse Terroristin, eine biblische

Gudrun Ensslin. Die Terroristinnen halte ich für ebenso irrational wie die Judith in meinem Stück. Wenn jemand einen Revolver abdrückt, gibt es theoretisch einen Rückstoß auf die Erde. Es kommt mir vor, als versuchten die Terroristen mit ihren Revolverschüssen den Lauf der Erde zu verändern.

K: Warum benutzt du eine historische Figur und drehst die Geschichte um?

D: Ich spiele.

K: Rollentherapie?

D: Schreiben ist Rollentherapie. Im übrigen ist Judith keine historische Figur.

K: Es gibt doch das *Buch Judith* im Alten Testament.

D: Nur bei den Katholiken. Bei den Protestanten und Juden ist das *Buch Judith* apokryph.

K: Was heißt apokryph?

Dürrenmatt holt die Bibel aus dem Bücherregal, liest vor:

D: Das *Buch Judith.* Da steht's: »Das sind Bücher, die der Heiligen Schrift nicht gleich zu halten, aber trotzdem nützlich zu lesen sind.« Die Stadt Bethulia ist erfunden, Holofernes ist ein Feldhauptmann von Nebukadnezar, dem König von Assyrien, von Ninive, das ist Roman. Nebukadnezar war der König von Babylonien um 600 vor Christus. Holofernes, wart, ich schau nach. Für mich sind solche Dinge interessant.

Dürrenmatt schaut im *Brockhaus* nach unter Judith.

D: »Mit Holofernes ist möglicherweise ein persischer Feldherr ›Olofernes‹ gemeint, er lebte um 350 vor Christus.« So grotesk, weil alles nicht stimmt. Alles bunt zusammengewirbelt. Nur die Katholiken halten den Roman für historisch. Da gibt es einen berühmten Streit zwischen Claudel und Giraudoux, der eine Tragödie *Judith* geschrieben hat, in der Judith mit Holofernes schläft, bevor sie ihm den Kopf abschlägt. Der stockkatholische Claudel beschimpft Giraudoux, nennt ihn einen Schurken. Für ihn ist Judith eine Vorläuferin der Jungfrau Maria.

K: Wie lebt Judith in Achterloo weiter?

D: Sie kann nur weiter morden, das ist ihr Befriedigung, da klammert sie sich an die Illusion, jeder ist ihr Großvater, jeder ist Holofernes. Langsam rottet sie Achterloo aus. Du kannst das Spiel noch weiter treiben: Jeanne ist auch die Jungfrau, sie wird verbrannt, gereinigt, Verbrennungsöfen. Sie kauert in ihrer Zelle und denkt, sie sei tot.

K: Warum hast du aus der Jeanne ein Callgirl gemacht?

D: Ich hab nicht aus der Jeanne ein Callgirl gemacht, sondern aus einem Callgirl Jeanne. Das hängt damit zusammen: Wer tötet Napoleon? Es ging ja auch um den politischen Mord. Ein Held, der von einer Terroristin oder von einer Dame der Gesellschaft getötet wird, das ist langweilig, deshalb hab ich ein Callgirl genommen, der jämmerlichste Tod ist für mich der interessanteste, viel spannender als der heldische. Das ist ein dramaturgischer Komplex: Was ist Drama, was Komödie, wie ist das Stück von Anfang an angelegt? Für mich hängt eben die Komödie mit dem Paradoxen zusammen, diese Figuren sind ja alle paradox, zuletzt kam ich auf Jeanne als Callgirl, das ist das Groteskeste, eine Paradoxie, Jeanne als Jeanne geht nicht mehr. Zu Jeanne gehört der König von Frankreich, zu Judith Holofernes. Heute stehst du gewaltigen Organisationen gegenüber: Wenn du einen Gorbatschew niederschießt, bleibt der Apparat, Riesenapparate, die sich selber mästen, das ist heute. Terroristen? Die bewirken doch genau das Gegenteil mit dem Terrorismus: Sie wollen die Freiheit und schaffen ein Staatsgefängnis. Im Grunde hat die RAF die Reaktion bewirkt. Was will der Bürger? Ruhe. Die Intellektuellen waren auf seiten der Studenten bei der 68er Revolution, und was tun die Idioten, ich meine nicht Idioten als dumm, sondern taktisch unklug: Sie zünden die Autos an. Jeder Bürger träumt davon, am Wochenende mit dem Auto die Stadt zu verlassen. Dagegen Jeanne als Callgirl, was kann die einem Hus helfen: alle Geheimnisse aller Staatsmänner horcht sie aus, sie fickt den Robespierre zu Tode, ihr Aktfoto sorgt für die Verbreitung der Gewerkschaftszeitung. Ich bin für mehr Callgirls und weniger Terrorismus. Man muß heute Widerstand ganz anders leisten.

K: Wie?

D: Lies das Stück, lies *Ein Engel kommt nach Babylon*, lies *Romulus*, lies *Die Physiker*, meine Antworten sind alt.

21 Uhr, Bibliothek. Dürrenmatt schaut in *Meyers Konversationslexikon* Büchner-Daten nach.

D: »Büchner, Georg, talentvoller Dichter, geboren am 17. Oktober 1813 in Goddelau unweit Darmstadt, gestorben am 19. Februar 1837 in Zürich, studierte in Straßburg Naturwissenschaften, usw. Bei den politischen Umtrieben und Geheimbünden jener Jahre beteiligt und als Verfasser einer Flugschrift, betitelt *Der hessische Landbote*, mit dem der Französischen Revolution von 1789 entlehnten Motto: ›Friede den Hütten, Krieg den Palästen‹, verdächtigt, wußte er sich der Untersuchung 1835 durch die Flucht zu entziehen. Im Oktober 1836 begab er sich nach Zürich, wo er sich als Privatdozent an der Universität habilitierte, bald aber von einem Nervenfieber dahingerafft wurde. Zweitens: Louise, Schriftstellerin, Schwester des vorigen. Ihr erstes Schriftchen: *Die Frauen und ihr Beruf*, erregte um seiner gesunden Anschauungen willen ein gewisses Aufsehen. Demnächst erschienen von ihr: *Aus dem Leben, Dichterstimmen aus Heimat und Fremde;* ein Band eigner Gedichte: *Frauenherz.* In der sogenannten Frauenfrage zeigte sich Louise Büchner höchst tätig.«

K: ›Sogenannte‹ ist schön. Von wann ist der *Meyer?*

D: 1893. Wart jetzt, da ist noch einer. »Drittens: Ludwig, naturwissenschaftlicher Schriftsteller, Bruder der vorigen, lebte einige Zeit als Arzt in seiner Vaterstadt und habilitierte sich 1852 als Privatdozent in Tübingen. Hier rief er indessen durch seine im Geiste des modernen Materialismus gehaltene und für dessen Popularisierung mit Erfolg wirkende Schrift: *Kraft und Stoff* einen so heftigen literarischen Kampf hervor, daß er seine akademische Stellung aufgeben mußte und nach Darmstadt zurückkehrte, wo er seine ärztliche Praxis wieder aufnahm. Er veröffentlichte noch: *Natur und Geist, Die Darwinsche Theorie, Der Gottesbegriff und dessen Bedeutung in der Gegenwart, Aus dem Geistesleben der Tiere, Liebe und Liebesleben in der Tierwelt.«*

K: Das ist ja wahnsinnig, was der geschrieben hat.

D: Das ist erst die Hälfte. »Viertens: Alexander, Schriftsteller, Bruder des vorigen« – das ist eine ganze schriftstellernde Familie –, »trat 1857 in den französischen Staatsdienst und ist seit 1862 Professor der fremden Literaturen zu Caen. Er schrieb: *Geschichte der englischen Poesie, Französische Literaturbilder, Lautverschiebung und Lautverwechselung, Der Wunderknabe von Bristol, Chatterton, Lord Byrons letzte Liebe;* ferner in französischer Sprache: *J.A. Kryloff et ses fables, Hamlet le Danois, Hoffmann et le Roi Carotte ...*« Das hört überhaupt nicht auf. Am ungenauesten ist der *Meyer* eigentlich über Georg Büchner. *Woyzeck* und *Lenz* sind nicht einmal erwähnt, der hielt die anderen Büchners für wichtiger. Ich schreibe den Stückanfang neu, ich tue alle schriftstellernden Büchners rein.

K: Was hat das mit dem Stück zu tun? Was bringt das dem Stück?

D: Das ist lustig, das ist Theater, lebendiges Theater.

19.12.1985

Während ich in München bin, schreibt Dürrenmatt den Stückanfang neu. Der Dialog geht am Telefon weiter.

D: Vielleicht mache ich aus Woyzeck den Arzt, der die Rollentherapie leitet, und er spielt nur den Woyzeck.

K: Ich glaube nicht, daß das gut ist. Der Woyzeck ist eine versponnene, poetische Figur. Er ist die passive Kreatur, wenn das der Arzt ist, der den Woyzeck spielt, nimmst du ihm die ›Unschuld‹ des Wahns, wird er verfremdet, objektiviert. Vielleicht braucht man den Arzt wirklich nicht. Wir reden noch drüber. Mach mir den Woyzeck nicht kaputt.

20. 12. 1985

Zurück aus München. Ich habe meinen Film über Melina Mercouri fertig gemacht, beim Sender in Stuttgart auf MAZ überspielt, Titelschrift ausgesucht, Titel elektronisch auf Bild überspielt, die letzten, rein technischen Arbeiten nach monatelanger Beschäftigung. Auch diesen Text haben wir gemeinsam erarbeitet, Versuche, dem Aufgesogenwerden Gemeinsamkeit entgegenzusetzen, der Auflösung das Werk. Jetzt ist es von mir abgelöst, ich bin bin leer, frei für *Achterloo.* Dürrenmatt drückt mir den neuen Anfang von *Achterloo III* in die Hand. Ich lese: ›Von rechts schieben Louis und Plon-Plon, als Ärzte gekleidet, ein Spitalbett herein, in welchem der Professor (Napoleon) schläft, sich wild aufrichtet. »Sie kommt. Sie kommt. Sie ist schön. Sie legt sich zu mir ins Bett. Sie tötet mich. Endlich.« Er fällt über das Bettende, schläft weiter. Das Bett wird von Louis und Plon-Plon in die Bühnenmitte geschoben.‹ Es beginnt ein Dialog zwischen Louis und Plon-Plon, ein komischer Ärztedialog, Büchner tritt auf, stellt sich vor, die Familie, sie ist schon integriert, währenddessen richten Louis und Plon-Plon die Bühne ein.

D: Wie findest du's?

K: Zum Teil toll. Zu lang, etwas. Du brauchst einen großen Schauspieler für den Napoleon, dann kann der Stückanfang gespenstisch sein, sonst geht er nicht.

D: Der Napoleon sollte nun wirklich ein guter Schauspieler sein.

K: Wenn er nur ein bißchen weniger gut ist, kriegst du falsche Lacher.

D: Mir ist jeder Lacher recht. Es gibt keine falschen Lacher.

K: Aber wenn du ein Publikum am Anfang falsch programmierst, auf Komödie oder Schwank, will es weiterlachen, folgt dir vielleicht nachher nicht mehr in den Ernst.
D: Im Gegenteil: die Komödie ist die Falle, in die das Publikum geht. Du kannst in einer Komödie Dinge sagen, die dir sonst niemand frißt. Ich will das Publikum in den Ernst hineinlisten.

Ich lese den Dialog von Louis und Plon-Plon noch einmal. Mir kommt ihr Dialog zu früh.

D: Da bin ich nicht deiner Meinung. Ich führe jetzt Regie. Zuerst spiele ich einfach die Situation. Die Ärzte sind weg, auf einem Kongreß, die einzigen, die da sind, sind die beiden, die bleiben auch im Ärztekittel. Sie richten die Bühne ein. Es geht mir darum, die Bühne total zu installieren. Das ist die Rahmenhandlung, die eigentliche Handlung ist das Spiel.
K: Wie lange dauert es, die Bühne einzurichten?
D: Das geht schnell, das geschieht ja, während sie reden, während Büchner sich vorstellt. Das ist eine ungeheure Erleichterung für Büchner wenn er zum Publikum spricht, das ist komödiantisch, das gibt Spielmöglichkeiten. Ich werde nie vergessen, wie der Lühr als Lehrer in der *Alten Dame* seine Rede ans Publikum hielt, an die Güllener, und die Kabel kamen ihm immer zwischen die Beine für die Televisionsübertragung. Er spielt den Unbeholfenen, ein Dorflehrer, der eine Rede zwischen Fernsehkabeln hält, die gleichzeitig vom Fernsehen übertragen wird und dabei die Güllener aufruft, sie sollen jemand ermorden, aber nur die Güllener dürfen das verstehen. Und da halfen ihm die Kabel. Und das gleiche ist bei

Büchner, wenn er zum Publikum redet, und die richten die Bühne ein. Wichtig ist, daß man nicht schnell und glatt das aufbaut, sondern Pannen als Möglichkeiten nutzt. Die Regisseure sehen meistens falsche Möglichkeiten. Dort, wo's gar keine Schwierigkeiten gibt, bauen sie welche ein, statt reale zu nützen. Schweikart hatte dieses Gespür, ich werde Lühr nie vergessen.

K: Büchner sagt: »Das Stück spielt irgendwann zwischen 1980 und 1986.« Ist das ein Schreibfehler? Meinst du nicht zwischen 1480 und 1986?

D: Nein, es spielt heute mit den Figuren der Geschichte.

K: Büchner sagt: »Ich spiele darin Benjamin Franklin.« Dann kann es doch nicht zwischen 1980 und 1986 spielen.

D: Das ist ja das Verrückte. Sie spielen die historischen Rollen heute.

K: Kennen die beiden Psychiater alias Louis und Plon-Plon den Wahn des Professors, Holofernes zu sein?

D: Ja.

K: Wenn er ihnen bekannt ist, warum sagen sie dann nicht einfach: »Bildet sich ein, er werde von seiner Judith getötet.« Wäre das nicht flapsiger Ärztejargon? »... werde von einem Weib getötet«, da habe ich das Gefühl, ich als Publikum soll informiert werden.

D: Für zwei Psychiater beinhaltet das »... werde von einem Weib getötet« viel mehr. Ich habe lange darüber nachgedacht, ob »Frau« oder »Weib«, aber »von einem Weib getötet« ist Archetypus und Todestrieb, damit sind die beiden charakterisiert als psychiatrische Welt.

K: Als Freud und Jung.

D: Ja, der alte Streit. Aber für die spielt alles heute, das ist das Groteske. Im Grunde spielt für die Verrückten Zeit und Raum keine Rolle. Du kannst natürlich das ›heute‹

ändern in ›Gegenwart‹. Das ist eben das Ungeheure bei den Irren, die sind ineinandergeschachtelt, das gibt dann diese merkwürdige Bühnenrealität. Im *Mann ohne Eigenschaften** ist dieser Moosbrugger, der Lustmörder, der wird gefragt: »Wieviel ist vierzehn mehr vierzehn?« Er antwortet: »So ungefähr achtundzwanzig bis vierzig«, und dann ist eine lange Diskussion, warum »ungefähr«. Oder er sagt »sein Recht« ist »sein Jus«, so merkwürdige Ausdrücke, die nicht logisch zu erklären sind und doch stimmen.

K: Sollte Büchner sich nicht zuerst selbst vorstellen, bevor er seine ganze schriftstellernde Familie vorstellt?

D: Ich finde das so einen menschlichen Zug. Der ist stolz auf seine Familie. Seine Geschwister waren alle viel jünger als er. Das ist so etwas Warmes. Im Grunde, wen interessiert das? Das sind die Dinge, die den Figuren plötzlich Fleisch geben. Wie Napoleon, der vom Invaliden erzählt*, das ist eine meiner liebsten Stellen.

K: Bei den Informationen von Louis und Plon-Plon habe ich so eine ›Aha-Reaktion‹, jetzt will mich der Autor ins Bild setzen. Ich möchte mir lieber selbst mein Bild machen.

D: Am Anfang muß ich dem Publikum klarmachen: Wer ist das? Der Sockel ist auch nicht das Interessanteste an einer Statue, aber das Publikum muß Klarheit haben. Ich stelle mir immer vor: Was sind das für Typen?

K: Aber Louis und Plon-Plon sind doch gar keine Ärzte, sie sind doch Irre, die Ärzte und dann Diener spielen.

D: Im Rollenspiel tut man so, als wäre der, der eine Rolle spielt, mit der Rolle identisch. So muß auch gespielt werden.

K: Weiß Napoleon-Holofernes, daß die Ärzte verrückt sind?

D: Ich nehme an, er weiß es. Er stellt sie dem Publikum vor als seine Neffen. Dieses totale Durcheinander von Rolle, Realität, Schein, das einer vom anderen akzeptiert, das ist auch das Wahnsinnige, wenn du eine Irrenanstalt besuchst, daß du nicht weißt, wer ist normal, wer ist verrückt.

K: Wäre der Dialog der beiden ›Ärzte‹ nicht doch besser, nachdem Büchner sich vorgestellt hat, als Autor von *Achterloo*, dann ist schon vom Stück die Rede, du hast eine Figur mehr im Spiel, im Rollenspiel.

D: Ich glaube, der Dialog ist nicht zu früh, da, wo er ist. Das ist der Anfang: Zwei Ärzte reden von der Rollentherapie, und dann fängt das Rollenspiel an. Büchner stellt sich vor, die Ärzte haben Zeit, die Bühne einzurichten, dann müssen sie den Professor überzeugen, daß er mitspielt, den Napoleon. Ich habe eben eine ganz bestimmte Vorstellung von Gradlinigkeit, wie das geschieht: Genau kann man den Ablauf erst auf der Bühne entscheiden. Natürlich müßte ich jetzt inszenieren können, natürlich bräuchte ich jetzt einen Bühnenbildner. Ich muß die am Anfang als Ärzte etablieren, weil man es nachher vergißt, da sind sie nur noch zwei Diener.

K: Warum willst du Louis und Plon-Plon im Ärztekittel durchspielen lassen?

D: Weil ich glaube, es ist lustiger. Gleichzeitig sehen sie fast wie Pflegepersonal aus. Ich versuche so weit als möglich vom historischen Kostüm weg zu inszenieren. Wenn historisch, dann als Pointe. Das Schwierige, was ich sichtbar machen möchte: die Rolle hinter der Rolle. Sie spielen ja schon ihre zweite Rolle.

K: Also: Louis in der ersten Rolle ist C. G. Jung, in der zweiten Rolle Diener, der Neffe Napoleons.

D: Die erste Rolle ist die Wahnrolle, die zweite Rolle die Spielrolle.

K: Und die Rollen der Klinikärzte schnappen sich Louis und Plon-Plon selbst?

D: Die wollen den Löwen auch spielen –

K: Was ist die Realität? Wer ist Plon-Plon?

D: Ich bin noch nicht draufgekommen.

K: Louis ist Damenschneider, Büchner Erbe einer Spanferkelkette. Was hat Büchner mit Spanferkeln zu tun, was ein Damenschneider mit Freud?

D: Ich kann mir keinen Damenschneider ohne Ödipuskomplex vorstellen, er schmückt mit jeder Dame, die er kleidet, seine Mutter, und warum sich der Erbe einer Spanferkelkette für Büchner hält, hat der Damenschneider als Freud glänzend erklärt.

K: Ich versuche deinen Gehirnwindungen nachzugehen: Wie arbeitet deine Phantasie und Logik?

D: Eigentlich sind das Überlegungen, die erst nachträglich kommen bei mir. Ich stell doch nicht Überlegungen an, warum der Freud jetzt Damenschneider ist und der Büchner Besitzer einer Spanferkelkette. Es geschieht einfach bei mir sehr viel aus Phantasie, aus Spaß. Die Zimsen bildet sich ein, sie sei der Liebe Gott und spielt den Richelieu, Franklin war Schriftsteller, Naturforscher, Politiker, darum wählt ihn Büchner als Rolle, das ist Logik. Es genügt, wenn man bei einigen etabliert, was sie im Normalleben waren, man muß nicht bei jeder Rolle nachforschen. Das Fundament muß stimmen, dann kannst du lospreschen. Schizophrene sind eine Mischung zwischen Klarsicht und Wahn, in welchen sie sich hineinsteigern können, da sind sie perfekt. Sie spielen ihre Rolle wirklich ernst. Ich könnte mir vorstellen, daß Schizophrene sich viel mehr mit der Rolle identifizieren können als Normale.

K: Dann müßten Schizophrene geniale Schauspieler sein.

D: Wie viele Schauspieler sind nicht Schizoide.

K: Schizoid ist aber auch schon geisteskrank, oder die Veranlagung dazu.

D: Ich meine die Bleulersche Typeneinteilung: Schizoide, manisch Depressive. Ich rufe lieber Riggenbach an –

Dürrenmatt etabliert sich an seinem Schreibtisch, beginnt telefonierend zu zeichnen.

Riggenbach, Psychiater, war früher Direktor des Maison de Santé Préfargier, das Dürrenmatt als Vorbild für das Irrenhaus in den *Physikern* diente. Die beiden sind seit langem befreundet, Dürrenmatt hat Riggenbach porträtiert. So könnte ich mir Plon-Plon vorstellen.

D: Meine Psychologie ist mir durcheinandergeraten. Die Typenlehre stammt von Kretschmer, nicht von Bleuler. Es gibt drei Typen: Leptosome, Pykniker, Athletiker. Plon-Plon, Büchner und vor allem Richelieu und Jeanne kann ich mir als Leptosome vorstellen, Napoleon könnte ein Pykniker sein und Louis, Woyzeck und Hus. Überhaupt fällt mir jetzt ein, daß ich viele Hauptrollen geschrieben habe, die für Pykniker geeignet sind: Romulus, Akki, Bockelson, Schwitter.

K: Du sagst ja immer, du beschreibst dich endlos selbst.

D: Stimmt. Riggenbach sagt, ich sei der reinste Pykniker, den er kenne.

K: Ich bin Leptosome.

D: Die Pykniker neigen zum manisch-depressiven Irresein, wenn sie verrückt werden.

K: Die Leptosomen zur Schizophrenie.

D: Treffen wir uns in Achterloo wieder.

K: Und spielen *Achterloo 100.* Du spielst den Büchner.

D: Du den Richelieu.

K: Warum hast du Richelieu eigentlich für eine Frau geschrieben? War die Becker der einzige Grund?

D: Ja, ich weiß natürlich, daß Mariechen das kann, und sie war auch toll mit der Zigarre, die ich nicht mehr rauchen darf. Ich finde es gut, daß in einem Stück, das unter Irren spielt, wo der Richelieu sich noch dazu einbildet, der Liebe Gott zu sein, da finde ich es schön, daß das eine Frau ist.

K: Kannst du dir Gott eher als Frau vorstellen? Wenn überhaupt?

D: Als Mann ist Gott viel zu wenig verfremdet. Als Frau ist Gott unheimlicher. Sie hat ja jetzt auch so wahnsinnige Sätze: »Es war ein großer Fehler der Kirche, Jeanne zu verbrennen und heiligzusprechen. Wir hätten sie ins Bordell stecken sollen ...« Diese Kälte von Richelieu, dieser Rationalismus verbunden mit Religion, das kann ich mir von einer Frau viel toller vorstellen, viel verrückter.

K: Du bist Atheist. Du hast einmal gesagt, in unserem *Porträt**: »Ich sehe keinen einzigen Grund, logischen Grund, einen Gott anzunehmen.« Jetzt läßt du ihn durch die Hintertür im Irrenhaus wieder herein, paarst ihn mit Kälte und Rationalismus und besetzt ihn mit einer Frau. In welche Schichten geht das bei dir?

D: Das geht sehr tief. Erstens war Richelieu ein Kardinal, der, glaube ich, nie eine Geliebte hatte: Er war grausam, hart, rein logisch, nie beeinflußt durch Liebeshändel wie Napoleon, Richelieu war ein ES, eigentlich. Es hat natürlich schon eine gewisse Komik, wenn ich neulich in der Zeitung lese, von einem Theologenkongreß, man müsse sich jetzt Gott als Hermaphrodit vorstellen, zweigeschlechtlich. Ich kann mir zum Beispiel Richelieu, Gott, auch toll vorstellen als Negerin. Aber nicht als Mann, komischerweise. ES als Frau, aber eben fast nur Verstand, mit ihrer Vision. Du wärst ein idealer Richelieu.

K: Richelieu ist im Privatleben Frau von Zimsen, die hast du schon im *Porträt eines Planeten:* Willst du damit die Kontinuität einer Figur herstellen, einen Prototyp schaffen?

D: Die Zimsen war die Letzte ihres Geschlechts. Ich hab gern solche Figuren, ich hab noch so eine, die Äbtissin in den *Wiedertäufern,* Veronika Reichsgräfin von der Recke, die wird meistens gestrichen, weil sie niemand spielen kann. Ich hab solche Weiber gern.

Dürrenmatt hat *Die Wiedertäufer* aus dem Regal genommen, liest vor: »DIE VON DER RECKE ›Da wir zum rechten Glauben bekehrt durch den Propheten Jan Matthisson dem weltlichen Leben zurückgegeben sind, es als Frauen zu heiligen und nicht mit unnützer Jungfrauenschaft, dürfen wir heute einer Hinrichtung beiwohnen, meine Töchter. Gibt es doch für das fromme Gemüt nichts Heilsameres, als die Gerechtigkeit walten zu sehen und zu erleben, wie eine sündige Seele, vom Leibe durch einen gewaltigen Hieb befreit, sich direkt vor Gottes

Thron schwingt, dort den endgültigen Richterspruch zu erwarten. Gottes Gnade ist groß.‹«

K: Warum hast du solche Weiber gern? Die Rosagrande aus der *Frist* gehört auch dazu.

D: Weil man sie einfach mit der Sprache fassen kann. Die sind für mich wahrhaftig Archetypen, so etwas Unerbittliches. So eine Mischung von Norne und Unbarmherzigkeit. Einfach komisch. Wie findest du die?

Weiße Blätter, bedeckt mit Kohlenstrichen: lange dünne, mit hageren zarten Gesichtern, glühenden Augen, staunenden Augen, traurigen Augen, Rundköpfe von eher stämmiger Statur, doch nicht ohne Anmut der Haltung, Siegerpose, unter der der Boden wankt, auch sie ›dunkel grundiert‹. Eine Versammlung von Don Quijotes und Sancho Pansas, von liebenswerten Narren der Geschichte.

D: Hätte ich ein unerschöpfliches Schauspielerreservoir, würde ich als ein Regie-Nero *Achterloo* nach Kretschmer besetzen.

K: Warum sagt Richelieu am Ende: »Ich war der Liebe Gott«?

D: Weil Gott stirbt.

K: Zurück zur Rollentherapie in *Achterloo.* Was willst du damit?

D: Theater auf dem Theater. Es gibt sie, also benutze ich sie als Spielelement. Die Idee der Rollentherapie ist, dem Verrückten durch das Rollenspielen klarzumachen, daß auch sein Wahn ein Spiel ist, eine Rolle, in die er sich flüchtet, um seine Verrücktheit ertragen zu können, zu wagen, der Wahrheit ins Gesicht zu schauen.

K: Ist das die Theorie des Schriftstellers, oder ist sie wissenschaftlich fundiert?

D: Jede psychologische Theorie gibt vor, wissenschaftlich zu sein. Meine ist logisch: sie führt zur Katastrophe.

K: Nehmen wir an, die Patienten suchen sich selbst ihre Rolle für das Rollenspiel aus: Warum wollen Freud und Jung Diener sein?

D: Ich gehe da von meiner Erfahrung aus, meinen Besuchen in Irrenhäusern: Da zogen sie mir immer einen Ärztekittel an, das ist saukomisch, da stehst du dann im Ärztekittel plötzlich einem Verrückten gegenüber, der dich anglotzt. Das ist eigentlich ganz logisch, was Louis und Plon-Plon machen: Sie bilden sich ein, Freud und Jung zu sein, und verstecken sich hinter Dienerrollen. Als Kammerdiener können sie überall dabeisein und die Regie übernehmen. Ein Psychiater schleicht sich in dich hinein, das können sie am besten in kleinen, bescheidenen Rollen: Freund, Diener, Helfer. Ich kann mir vorstellen, die sind wahnsinnig froh und glücklich, daß sie immer beobachten können. Die sind quasi wie heimliche Spione.

K: Jetzt hast du schon drei dauernd auf der Bühne: Büchner, der immer schreibt, Texte verteilt, wenn er nicht gerade Franklin spielt, Louis und Plon-Plon.

D: Die müssen ja nicht immer beide da sein.

K: Wo sitzt Büchner? Vorne an der Rampe?

D: Du kannst ihn auch in den Orchestergraben versenken. Das ist eine Sache des einmal Schauens auf der Bühne. Es gibt hundert Sachen, die du streichen, die du wieder auftun kannst. Dann gibt es die Zuckerbrote, die Zuckerbrotsätze. Louis und Plon-Plon sind froh, wenn sie einmal eine Szene haben. Die Zuckerbrote – das sollte man auch erwähnen. Das ist ja das Verflixte, daß du nie vorher weißt, ob ein Schauspieler gut wird oder nicht. Mal ist er falsch, dann streichst du, oder du tust etwas hinzu, wenn er besonders gut ist.

K: Zerstörst du für ein Zuckerbrot die Dramaturgie?

D: Dramaturgie ist auch Psychologie. Daß der Plon-Plon immer vom Todestrieb redet und der Louis sich über ihn lustig macht, »hören Sie endlich auf mit Ihrem blödsinnigen Todestrieb«, du mußt denken, sie halten sich ja für Freud und Jung, das ist der große Krach in der Psychiatrie, und die führen natürlich ihren großen Krach auf.

K: Was wir hier treiben, Regie als Dialog, ohne Bühne, ist das nicht doch frustrierend für dich?

D: Nein – das ist ja die einzige Möglichkeit, die mir bleibt. Ich hab eben kein Theater mehr. Jetzt machen wir's so, ich muß das in Ordnung bringen. Wenn ich denke, wie der Neuenfels meine *Frist* gemacht hat. So ist meine Regiekonzeption wenigstens dokumentiert. Es ist ja auch die Frage, was man ausläßt, streicht. Ich habe da unlängst von Solti gelesen: Er hat immer die Erste von Brahms dirigiert, und plötzlich entdeckt er, daß er die Wiederholung der Exposition im ersten Satz immer ausgelassen hatte, und so alle vor ihm in der neunzigjährigen Geschichte des Chicago Sinfonieorchesters. Sie galt als überflüssig. Solti findet sie besonders schön und dirigiert sie von da an mit. Ich sag ja nur, auch in der Musik, da gilt etwas als zu lang, da läßt man etwas aus, und dann plötzlich entdeckt man es, spielt es und sieht, wie das trägt.

K: Glaubst du, du selbst kannst deine Stücke am besten inszenieren?

D: Nein. Diskussion ist gut, Einfälle, zwei haben mehr

als einer. Diskussion relativiert den eigenen Verhältnisblödsinn. Ich weiß natürlich genau bei jedem Satz, warum ich ihn schreibe, aber die Rolle der Monika in den *Physikern* zum Beispiel, eine wahnsinnig schwere Rolle, was macht die: Auftreten, Liebesszene, Ermordetwerden, und immer war sie schlecht, und ich habe schon gedacht, hab ich sie schlecht geschrieben, und dann spielte sie die Gisela Stein und war wunderbar, und ich wußte, die Rolle stimmt. Die Hanne Hiob, mit ihrer ganzen Kritik an der Rolle, hat nie die Rolle gespielt, sie hat nur Hanne Hiob in der Rolle der Krankenschwester gespielt. Es kommt wahnsinnig darauf an: Akzeptierst du oder nicht, bist du entschlossen, die Rolle zu spielen, oder nicht? Wenn ich denke, der Piaget in *Frank v.*

K: Wer ist der Piaget?

D: Der Uhrenfabrikant. Dem wollen sie eine wertlose Schwefelkiesgrube anhängen. Im ersten Akt denkst du, der fällt rein, und im zweiten Akt ist er wahnsinnig fröhlich, der Geigerzähler rattert, die Grube enthält Uran, Piaget hat ein Riesengeschäft gemacht, zwar ist er radioaktiv verseucht, muß bald sterben, aber er jubelt vor Freude, er ist Multimillionär.

K: Warum erzählst du das?

D: Was hab ich an dem herumkorrigiert. Und dann seh ich plötzlich den Rhomberg, und da war alle meine Arbeit überflüssig. Der trat auf, und dem glaubst du das. Die Schauspieler müssen auch Erfolg haben, an den Erfolg glauben, sonst geht's nicht. Und doch – eine meiner schönsten Erinnerungen ist der *Mitmacher*, in Mannheim, wo alle gegen das Stück waren, wie eine Wand, und dann hab ich sie langsam überzeugt, das war meine schönste Arbeit. Du mußt dem Schauspieler auch Zeit geben, die

Rolle zu entdecken, das ist wichtig. Jedes Bühnenstück ist eigentlich eine Arbeit am Lebendigen.

21.12.1985

D: Ich denke an der Jeanne herum.
K: An was speziell?
D: An der Gewerkschaftszeitung. Ihrem Aktfoto in der Gewerkschaftszeitung.
K: Das hat mich irgendwie immer gestört. Warum hast du's eigentlich gemacht?
D: Dahinter steht die ganze Prüderie des Sozialismus. Die geht auf Marx zurück, auf seine bürgerliche Seite. Wenn die ihre wilden kommunistischen Lieder sangen, mußte die Familie weg, sein unehelicher Sohn von Lenchen Demuth durfte das Haus nur durch den Dienstboteneingang betreten, schließlich adoptierte ihn Engels. Aber Marx liebte Pornographie. Die Gewerkschaftszeitung ist eine Parodie auf die Prüderie des Sozialismus. Dramaturgisch: Daß Robespierre, der Ausbund der Tugend, der nie eine Frau angerührt hat, der als kommunistischer Chefideologe auftritt, von Jeanne knockout gebumst, im Bett seines Todfeindes stirbt. Früher war Sozialismus sehr frei, am Anfang der Revolution, dann wurde er sehr prüde, keine nackten Statuen, die haben doch alle mindestens eine Turnhose an. Die spielt die gleiche Rolle wie der Lendenschurz bei der katholischen Kirche: ›Das jüngste Gericht‹ von Michelangelo haben die übermalt, ursprünglich waren alle nackt, die Heiligen und die Verdammten, es ist irrsinnig, wohin der überall weht, so wie Leichentücher, manchmal nur ein Fetzen, Gemein-

schaftsfetzen, die von einem zum anderen wehen und gerade das Schönste bedecken. Komischerweise ist die kommunistische Gesellschaft sehr kleinbürgerlich und spießig.

K: Hus steht bei dir für Walesa. Wo ist die Verbindung?

D: Hus war einer der ersten Revolutionäre gegen die Kirche. Ein Vorreformator. Verlangte gleiches Recht für Volk und Priester, nicht nur das Brot, sondern auch den Kelch für alle. Nach seiner Verbrennung erhoben sich die Hussiten, unter einem phantastischen blinden Feldherrn namens Žiška. In den Hussitenkriegen hat er die Heere des deutschen Kaisers zurückgeschlagen. Böhmen war ein Zentrum der Vorreformation, später der Reformation. Dann kam der Prager Fenstersturz, und der löste den Dreißigjährigen Krieg aus. Wie Walesa ein Vorkämpfer eines modernen Sozialismus ist, so Hus ein Vorkämpfer einer modernen Kirche, also geschichtlich ähnliche Figuren, nur ist Hus größer als Walesa. Alles ist vergrößert, Jaruželski ist auch nicht Napoleon. Walesa will Freiheit im Kommunismus, Hus will Freiheit in der Kirche, es sind ähnliche Konstellationen, es ist naheliegend, in dieser Konstellation historische Parallelfiguren zu nehmen. Der Anspruch des Kommunismus ist ähnlich dem der katholischen Kirche: total. Bei den Kommunisten sind Reformatoren Revisionisten, bei der Kirche Ketzer.

K: Wir gingen aus von Jeanne, von Jeannes Aktfotos in der Gewerkschaftszeitung, die Hus herausgibt.

D: Das Aktbild ist ein Zeichen für eine ungeheure Frechheit, Freiheit, Revisionismus. Die beiden Marxe, Robespierre, alle schlafen mit Jeanne. Die doppelte Moral der Nomenklatura: die Führungsschicht erlaubt sich das, die liest auch den ›Playboy‹, für das Volk ist er verboten.

Hus ›demokratisiert‹, politisiert Sex. Das sagt ja der Richelieu: Der Hus braucht die Sexualität als Transportmittel.

K: Du machst eine Geschichtscollage, spielst mit der Weltgeschichte, plazierst sie in ein Irrenhaus, jeder kann jeder sein, jede Rolle spielen. Das ist ein intellektueller und komödiantischer Spaß, wenn man deine Assoziationen, Parallelen nachvollzieht. Aber kann das ein normales Publikum? Wer hat schon dein Wissen?

D: Die Schwierigkeit für den Dramatiker ist: Wie bringt er die Welt, die er sich subjektiv denkt, dem Publikum nah?

K: Wenn du *Achterloo* heute schreiben würdest, würdest du die gleichen Figuren nehmen?

D: Ja. Warum ist das damals entstanden? Es ist toll, daß der Kommunismus sich in Polen einer Politik bedient hat, die er als faschistisch ablehnte: des Bonapartismus'. Marx glaubte immer, der Kommunismus sei unmittelbar vor der Tür, daß die Bourgeoisie scheitere, und dann käme der Kommunismus. Und dann kam einer, mit dem er nicht gerechnet hatte, Charles Louis Napoléon, der ›offizielle‹ Enkel Napoleons. Nach drei vergeblichen Versuchen in Boulogne, Straßburg und Paris, an die Macht zu kommen, weswegen ihm Marx den Spottnamen BOU-STRA-PA gab, gelang es ihm 1848 mit den Stimmen aller Gesellschaftsschichten, mit der Devise ›Ordnung und Prosperität‹, französischer Staatspräsident zu werden. Ein Jahr später, unter dem Vorwand, es drohe eine Revolution der Linken, schaltete er mit Hilfe der Armee und der Polizei durch einen Staatsstreich das Parlament aus, führte die Konsularverfassung wieder ein und ließ sich 1852 durch eine Volksbefragung zum Kaiser Napoleon III. wählen. Er bediente sich der gleichen Politik wie Napoleon I., Bonaparte. Für Marx bedeutet Bonapartismus die Politik, die unter dem Vorwand, die Ordnung herzustellen und den wirtschaftlichen Aufschwung einzuleiten, mit Hilfe der Armee und der Polizei zur Diktatur eines Einzelnen führt, aus unserer heutigen Sicht die Politik der Militärdiktaturen, jene der griechischen oder argentinischen Obristen, der Pinochets, definitorisch wäre es Faschismus. Aber auch in Demokratien ist die Devise ›Ordnung und Prosperität‹ nicht unbedenklich. Daß diese Politik jene des Generals Jaruželski ist, liegt auf der Hand: Er stützte sich auf die Armee und die Polizei unter dem Vorwand, die Freie Gewerkschaft käme an die Macht. Der Kommunismus hat immer eine Armee aufgebaut, aber die Partei hat immer über die Armee geherrscht. In Polen ist es das erste Mal, daß ein General den Staat rettet: eine Militärdiktatur rettet die Partei. Ich wählte statt Jaruželski Napoleon, und wenn schon Napoleon, dann den Ersten und nicht Boustrapa, der im Rollenspiel den Kammerdiener Louis spielt. Nur eine Unterscheidung ist zu machen: Wollte Napoleon I. durch seine Machtergreifung den Krieg ermöglichen, will ihn Napoleon in *Achterloo* verhindern, ich wollte einfach einmal ein politisches Stück über diese Konstellation schreiben, weil mich die Situation in Polen aufregte. Ein Stück über die Notwendigkeit des Verrats in der Politik, das hat mich immer beschäftigt.

K: Geht Politik nicht ohne Verrat?

D: Politik geht nicht ideal. Der Mensch ist nicht ideal. Ich vergesse nie, als ich beim Empfang des deutschen Bundespräsidenten in Bern an Genschers Tisch saß. Genscher war ganz relax, sagte, er gehe immer in die Sauna, war auch so etwas wie ein Schwamm, und auf einmal sagte er, unvermittelt, es klang wie eine Regierungserklärung, es gebe eine liberale Politik, und er vertrete sie. Mich fragte er, was ich schriebe, und ich sagte, über die Notwendigkeit des Verrats in der Politik. Genscher wurde bleich, kühlte mir gegenüber merklich ab, alle waren schockiert.

K: War das vor der ›Wende‹?

D: Unmittelbar davor, aber ich hatte keine Ahnung. Ich sprach von *Achterloo I*. Aber auch schon *Romulus* handelt von der Notwendigkeit des Verrats in der Politik. Romulus tut es, um sein Reich zu retten. Sein Hauptsatz: »Haben wir noch das Recht, uns zu wehren?« Sokrates sagt: »Es ist besser, Unrecht zu erleiden als zu tun.« Bei Jaruželski ist es die Unmöglichkeit, sich zu wehren, bei kleinen Staaten zwischen zwei Weltmächten könnte das die Weltkatastrophe auslösen. Die Lage war damals schon sehr zugespitzt, Afghanistan besetzt, ich weiß nicht, was passiert wäre, wenn die Russen in Polen einmarschiert wären. Du darfst nicht vergessen, Reagan ist einer der populärsten Politiker, jetzt bei 71 Prozent, er hat die Zustimmung des Volkes, wie Hitler, ich sage nicht, daß das vergleichbar ist, aber Popularität ist noch kein Qualitätsbeweis. Vielleicht hätte es Krieg gegeben, aber für die Polen ist Jaruželski ein Verräter. Steht in *Achterloo* hinter Napoleon Jaruželski, steht hinter dem Professor, der sich einbildet, er sei Holofernes, und Napoleon spielen muß, Kissinger. Er stiftete Frieden im Jom-Kippur-Krieg, als Folge dieses Friedens wurde das Camp-David-Abkommen geschlossen, Begin und Sadat bekamen den Friedensnobelpreis, Sadat wurde als Verräter ermordet, Begin entfesselte, von Ägypten nicht mehr bedroht, den Libanonkrieg, und von Frieden im Nahen Osten kann bis heute keine Rede sein.

K: Langsam kommt mir *Achterloo* vor wie eine dieser russischen Puppen, wo immer eine in die andere geschachtelt ist. Jedesmal, wenn du eine auseinandernimmst, ist da noch eine. Wann kommen wir zur Endpuppe?

D: Keine Ahnung. Die Schwierigkeit ist: du hast heute keine vorherrschende Philosophie. Die Marxisten hatten eine Denkschule. Brecht war hauptsächlich der Dichter der linken Intellektuellen, aber auch die sind heute gespalten. Wie die Katholiken. Gott und Teufel, Gut und Böse, Kapitalist und Proletarier waren allgemein verständliche Chiffren, mit denen du arbeiten konntest. Wenn du weder gut noch böse, weder links noch rechts bist, an keinen Gott und an keinen Teufel glaubst, sondern nicht einzuordnen bist wie ich, wenn du deine eigene Philosophie entwickelst, stehst du einem Publikum gegenüber, das von deinem Denken, und damit von deinen Denkvoraussetzungen und Denkresultaten, keine Ahnung hat.

K: Muß das Publikum deine Philosophie kennen, um deine Theaterstücke zu verstehen? Sollte ein Theaterstück nicht für sich selber sprechen?

D: Dafür schreib ich Komödien. Es ist ja auffällig, daß die Griechen in der Tragödie nicht ihre Zeit, die doch eine tragische war, sondern ihre Vorzeit geschildert haben, außer Aischylos in den *Persern.* Nur die Komödie behandelte die Gegenwart. In seiner schönsten Komödie schildert Aristophanes, wie die Vögel, vom Athener Ratefreund überredet, zwischen Himmel und Erde ein Reich errichten, das die Götter und die Menschen zur Kapitulation zwingt: die Götter, weil der Opferdampf nicht mehr zu ihnen hinaufdringen und der Zugang zur Erde für ihre Liebesabenteuer versperrt würde, die Menschen, weil sie ohne Regen verhungern müßten. Die Athener lachten über diese Komödie: Wie viele begriffen haben, daß Aristophanes das sizilianische Abenteuer des Alkibiades verspottete, das vierzigtausend Athener das Leben kostete, wissen wir nicht. Einige schon, die Komödie erhielt nur den zweiten Preis.

Das neue, zu schreibende Stück rumort in Dürrenmatt, ›*Der Tod des Sokrates*‹, auch in ihm sucht er den Standort der Welt, den eigenen Standort in der Welt, Napoleon-Holofernes mit seiner Sucht, der Sehnsucht nach Schlaf, ist ein Vorläufer des Sokrates mit seiner Definition vom Tod als dem nie endenden traumlosen Schlaf, dem höchsten ihm vorstellbaren Glück. Platon wird auftreten, der Chefideologe, der Prüde, Asketische, Dionys, der lustvolle Tyrann, Aristophanes, der Diagnostiker, der Schriftsteller, verkommen, verbittert, verlacht, er wird freiwillig den Tod für Sokrates sterben, als Double, die Welt will keine Diagnose mehr – Endzeit, der Welttod ist zu nah –, sie will Flucht, Selbstbetrug.

Oktober 1985, Kairo

Dürrenmatt liest an der Universität von Kairo, am Goetheinstitut. Er liest den letzten Akt *Romulus,* in dem der Kaiser sein Weltreich kampflos liquidiert, weil er keinen Sinn mehr in der Macht, keinen Sinn mehr im Krieg sieht. Im Anschluß an die Lesung Diskussion, zu Wort melden sich nur Studentinnen. Gerade hat ein ägyptisches Sonderkommando ein Blutbad bei der Befreiung einer von Terroristen entführten ägyptischen Maschine angerichtet, Entführer und vierzig Passagiere sind tot, aber die jungen

Menschen sind im Siegestaumel, Siegesstolz, jeder Sieg kompensiert ihren nationalen Minderwertigkeitskomplex.

»Warum nehmen Sie uns den Sinn unseres Krieges?« fragen sie. »Warum bieten Sie uns nicht Lösungen unserer Probleme?« »Ein Schriftsteller hat die Pflicht, Patentrezepte zu liefern«, meinen sie, »Hoffnung, nicht Diagnose.«

Die Mädchen sind zwischen sechzehn und achtzehn Jahre alt. Ich war so alt, als der Zweite Weltkrieg endete, bei dem die Menschheit noch einmal davonkam, beim nächsten wird sie nicht mehr davonkommen. Im Hinausgehen schreit ein ägyptischer Student: »*What do you want here? Leave us alone. You don't even speak English.*« Verständigung ist schwierig.

D: Wie kriegst du die heutige Zeit in den Griff, wie fängst du die heutige Zeit ein? Es ist paradox. Du bist informiert wie noch nie durch Zeitungen, Radio, Fernsehen, du wirst unter einer Nachrichten- und Bilderlawine vergraben, aber unter dieser Lawine siehst du die Zeit nicht mehr, in der du lebst. Du versuchst dich ins Freie zu kämpfen, aber die Lawine donnert immer weiter auf dich herunter: Morgennachrichten, Mittagsnachrichten, Abendnachrichten, es bleibt dir nur noch ein winziger Freiraum, um nicht zu ersticken. Du mußt dir selber ein Bild zu schaffen suchen, du mußt aus dir heraus die Welt zu verstehen versuchen, und dann mußt du schreien. Vielleicht hört dich jemand. Schreiben ist heute schreien. Wer schrie nicht schon alles. Sartre versuchte das Bild der Wirklichkeit, das er sich schuf, den Existentialismus, mit dem Marxismus zu verbinden, und dann ging dieser andere Wege, an Sartre vorüber, und sein Schreien wurde nicht mehr gehört. Beckett schreit, weiß aber, daß es sinnlos ist zu schreien.

K: Und du?

D: Um zu warnen. Es gibt nur einen Weg, der Lawine zu entgehen, nicht hineinzugeraten: sich nicht allzusehr mit den Nachrichten aus der Welt und über die Welt zu beschäftigen, sondern mit dem Denken. Ich glaube, der große Fehler der heutigen Philosophie ist, daß sie die Naturwissenschaft ausklammert, und was ist deren Basis: das Experiment. Ich muß auch die Erkenntnisse der Naturwissenschaft und ihre apriorischen und empirischen Methoden in meine dramatischen und Prosa-Experimente einbeziehen, dann bin ich handkehrum außerhalb der Lawine, und die Lawine wird mein Stoff.

22. 12. 1985 – Spätabends

Dürrenmatt hat den ganzen Nachmittag geschrieben, ausgeschnitten, geklebt, das heißt größere Änderungen, er nennt das ›die Sätze in die Hand nehmen‹.

K: Du schreibst *Achterloo* schon wieder um?

D: Das ist sehr interessant, was ich jetzt mache, weil ich die Bühne sehe. Ein Buch kannst du zweimal lesen, du kannst zurückblättern, bei der Bühne ist alles Gegenwart. Nimm die Gewerkschaftszeitung, in der das Aktfoto von Jeanne ist, und niemand weiß, wer Jeanne ist. Ich mache auf der Bühne in die transparente Soffitte ein Fenster, und da erscheint Jeanne, wenn das erste Mal ihr Name fällt, und sie sagt: »Ich bin Jeanne d'Arc, geboren 1412, am

30. Mai 1431 auf dem Scheiterhaufen als Hexe verbrannt, von Schiller gedichtet als Jungfrau von Orléans, historisch sehr fragwürdig, bei Shaw die Heilige Johanna, jetzt bin ich ein Callgirl«, du kannst auch noch hinzufügen das Datum der Heiligsprechung, vorne geht das Spiel weiter, es ist wie eine Fußnote, dann verschwindet sie wieder, und da hast du gleich die ganze Frechheit, wenn sie vorne als Aktbild in der Gewerkschaftszeitung ist, und du bist im Bild. Das gleiche bei Robespierre und Fouché. Vorher hast du nie gewußt, wer das ist, Napoleon hat das erklärt, jetzt erscheinen sie und sagen es selbst. Was ich weitgehend aktualisiere, ist das Geschehen, das freche Geschehen. Die Zeit ist jetzt genau bestimmt, zwischen dem 12. und 13. Dezember 1981, die Nacht bevor Jaruželski kam, das ist wichtig.

Dürrenmatt ist aufgestanden, zum Bücherregal gegangen.

D: Ich muß da noch etwas nachschauen, wart einen Moment.
K: Was schaust du nach?
D: Wann Jeanne d'Arc heiliggesprochen wurde, das muß ich noch schreiben.

Dürrenmatt sucht im *Brockhaus* unter Johanna, Heilige.

D: Am 30. Mai 1431 verbrannt, erst am 30. Mai 1920 heiliggesprochen.
K: Von wem?
D: Wart, das kann ich unten feststellen, bei den Päpsten. Da fehlt mir einer. Pius XII. war später, das ist nicht ein Pius, ich geh schnell runter nachschauen, da muß einer ganz kurz regiert haben.

Dürrenmatt verschwindet in sein Schlafzimmer, seinen Bücherkokon, kommt mit einem anderen Nachschlagewerk zurück: *Geschichte der Päpste.*

K: Wie heißen die Päpste denn noch außer Pius?
D: Johannes, Gregor…, der fehlt, ich muß mich morgen erkundigen beim Everding, der weiß alles über Päpste.

Die Päpste treiben Dürrenmatt um, zurück zum Bücherregal.

D: Vielleicht ist es da drin: 1914, 1919, 1920.
K: Wo schaust du jetzt nach? Kulturlexikon?
D: *Kulturfahrplan, 1914,* was da alles geschehen ist. Da muß doch der Papst –. Die Päpste kommen hier überhaupt nicht vor, das ist denen ganz wurst. Lustig, was da alles keine Rolle mehr spielt. Alle byzantinischen Kaiser sind aufgezählt, aber nicht der Papst. Sicher ist er im *Meyer,* aber der geht nur bis 1899. Ich werde es schon noch rauskriegen. Clemens heißen sie auch noch immer.

Der *Kulturfahrplan* landet auf dem Schreibtisch, Dürrenmatt holt wieder den *Brockhaus* aus dem Regal, Band ›BER–CZ‹. Er hat die Brille abgenommen, hält das schwere Buch direkt vor die Nase.

D: Clemen… Aber da ist nur der Clémenceau. Wahrscheinlich schreibt sich der mit K.
K: *Nein, mit C.*
D: Nein, das ist ein griechisches Wort.

Brockhaus ›BER–CZ‹ landet auf dem Schreibtisch, Dürrenmatt zieht *Brockhaus* ›J–KZ‹ aus dem Regal.

D: Klemens, siehe Päpste. Klemens Romanus, das sind viele, auch nicht unserer, aber es sind viele Klemens', vielleicht unter Päpste.

Brockhaus ›K‹ landet auf dem Schreibtisch, Dürrenmatt zieht wieder *Brockhaus* ›MIR–PAR‹ heraus.

D: Päpste, Papsttum. Wahnsinnig, wieviele Päpste es gibt. Papstkatalog – da ist er ja: Benedikt xv., 1914–1922.

Dürrenmatt trägt Benedikt xv. ins Stück ein. Es ist Mitternacht. *Habemus papam.*

24. 12. 1985

Beim Frühstück. Ein Weihnachtsgeschenk: ›Der Spiegel‹, Totalverriß von *Justiz.* Kein Weihnachtsengel schwebt durchs Zimmer. Eine Tür fliegt ins Schloß. Fröhliche Weihnachten.

16 Uhr

K: Schreibst du?
D: Ich zeichne.
K: Achterloo?
D: Waterloo. Ein Weihnachtsgruß für meine Kritiker.

Wir gehen spazieren am See. Es ist neblig trüb, grau, kalt. Wir füttern Möwen, Schwäne, Enten. Die Möwen kreischen und kreisen wie Hitchcock-Vögel, schnappen jeden Bissen im Sturzflug, Gleitflug. Nur selten entgeht ihnen einer, dann mampft ein Schwan ihn oder eine Ente. Die kleinen schwarzen Wasservögel kriegen nichts ab. Asylanten. Uns friert, innen und außen. Wir gehen in die Kneipe. Trinken einen Espresso und einen Marc. Die Kneipe ist voll. Es ist 17 Uhr 30, die Geschäfte haben gerade geschlossen. Junge Mädchen, schnatternd wie die Enten draußen auf dem See, Väter mit Kindern, schwanenstolz. Die Kinder hopsen vergnügt herum, die Väter trinken Marc. Gastarbeiter sitzen an Extratischen. Sie trinken Slibowitz und Barasc. Ertränken Heimweh: ›O du fröhliche Kneipenzeit...‹ Wir fahren nach Hause. Die Stadt ist ausgestorben. Die Weihnachtsdekorationen, seit Wochen im Strahlemarathon, hängen lustlos über den Straßen: Bäume ohne Wald, Sterne ohne Ferne, Glocken ohne Klang. Markierungslichter eines Rummelplatzes in Liquidation. Weihnachten hat Pleite gemacht.

Zürich, Weihnachten 1942. Dürrenmatt ist einundzwanzig Jahre alt. Er studiert. Er malt wilde, expressionistische Bilder. Der Maler Jonas ist sein Freund. Mit ihm spricht er über Literatur: Kafka, Musil, Büchner. Dürrenmatt will Maler werden. Jonas sagt, er soll schreiben. Sie haben die Nacht durchgezecht. Der Morgen ist neblig trüb, grau, kalt. Ihn friert. Innen und außen. Er sieht den Weg nicht vor sich. Am Nachmittag wird er nach Hause fahren. Ins Pfarrhaus nach Bern. Weihnachtsandacht, Weihnachtsfriede. In ihm ist Aufruhr. Er stapft durch den Schnee. Er steht vor einem Stein. Auf dem Stein steht: GEORG BÜCHNER. GEBOREN AM 17. OKTOBER 1813, GESTORBEN AM 19. FEBRUAR 1837. Die Erzählung der Großmutter aus dem *Woyzeck* kommt ihm in den Sinn, eine poetische Weltbeschreibung. Er geht zurück zur Stadt. In die Kneipe hinter dem ›Café Odéon‹. Er bestellt einen Vermouth mit Gin, das ist das Billigste. Er schreibt in einem Zug eine Geschichte. Sie heißt *Weihnacht.* »Es war Weihnacht. Ich ging über die weite Ebene. Der Schnee war wie Glas. Es war kalt. Die Luft war tot. Keine Bewegung, kein Ton. Der Horizont war rund. Der Himmel schwarz. Die Sterne gestorben. Der Mond gestern zu Grabe getragen. Die Sonne nicht aufgegangen. Ich schrie. Ich hörte mich nicht. Ich schrie wieder. Ich sah einen Körper auf dem Schnee liegen. Es war das Christkind. Die Glieder weiß und starr. Der Heiligenschein eine gelbe gefrorene Scheibe. Ich nahm das Kind in die Hände. Ich bewegte seine Arme auf und ab. Ich öffnete seine Lider. Es hatte keine Augen. Ich hatte Hunger. Ich aß den Heiligenschein. Er schmeckte wie altes Brot. Ich biß ihm den Kopf ab. Alter Marzipan. Ich ging weiter.« Er sieht den Weg vor sich. Er wird Schriftsteller.

25.12.1985 – Beim Frühstück

K: Sollte man Kritik abschaffen?
D: Nein.
K: Aber dann bist du ausgeliefert.
D: Wer schreibt, ist wichtig. Kritik ist eine schwierige Sache. Am interessantesten sind Kritiken von Schriftstellern.
K: Der über *Justiz* geschrieben hat, ist einer.

D: Ich meine von richtigen. Über Ibsen, über Hauptmann lese ich Fontane, das kann nachträglich toll sein, Fontane hat seine Größe der von Hauptmann und Ibsen entgegengesetzt. Meistens ist die Kritik der Spiegel ihres Autors, sie zeigt den, der ein Urteil abgibt, aber was, wenn eine Null ein Urteil abgibt?

K: Wie wirkt eine Kritik auf dich?

D: Was ich fatal finde, ist die Verbindung von Journalismus und Literatur. Du kannst eben über Literatur »plaudern«, der Kulturjournalismus ist schlimm. Gute Journalisten sind keine Schriftsteller, die sollten über Politik etwas Gescheites sagen. Ich als Autor brauche keine Kritik. Es gibt wenige Kritiker, die dich anregen.

K: Aber das Publikum will unterrichtet sein bei der Fülle von Neuerscheinungen, wonach soll es sich richten, wenn nicht nach den Literaturbeilagen der Zeitungen, einer gewissen Vorauswahl durch, ja, Literaturkritiker?

D: Es gibt immer zwei Standpunkte: den des Autors und den des Publikums. Wenn du schreibst, denkst du nicht an die Leser. Wenn du fertig bist, denkst du an sie. Wenn du Erfolg hast, freut's dich, wenn du keinen hast, ärgert's dich, aber auch nicht lang. Ein Schriftsteller ist ein Mensch, der sich immer häuten muß: Der schwächste Moment ist, wenn du ein Werk fertig hast. Ich bin eine nackte Schlange, du bist wehrlos, du hast etwas durchgemacht, du bist total unsicher, du hast die Spannung nicht mehr. Du bist wie eine Frau, die ein Kind geboren hat: von außen kannst du jedes Kind kritisieren, aber es ist eben so geworden. Im Grunde stehen die Kritiker nicht einem Naturereignis gegenüber, wie der Explosion einer Supernova, sie kritisieren, statt daß sie beschreiben, was das Naturereignis ist. Der Journalismus sollte sich darauf beschränken zu beschreiben, nicht zu kritisieren, man kritisiert auch nicht Natur. Ein Kritiker sollte nach den Ursachen forschen, wie ein Naturwissenschaftler. Das ist eben der Fehler des schöngeistigen Studiums: die lernen nicht, nach den wirklichen Ursachen zu fragen. Aber darüber müßte man ein langes Gespräch führen, ein genaues, das ist jetzt wirklich die Wolke, aus der heraus ich rede.

K: Also was macht man mit dem Ärger über die Kritiker? Runterschlucken?

D: Man schluckt's runter. Es ist, wie wenn dir jemand sagt: »Du hast eine schiefe Nase.« Ein relativ kurzer Ärger.

K: Du hast selbst Kritiken geschrieben, Theaterkritiken. Wonach hast du dich gerichtet?

D: Ich habe mich nach dem Stück gerichtet. Mich hat vor allem das Stück interessiert: Hat der Autor Fehler gemacht? Ist die Eröffnung richtig? Wie spielt er das Schachspiel? Also das Mit- und Nachdenken, oder: Inwieweit macht eine Aufführung das Stück sichtbar? Ich denke nicht gern an diese Zeit zurück. Ich finde, jede Kritik ist irgendwie eine Verletzung. Im Grunde hat es mir nur die Produktivität gelähmt. Erstens war ich insofern nicht ein fairer Kritiker, weil ich über alles auf der Bühne, hinter der Bühne, zu genau Bescheid wußte. Ein Dramatiker sollte nicht einen anderen Dramatiker kritisieren. Der Hirschfeld sagte mal zu mir, wenn du ein Stück kritisierst, machst du immer ein neues Stück.

K: Einerseits sagst du, einen Schriftsteller sollte nur ein gleichrangiger Schriftsteller kritisieren, andererseits, ein Dramatiker sollte nicht einen Dramatiker kritisieren. Wer also soll kritisieren?

D: Über Kritik kannst du nur in Widersprüchen reden. Mit der Kritik ist es wie mit der Pressefreiheit. Man braucht sie, obgleich sie mißbraucht wird. Die Kritiker haben zuviel Macht. Es gibt so viele Gründe, warum ein Stück ankommt oder durchfällt bei der Premiere, so wahnsinnig viele Faktoren, die einzubeziehen sind, nicht zuletzt die Stimmung des Kritikers. Kunst und Kritik sind verschiedene Ebenen: Gäbe es keine Kritik, die Kunst ginge trotzdem weiter. Es gibt einen Literaturhistoriker, der glaubt, meine Kriminalromane seien von Simenon beeinflußt, er weist nach, welcher kriminalistische Knoten aus welchem Simenon stammt, er führt die Titel an, und ich hab diese Romane nie gelesen. Ich war nie ein Simenon-Leser, weil er mich langweilt, es regnet immer. Der Literaturhistoriker ist sicher ein Simenon-Fan und bildet sich ein, jeder, der einen Kriminalroman schreibe, blättere vorher bei Simenon nach, er ist nicht von der Idee abzubringen, und andere Literaturkritiker glauben den Unsinn, weil sie voneinander abschreiben. Sicher wird bei mir irgendein ähnlicher kriminalistischer Knoten wie beim Vielschreiber Simenon zu finden sein. Warum nicht? Wer bei Kriminalgeschichten aus den Motiven Einflüsse von anderen Schriftstellern oder auf andere Schriftsteller konstruiert, ist ein Narr. Ich könnte schon aus Verantwortung keine Kritik mehr schreiben. Je mehr du bist, desto mehr Gewicht hat deine Kritik. Dann kommt so was wie der Reich-Ranicki, plötzlich sitzt da einer auf einem Scharfrichterthron, mit welchem Recht? Wenn mich ein Frisch oder Bellow kritisieren, gut oder nicht gut, das akzeptiere ich, aber eine Kritik von einem Laederach, das ist jemand, der einen anpinkelt. Aber wiederum ist da der Mann im Englischen Garten zu loben …

Oktober 1985. Ein Mann sitzt auf einer Bank, genießt die Abendsonne. Ein Pärchen mit einem Hund geht vorbei. Der Hund zieht an der Leine, bleibt stehen. Der Hund hebt das Bein, pinkelt das linke Hosenbein des Mannes an. Das Pärchen ist verlegen. Der Hund freut sich. Der Mann lächelt. Er bleibt in unveränderter Haltung, ein Bein über das andere geschlagen, sitzen. Er wischt das Hosenbein nicht ab. Er genießt die Abendsonne.

K: Reden wir weiter über *Achterloo.* Was hat die Jeanne an, wenn sie erscheint?
D: Reden wir, aber frag mich nicht, wie jemand gekleidet ist. Da bin ich vollkommen hilflos, dafür gibt es eine Kostüm- oder wie heißt die, Modeberaterin? Das ist immer ein großes Problem, wenn ich beschreiben soll, was jemand anhat. Schreib das! Ich möchte lieber jemand fragen, was hat die an? Wahrscheinlich Bluejeans heute, andererseits muß sie toll sein so als Hure, als Playgirl, schick muß sie sein, keine Ahnung, vielleicht ist sie gerade schick, weil sie nicht schick ist, das ist immer furchtbar, wenn der Kostümbildner zum erstenmal zu mir kommt, ich werde ganz nervös, ich kann mir vorstellen, wie sie da zum ersten Mal im Fenster erscheint, daß sie aussieht, wie eben Jeanne d'Arc aussieht, wie man sie sich vorstellt.
K: Mit Fahne und Kettenhemd? Wie auf einer Votivtafel?
D: Vielleicht ganz anders.
K: Ich finde, schon beim ersten Auftritt müßte man sie auf einen Blick erkennen.
D: Alles ist zu lösen, aber das kann man immer nur in der Praxis. Ein Kleid, das hängt davon ab, wie ist das Mädchen? Wen hast du als Johanna zur Verfügung?

K: Ich würde hier umgekehrt denken: Wie machst du Jeanne d'Arc auf einen Blick erkennbar, wenn sie erscheint?

D: Sie stellt sich vor. Übrigens, das muß ich nachschauen, sie sagt, sie komme vor bei Schiller als Jungfrau von Orléans, bei Shaw als Heilige Johanna, aber ich glaube, sie erscheint bei Shakespeare schon als la Pucelle, ich hab nur so eine Ahnung, im *Eduard II.* oder *III.* oder *IV.*, ein Königsdrama, an das sich dann *Richard III.* anschließt, ich glaube, es ist sein zweites Stück, das erste ist der *Titus Andronicus.*

Dürrenmatt hat aus dem Schlafzimmer die Dünndruckausgabe von Shakespeare geholt, Band 6, *Königsdramen.*

K: Gefunden?

D: Ja. Aber es ist *Heinrich VI.*, da kommt Eduard IV. vor, es ist ein dreiteiliges Stück, sie wird im Inhaltsverzeichnis erwähnt. Auch Voltaire, dünkt mich, hat ein Stück über sie geschrieben.* Ich muß unten nachschauen, ich mag mich an Bilder erinnern.

Im unteren Haus sind die bibliophilen Kostbarkeiten, Erstausgaben, hier geht Dürrenmatt ›schnausen‹, greift dieses Buch heraus, jenes, recherchiert, liest sich fest. Jetzt fahndet er nach la Pucelle, wird fündig: in der *Neuen Prachtausgabe von Shakespeares Werken,* 1902, mit beinahe 400 Illustrationen.

D: Es ist die Ausgabe meines Vaters. Siehst du, da ist sie.

Im Panzerhemd, mit einer Art Heftzwecken über dem wallenden Rock befestigt, Lockenhaar quillt unter dem Helm hervor, ergießt sich über die Schultern, die eisenbehandschuhten Hände liegen sanft um den Schwertknauf, der Kopf ist anmutig geneigt, der Gesichtsausdruck rührend, gottergeben. Bildunterschrift: ›Pucelle: »Ich bin bereit, hier ist mein schneidend Schwert!«‹

D: Die Unterschriften fand ich immer so geheimnisvoll. Ich konnte ja nicht Shakespeare lesen, aber die Unterschriften und die Bilder –
K: Wie alt warst du?
D: Sieben oder acht. Wart, ich erinnere mich genau, es gab noch andere Bilder. Eines mit Hexen, da ist sie, das ist schön.

Diesmal trägt la Pucelle über der Rüstung ein wehendes weißes Phantasiekleid, kokett über dem beschienten linken Bein und den Armen geschlitzt, mit stilisierten Bourbonen-Lilien bedruckt wie die Fahne, die sie eher nachlässig in den gefalteten Händen hält. Ihr helles Profil ist den Teufeln zugewandt, die aus dem Dunkel zu ihr hinabschweben, gehörnte Köpfe mit Altmännergesichtern, Pratzen mit Krallen, eine Drachenfratze mit prächtigen Schwingen und Pfauenfedern saust durch die Diagonale. Bildunterschrift: ›Pucelle: »Erscheint und helft mir bei dem Unternehmen.«‹

D: Die ist mit den Teufeln im Bunde. Interessant, was für eine Figur der Shakespeare aus ihr macht. Es ist das einzige Stück von ihm, das ich nie gelesen habe, es war mir zu verwirrt.

Auf der nächsten Bildtafel erscheint die Pucelle auf einer Zinne, sie hält eine brennende Fackel empor, Haarschweif und Fackelschweif leuchten kometenhaft über den schwarzen Nachthimmel, die Sterne verblassen, die Mauern entzünden sich, die ganze kriegerische Jungfrau scheint zu brennen, hat sich dem kindlichen Hirn des Achtjährigen eingebrannt.

Dürrenmatt blättert weiter. La Pucelle steht vor zwei Rittern, York und Suffolk, aus den schweren Eisenrüstungen schauen zwei blöde Gesichter, ein dritter, Dandy, im prächtigen Sammetkostüm mit Federbarett und Menjoubärtchen, zupft hilflos an seinem Schwert, la Pucelle, wieder in voller Rüstung, stützt die linke Hand auf die Hüfte, so »Na, was soll's denn, ihr Kerle?«, die Rechte umfaßt spielerisch den Schwertknauf, gleich wird sie ziehen, die Symphatien fliegen ihr zu. Bildunterschrift: »York: ›Nun Dirne Frankreichs, denk ich, hab ich dich.‹«

D: Hör nur, das ist lustig:
YORK Ein schöner Fang, der Huld des Teufels wert.
Seht, wie die garst'ge Hexe Runzeln zieht,
als wollte sie wie Circe mich verwandeln.
PUCELLE Dich kann Verwandlung häßlicher nicht machen.
YORK Wirst du dein Fluchmaul halten, Teufelshexe?
PUCELLE Ich bitte dich, laß mich noch ein Weilchen fluchen.
YORK Verdammte, fluch, wenn du zum Richtplatz gehst.
Alle ab.

25. 12. 1985 – 14 Uhr, beim Kaffee

D: Für den zweiten Aktanfang hab ich eine Idee: vielleicht mit einem Krach von Louis und Plon-Plon zu beginnen. Napoleon liegt auf seinem Bett und schläft, sie wecken ihn, sagen: »Fernsehansprache halten«, geben ihm einen Monitor, nur den Rahmen eines Monitors, sein Kopf erscheint darin, er hält seine Ansprache.
K: Das kann komisch sein. Worüber geht ihr Krach?
D: Über die Rollentherapie. Jung ist dafür, Freud dagegen, das sind jetzt nur so Pläne. Und dann hab ich jetzt vor, im ersten Akt, wenn der Robespierre erscheint, daß der Napoleon in den Wäschekorb flüchtet.
K: Warum flüchtet Napoleon vor Robespierre?
D: Das ist der Chefideologe, der Scharfmacher, der gefährliche Mann. Das ist der Suslow, der ist ja auch gestorben kurz vor Andropow. Und Robespierre steht auf dem Wäschekorb, in dem Napoleon sitzt, und hält seine Rede, und dann sackt er zusammen und ist tot.
K: Hast du bei der Rede von Robespierre historisch, dokumentarisch gearbeitet?
D: Es ist die Rede, die er vor dem Konvent hielt, leicht abgewandelt, die Rede, die zur Absetzung des Königs führte. Es geht gegen die ›Revisionisten‹, für die Partei, also im Grunde gegen Hus, und der sitzt ruhig dabei und raucht eine Pfeife. Jetzt verbrennt man nicht mehr, jetzt köpft man nicht mehr, Revisionisten und Dissidenten verschwinden in psychiatrischen Anstalten oder werden ausgebürgert, pensioniert. Hus sagt: Ich werde »verfetten wie Luther in Wittenberg«. Märtyrer sind nicht mehr modern.
K: Bleibt der tote Robespierre auf dem Wäschekorb

liegen, so daß Napoleon Mühe hat, rauszukommen, oder fällt er runter?

D: Das ist eine Idee: Er bleibt auf dem Wäschekorb liegen. Und Napoleon hat Mühe, den Deckel mit dem Robespierre hochzuheben, es gelingt nicht, er ruft Louis zu Hilfe, Louis legt Robespierre aufs Bett. Das brauche ich, weil das einen komischen Dialog gibt, wenn Jeanne auftritt und sagt: »Der lag doch eben noch in meinem Bett.«

K: Gib zu, daß Napoleon in den Wäschekorb flüchtet, weil du das komisch findest, nicht aus Angst.

D: Beides. Ich denke jetzt nur so herum, ich bin noch nicht an der Stelle. Vielleicht sagt er auch, »ich kann diese Rede nicht mehr hören«, weil's ihm langweilig ist, und verschwindet deshalb im Korb.

K: Wie kriegst du den Robespierre von der Bühne?

D: Louis führt ihn hinaus oder Büchner.

K: Ich denke, er ist tot.

D: Seine Rolle ist zu Ende, damit kann man spielen. Vor allem ist es wichtig, jetzt das Stück einmal in eine theatralische Form zu bringen.

K: Machst du was am Richelieu?

D: Dieser Wäschekorb gibt ganz neue Spielmöglichkeiten. Richelieu wirft Napoleon die Stiefel zu: »Ziehen Sie sich Ihre Stiefel an«, Napoleon hat nur den Krönungsmantel an über seiner Anstaltskleidung oder was er da drunter hat, und den Lorbeerkranz. Richelieu nennt auch Louis und Plon-Plon bei ihren Ärztenamen Löffel und Sigmund Freud, sie nimmt sie einfach als Ärzte, die müssen ihr auf den Wäschekorb helfen, und dann sitzt sie da wie auf einem Thron und redet zu Napoleon, der läuft immer um den Wäschekorb herum, das gibt so eine Art

Groteske zwischen zwei Majestäten. Dann sagt sie ihm: »So, jetzt nehm ich dir deine letzte Beichte ab« und kann nicht vom Wäschekorb herunter.

K: Ist der so hoch?

D: Ja, das ist ein großer.

K: Das ist aber unbequem, bei der langen Szene, immer mit den Füßen in der Luft.

D: Kann ja baumeln.

K: Aber nicht stützen.

D: Sie soll ja nicht singen. Dann tritt Hus auf. Napoleon sagt: »Vor meinem letzten Stündchen will ich endlich anständig in Ruhe frühstücken. Jetzt störst du wieder.« Er lädt Hus ein: »Du frißt doch so gern«, aber Hus hat keinen Stuhl. Es ist immer ein Stuhl zu wenig auf der Bühne, weil Büchner immer schreibt. Hus zieht dem Büchner den Stuhl unterm Hintern weg, der protestiert: »Ich muß dem Richelieu seinen Text schreiben.« Hus sagt: »Du Trottel, der ist schon längst aufgetreten, der redet schon die ganze Zeit.« Der Büchner kann eine tolle Rolle sein, wenn den einer gut spielt, der ist die ganze Zeit auf der Bühne, den kann man natürlich eingreifen lassen, wann man will. Mir ist etwas eingefallen, durch das Fenster: Wichtig im Theater sind Übergänge. Der Woyzeck geht, nachdem er Napoleon rasiert hat, ab, er soll Fouché ›rasieren‹, das heißt, er soll ihm die Kehle durchschneiden, im Abgehen sagt er den verrückten Satz: »Wie hell! Über der Stadt ist alles Glut! Ein Feuer fährt um den Himmel und ein Getös herunter wie Posaunen«, den sagt er auch bei Büchner. Während er abgeht, tritt Büchner in der Rolle des Franklin auf, in der früheren Fassung sagte er: »Der dichtet ja«, das gefiel mir nie.

K: Mir auch nicht.

D: Jetzt erscheint Fouché hinter dem transparenten Fenster, mit einer blutigen Binde um den Hals, sagt: »Ich bin Fouché, ich bin soeben rasiert worden.« Napoleon ordnet ein Staatsbegräbnis an. Geschehen wie im Zeitraffer. Das ist verrückt, wie du durch einen Auftritt verknappen kannst.

K: Das sind filmische Mittel: Zeitsprung ist Überblendung, Lichtkonzentration auf einen Punkt ist Großaufnahme, Abblende ist Schnitt.

D: Es sind auch die ältesten theatralischen Mittel.

K: Wie steigt Büchner von seiner Rolle als Büchner auf die von Franklin um?

D: Er bildet sich ja ein, sie spielen sein Stück, versäumt mit Schreiben beinah seinen Auftritt, Plon-Plon holt ihn, Büchner sucht im Papierhaufen, der sich um ihn gesammelt hat, seinen Text und den von Napoleon, findet ihn, die Zimsen als Richelieu will auftreten, »zu früh«, Plon-Plon schickt sie weg, Woyzeck geht ab, Fouché erscheint im Fenster. Büchner gibt Napoleon seinen Text, der schmeißt ihn einfach weg, dann kommt das Gespräch, dann geht Büchner an seinen Tisch zurück, schreibt weiter, Plon-Plon hält seinen Monolog, den kann ich dir vorlesen, daß er Freud ist, aber nicht identisch mit ihm, Freud hat bei ihm abgeschrieben, ich mache das Ganze viel komödiantischer, ich spiele viel mehr mit den Figuren, mit der Zeit, mit dem Publikum. Ich streiche jetzt das Ganze mal ein.

K: Welche Fassung veröffentlichst du?

D: Die neue, die dritte. Eigentlich ist das die vierte, denn die erste hab ich auch schon geändert.

K: Also kommt die zweite, unsere erste, eigentlich die dritte, gar nicht heraus?

D: Die kommt dann nach meinem Tod noch heraus, für die Germanisten. Aber so verschieden ist ja die zweite von der dritten nicht, das bezieht sich mehr auf die Aufführung.

K: Beziehst du jetzt in dein theatralisches Denken deine Filmerfahrung ein?

D: Ich denke nicht an Film, sondern so, wie ich es auf der Bühne machen würde, aber unbewußt spielt natürlich meine Filmerfahrung eine Rolle. Vor allem denke ich kompositorisch, das mußt du beim Film auch. Alles, was mit der Zeit als Medium zu tun hat, muß komponiert werden: Im allgemeinen meint man, das Medium eines Bühnenstücks sei das Wort und das Medium eines Films sei das Bild, jenes der Musik die Töne oder der Rhythmus, aber das eigentliche Medium ist die Zeit. Musik, Theater, Film sind Zeitkünste, die Zeit erlebst du unmittelbar, eine Sinfonie, eine Komödie, einen Film erlebst du als Geschehen, auch wenn sich die Handlung in der Realität über Jahre erstrecken würde, die Spieldauer ist deine Erlebnisdauer, das war der Sinn der sogenannten aristotelischen Einheit von Zeit, Ort und Handlung. Im *Ödipus* wird die Handlung auf einen Ort und auf eine Zeitdauer zusammengedrängt: Es ist eine kompositorische Forderung, die Aristoteles aufstellt. Aber es gibt noch ganz andere kompositorische Forderungen, die man sich stellen kann: In den *Physikern* und im *Meteor* habe ich mich ebenfalls an Aristoteles gehalten, aber so, daß auch die Pause kompositorisch in der Zeit liegt: Während der Pause in den *Physikern* mußte, nähme man die Zeit der Handlung realistisch, die Polizei Zeit haben, von der Stadt wieder heranzufahren und die Leiche Monikas zu besichtigen. In der Pause im *Meteor* mußten die Leiche Schwitters aufgebahrt und die Kränze herbeigeschafft werden. Ich verstehe nichts vom musikalischen Komponieren, ich höre Musik instinktiv, aber ich glaube, daß ich irgendwie nach der Sonatenform arbeite. Ich liebe vor allem die Zwei- oder die Vierakter, wobei auch meine Zweiakter versteckte Vierakter sind. Meine Vorliebe für Brahms kommt wahrscheinlich daher, weil für mich wie für ihn nach der Exposition und nach dem Kopfteil vor allem das Finale das Wichtigste ist, eigentlich das Allerwichtigste, an dem ich am meisten herumdenke, auch, oder vor allem, in *Achterloo.* Dieser Schlußsatz, in welchem Napoleon Holofernes und Jeanne Judith wird, ist kompositorisch für mich eine unbedingte Notwendigkeit. Erst als ich ihn nach unseren Gesprächen im Englischen Garten fand, hatte ich das Gefühl, *Achterloo* im Griff zu haben. Ich hatte mein Finale. Komponieren heißt für mich, die Gesetze durchführen, die man sich selber setzt. Ein Stück mit vielen Szenen ist viel leichter, ich begreife, daß Regisseure Stücke mit vielen Szenen lieber machen, weil sie dann vollkommen frei sind.

25. 12. 1985 – 16 Uhr

Es regnet. Der Regen spannt Seile, das Regennetz treibt im See. Grauer Himmel grauer Regen grauer See grauer Nebel, nirgends auf der Welt kann es so grau sein wie in Neuchâtel, wenn es grau ist, nirgends kann das Licht so aufregend sein, wenn es da ist. Heute ist keins da.

16 Uhr 30

Es regnet den ganzen Tag. Um 16 Uhr 31 holt der Regen Atem. Bis wir die Schuhe zum Spaziergang angezogen haben, ist er wieder bei Puste. Wolkenbruch. Der Himmel ist nachtschwarz. Wolkenberge schieben Nachschub vor sich her. Zurück an den Schreibtisch. Plötzlich ist gleißendes Licht. Schwarz. Eine Explosion. Donner? Gewitter am 25. Dezember? Irrtum. Licht – Donnerschlag, noch gewaltiger. Licht aus. Der zweite Blitz hat eingeschlagen. Aus Dürrenmatts Schreibtischlampe fuhr eine blaue Geisterlampe hoch. Wir sitzen in der Scheiße. Im wörtlichen und im übertragenen Sinn. Die Heizung fällt aus, die Hälfte vom Haus ist dunkel, mit der Heizung fällt die Pumpe aus, welche die Scheiße von der kleinen Sickergrube unter dem Haus in die große Sickergrube im Garten wälzt. Es stinkt nach verbrannten Kabeln. Halb Neuchâtel liegt im Dunkeln, es hat ein Starkstromkabel getroffen. Die Dépannage sucht. Kommt auch zu uns, findet nichts. Die entscheidende Sicherung ist plombiert, da kann nur der Elektriker dran, der ist in Weihnachtsurlaub. Einschlagende Blitze und Zahnschmerzen suchen sich immer einen Feiertag aus, vorzugsweise Weihnachten und Ostern, da sind drei Feiertage. Wir sitzen in der Kälte. Die Scheiße steigt. Es stinkt wie zehnmal Tina die Hündin, wenn sie furzt. Ich denke über die Kausalität von Zahnschmerzen, Blitzeinschlag und Feiertag und die Abhängigkeit des modernen Menschen von der Technik nach. Dürrenmatt sitzt im Chaos am Schreibtisch und schreibt.

21 Uhr – Bibliothek. Im unteren Haus funktioniert die Heizung.

D: Das erste, was man beim Theater schauen muß: wie tief du spielen kannst. Das hängt vom Verhältnis Bühnenportal – Zuschauerraum ab: wenn der zu breit ist, sieht ein Drittel der Zuschauer nichts, das ist die Tragödie von Zürich, auch nach dem Umbau. Aber jede Bühne ist bespielbar. Drum mach ich jetzt ein ganz einfaches Bühnenbild, das kann praktisch auch eine Wanderbühne spielen. Merkwürdigerweise sehe ich die Bühne langsam. Erst sehe ich die Figuren, das Spiel und dann die Bühne. Wichtig sind die Schatten, die Wand, Sackleinen oder so etwas, daß ihre Schatten auf die Wand fallen, und dann die transparenten Fenster, die Erscheinungen. Ich finde, man sollte Theater viel mit Schatten machen, besonders bei diesem Stück. Jetzt mache ich eigentlich eine dramaturgische Regie, die schon viele Elemente der Bühne hat. Vielleicht, daß man am Schluß einen Bühnenbildner dazunimmt.

K: Für diese fiktive Inszenierung?

D: Ja.

K: Warum sind dir Schatten so wichtig bei diesem Stück? Hat das etwas mit den verschiedenen Zeitebenen zu tun, ›die Schatten der Vergangenheit‹, ›der Schatten des Alter ego‹?

D: Man spielt eigentlich auf der Bühne mit Lichtinseln vor Schwarz. Zweitens hat es etwas Gespenstisches, ich weiß nicht, es kommt mir so langsam in den Sinn. Ist dir je der Schatten auf der Bühne aufgefallen?

K: Ja. Bei Strehler, bei Ponnelle. Ponnelle arbeitet sehr viel mit Schatten. Strehler hat einmal eine ganze moderne Lichtanlage in Salzburg herausreißen lassen, um seine einfache weiße Magnesium-Lichtrampe vorne an der Bühne anzubringen, damit kann er die Bühne in horizontale Lichtebenen teilen, ich glaube es war bei *Così fan tutte.* Die Sänger traten, sobald sie eine Arie zu singen hatten, aus der zweiten, der Lichtebene, wo die Handlung spielte, in die vordere, die dunklere Lichtebene, die ›nachdenkliche‹, wenn du willst, so waren die Sänger wie Silhouetten, du mußtest nicht in aufgerissene Belcantokehlen schauen, sondern die Arien wirkten wie Gedankenmonologe, was sie ja sind, Gedankenmonologe auf meditativen Denkinseln, und danach traten die Personen, die für kurze Zeit im Nachdenken isoliert waren, zurück in die Lichtebene, sie traten wieder in die Handlung ein. Ich werde das nie vergessen, es war phantastische Lichtdramaturgie.

D: Ich habe eigentlich gar keine Theateraufführung in Erinnerung.

K: Auch deine eigenen nicht?

D: Nur dramaturgisch. Ich habe das Gefühl, man muß alles vergessen, um wieder neu anzufangen. Aber ich habe etwas gegen teures Theater. Das Theater sollte knausern im Bühnenbild und unerhört großzügig sein bei den Schauspielern. Einer der schönsten Theatermomente für mich: als der große alte Gretler zu mir kam und fragte, ob er im *Woyzeck* spielen dürfe, den Leierkastenmann, der hat nur in einer Szene ein kleines Lied zu singen:

Auf der Welt ist kein Bestand,
wir müssen alle sterben,
das ist uns wohlbekannt,
wir müssen alle sterben.

Der Blitz hat die Gegenwartsbühne in horizontale Lichtebenen getaucht. Dürrenmatt ist aus der Handlung aus –, in die monologische Reflexionsebene eingetreten.

D: Ich konnte vieles nur halb verwirklichen. Wahrscheinlich weil ich auf der Bühne nur halb zu Hause war, ich hatte nie ein eigenes Theater. Verrückt, wenn man denkt, der Brecht kommt auf die Bühne, läßt nur einige Sätze sprechen und sagt dann: »Heute geht's nicht, ich geh jetzt nach Hause.« Eigentlich sollte man nachts probieren können, vielleicht gäbe es dann ein ganz anderes Theater, man spielt ja auch in der Nacht. Es ist lustig, über Theater nachzusinnen, wenn man keines mehr hat.

K: Macht dich doch traurig, unsere Arbeit?

D: Hm – ich freu mich dann wieder auf Prosa. Das ist dann ganz deins, etwas was du allein verwirklichen kannst.

K: Eine Bühne in der Phantasie kannst du auch allein und total verwirklichen. Vielleicht ist das das reinste Theater.

D: Ja. Das hat jemand behauptet.

K: Wer?

D: Kleist. Der hielt seine Stücke für unspielbar, die *Penthesilea,* den *Prinzen von Homburg,* der sah die Bühne in der Phantasie. Nur ein Stück von Kleist wurde aufgeführt, *Der zerbrochene Krug.* Goethe hat den Einakter aufgeführt, in drei Teilen, und das war ein Durchfall. Lustigerweise ist es einmal geglückt, dem Schweikart. Es gibt so etwas wie eine Zäsur im Stück, da essen sie, und da machte Schweikart die Pause. Und dann fing er nach der Pause vor der Zäsur wieder an, wie zurückgespult, das war natürlich sehr raffiniert. War überhaupt ein toller Regisseur. Wenn ich denke, was ich noch an der *Alten Dame* herumgebastelt, gearbeitet habe, das gefiel mir nie recht, einzelne Szenen. Ich habe für München noch einen neuen Schluß geschrieben. Während des Schlußchors der Güllener wird die Giehse in ihrer Sänfte hinausgetragen und rezitiert ein Sonett, irgendwo muß die Münchener Fassung noch vorhanden sein – Herrgott, was hab ich nicht alles umgeschrieben –, ich weiß nur, daß es endete: »Nicht mitzulieben, mitzuhassen bin ich da.« *Meteor:* da hab ich noch für Wien den Schluß geändert, zwei Jahre nach der Uraufführung fiel mir erst die Lösung ein, *Frank v.*, Fassung der Uraufführung, Münchener Fassung, Bochumer Fassung, Fernsehfassung, die Fassung für die Werkausgabe, wo sind die Fassungen alle hin? Und jetzt machen wir die vierte Fassung *Achterloo.* Alles für die Katz, und die Katz schaut kein Theater an.

K: Ist deine Lust am Theater so stark, daß du weiter Theater schreiben würdest, auch wenn du weißt, daß es nicht aufgeführt wird?

D: Ja, wenn ich gerade einen Stoff habe. Ich weiß es aber nicht. Wahrscheinlich schreibt man ein Stück immer wieder in der Hoffnung, es werde doch aufgeführt.

K: So, wie man es sich erträumt?

D: Es ist immer wieder das gleiche: Du stellst dir etwas Wunderschönes vor, denkst, jemand erkennt das mit, und dann fällst du ins Bodenlose. Das Erlebnis von jedem Theaterstück, jeder Kunst, ist, daß du nachher wieder in die Einsamkeit zurückkehrst. Im Grund ist das schönste, wenn du etwas vollendet hast, du denkst, es ist fertig, bevor du's entläßt. Und dann, wenn du's entlassen hast, kommen die Enttäuschungen.

K: Doch nicht immer. Du hattest große Erfolge.

D: Aber es ist nie ganz so, wie du es wolltest.

26. 12. 1985

Die Heizung geht wieder, aber der Blitz hatte gewaltig eingeschlagen. Der Heizungsmonteur kommt, der Elektriker kommt, wieder blitzt es, diesmal im Haus, der Elektriker und das Haus brennen um ein Haar, der Fernsehmann kommt, wir verbringen Weihnachten mit Handwerkern. Endlich kehrt wieder Ruhe ein, da kommt der städtische Blätterstaubsauger, ein gewaltiges Rüsselfahrzeug, Höllenlärm, wir gehen spazieren.

D: Ich habe eine neue Idee für den zweiten Akt. Louis und Plon-Plon spielen die beiden Marxe.

K: Tolle Idee.

D: Der Streit am Anfang vom zweiten Akt geht darum, daß Freud nicht Marx spielen will, aber er muß, die beiden, die die Marxe spielen sollen, schlafen, so fest, daß sie nicht geweckt werden können.

K: Fängt der zweite Akt damit an, daß Louis und Plon-Plon die beiden schlafenden Marxe hereinschieben, bzw. die beiden Patienten, die die Rollen der Marxe spielen sollen?

D: Ja. Und Napoleon liegt schon auf seinem Bett und schläft.

K: Dann sind also drei Betten auf der Bühne.

D: Und Louis und Plon-Plon rütteln die beiden, aber die wachen nicht auf, jemand hat ihnen eine falsche Spritze gegeben, vielleicht Louis in seiner Rolle als Arzt, er hat das absichtlich gemacht, er will den Marx spielen als Jung, in der Rollentherapie, und Plon-Plon als Freud lehnt ab, er mag Marx nicht und die Rollentherapie nicht, ihr alter Streit, aber natürlich gönnt Plon-Plon dem Louis die Rolle nicht allein, über ihrem Streit wacht Napoleon auf, die halten ihm den Monitorrahmen vor den Mund, »Fernsehrede halten«, während er redet, schieben sie die beiden schlafenden Marxe hinaus, kommen zurück, holen sich die Bärte aus dem Wäschekorb.

K: Geben sie die Dienerrolle, das Spionieren auf?

D: Im zweiten Akt bricht das dann plötzlich durch, daß sie sagen, Herrgott, wir sind ja doch etwas Bedeutendes, als Diener überbesetzt, daß ihre Patienten Müller eins und Müller zwo die Marxe spielen, das läßt dann doch ihr Stolz nicht zu, Marx, das ist etwas noch Tolleres als Ärzte: das ist der Menschheitsarzt.

K: Willst du sie wieder mit angeklebten Bärten spielen lassen? Das fand ich schon in Zürich schrecklich.

D: Ich finde die Bärte schön.

K: Aber die Marxe sehen doch nie gleich aus.

D: Wenn sie die gleichen Bärte haben, sehen sie für mich gleich aus. Das ist eben die Phantasie.

K: Meine Phantasie arbeitet nur, wenn sie keine angeklebten Bärte haben.

D: Du hast nur was gegen die Bärte. Das ist dein Ästhetizismus.

K: Ja, ich hab was gegen die Bärte. Das ist Klamotte.

D: Du liebst eben das Stein-Theater. Du solltest als Dramaturgin zu Stein gehen.

K: Ja, ich liebe das Stein-Theater, aber ich bleibe bei dir. Warum brauchen die Marxe Bärte, und warum müssen sie gleich aussehen? Das sind doch verschiedene Inkarnationen von Marx.

D: Der Witz ist eben gerade, daß sie beide Marx sind.

K: Der eine ist der echte Marx, der andere verkörpert die pervertierte Idee, und dann kommt ja noch ein dritter.

D: Erklär mir meine Marxe nicht.

K: Gut, die Bärte sind jetzt logischer, wenn Louis und Plon-Plon sie als Marx-Darsteller als Requisiten aus dem Wäschekorb holen, aber ich finde angeklebte Bärte einfach blöd. Die sahen in Zürich aus wie Weihnachtsmänner. Du machst dir mit den Bärten die Texte kaputt.

D: Ich kann sie ja streichen.

K: Nicht ein Wort. Streich die Bärte.

D: Ich finde die Bärte schön, und sie bleiben. Das ist der Striese* in mir.

Das klingt versöhnlich, ich mache einen Kompromißvorschlag:

K: Kann denn nicht nur ein Bart im Wäschekorb sein, und sie streiten sich um ihn, und bei dem Streit geht der Bart kaputt, und sie spielen ohne?

D: Warum soll nur ein Bart im Wäschekorb sein? Es sind doch zwei Marxe vorgesehen in der Rollentherapie. Aber vielleicht sind die beiden Schlafenden schon angezogen. Und als Louis und Plon-Plon sie nicht aufwecken können, wollen sie ihnen die Bärte abnehmen und ziehen daran, und der eine ist echt und geht nicht ab.

K: Und der Schlafende wacht auf und knockt Louis aus und spielt den Marx selbst, und du hast wieder zwei Marxe mit Bart.

D: Wenn der genug Schlafmittel hat, kannst du ihn am Bart ziehen. Der wacht nicht auf. Nein, Louis und Plon-Plon spielen die beiden Marxe.

K: Das finde ich eine tolle Idee, früher sind die beiden im zweiten Teil verhungert.

D: Eben, man muß den Schauspielern etwas zu fressen geben.
K: Aber keine Bärte.

17 Uhr – Whiskystunde

D: Ich weiß jetzt den Beruf von Louis.

Dürrenmatt brennt darauf, ihn mir zu sagen.

K: Was ist er?
D: Er ist Gebißtechniker am Zahnärztlichen Institut von Sempach und heißt...
K: Warum Sempach?
D: Da war eine berühmte Schweizer Schlacht, denen sind sicher sämtliche Gebisse eingeschlagen worden.
K: Wauuuu...
D: Natürlich dachte ich zuerst an Konolfingen. Ich denke immer zuerst an mein Dorf. In Konolfingen ist ein berühmtes zahnärztliches Institut. Da ging man hin, da reißen sie sämtliche Zähne aus, dann geht man ins Kino des zahnärztlichen Instituts, nach dem Kino ist das Gebiß fertig, wird eingesetzt, oben und unten, und man fährt wieder heim nach Trubschachen, Sumiswald oder sonstwohin. Der Chefgebißtechniker wurde verrückt.
K: Louis bildet sich ein, C. G. Jung zu sein. Was hat C. G. Jung mit einem Gebißtechniker zu tun?
D: Donnerwetter, bist du hartnäckig! Wir kommen nicht weg von der Psychologie.
K: Eine Wahnrolle hat psychologisch etwas mit dem

Menschen zu tun, der in sie flüchtet: Was hat C. G. Jung mit einem Gebißtechniker zu tun?

D: Ein Gebißtechniker als C. G. Jung macht mir einfach Spaß. Natürlich kann ich nachträglich sagen, der Gebißtechniker hat Freude, immer den Freud ins Hintern zu beißen. Ich finde alle dramaturgischen Überlegungen immer nachträglich, genau wie die Kausalität immer nachträglich feststellbar ist, ich behaupte, schon das Unterbewußtsein hat eine immanente Logik. Der Mensch ist ein Chaos, aber auch im Chaos liegt Logik, reine Logik ist herausoperiert, wie wenn du nur aus Nerven bestündest oder als Skelett. Auf der Bühne ist immer alles drin.

Schweigen. Dürrenmatt brütet sichtbar.

K: Worüber denkst du nach?

D: Übers Gebiß. Weil er's dem Publikum zeigt. Aber das hab ich wieder gestrichen.

Dürrenmatt sinnt traurig dem gestrichenen Gebiß nach. Ich bin sicher, es wird wieder auftauchen.

D: Die Irren haben keine Logik. Sie sind ja völlig außerhalb der Zeit. Die Irrationalität der Irrenhandlung: das muß natürlich nicht komisch sein. Der Büchner übergibt dem Kardinal seinen Text beim Abgang. Der sagt feierlich: »Ich danke dir, mein Sohn.« Wirft den Text in den Wäschekorb, kann ihm noch den Ring geben zum Küssen. Du, das mit dem Gebiß kann ein toller Schauspieler toll machen. Schreib ich das jetzt, oder schreib ich's nicht? Ich bin sicher, dem Schröder würde das einfallen. Das könnte man markieren, andeuten. Der Louis kann auch lispeln, und der Plon-Plon sagt: »Ich lisple nicht, ich hab ein phantastisches Gebiß« und zeigt es.

K: Neeeiiinnn …

D: Das kannst du machen bis zur Hauptprobe, und dann hast du hundertmal gelacht, und dann läßt du's auf der Generalprobe weg. Man kann ja auch machen: der eine Bart ist angewachsen, der andere geht ab.

K: Die Version hatten wir schon.

D: Wart nur: Louis und Plon-Plon schieben die Betten hinaus, Louis zieht sich den Bart an, Plon-Plon lacht ihn so aus, daß er den Bart wütend abnimmt. Und ich laß sie die Marxe ohne Bart spielen, ohne Verwandlung, als Ärzte.

K: Das hab ich dir doch vorgeschlagen.

D: Nicht gerade so. Ich muß eben gegen meine Minderwertigkeitskomplexe ankämpfen. Vielleicht behalten auch beide die Bärte.

K: Ich dachte, sie wären endlich ab.

D: Sie kommen ohne Bärte. Napoleon sagt: »Wo sind eure Bärte?« Sie sagen: »Woyzeck hat uns rasiert.« »Den hab ich doch gerade liquidieren lassen.« Er glaubt ihnen die Rolle nicht, geht zum Wäschekorb, gibt ihnen die Bärte: »Da habt ihr einen Bart. Marx hat Bart.«

K: Bei mir nicht.

D: Ohne Bart müssen sie gute Schauspieler sein, mit Bart nicht.

K: Nimm gute Schauspieler.

27. 12. 1985 – Beim »Morgenessen«

D: Ich habe die ganze Nacht über die Bärte nachgedacht. Das ist irrsinnig komisch, die gingen mir einfach in den

Traum über. Plötzlich kam mir ein grotesker Dialog. Der Streit endet mit der Frage: Warum zwei Marxe? Die Frage wurde schon von den Ärzten diskutiert, es wurde argumentiert, weil es zwei Auffassungen oder mehr von Marxismus gibt, und jeder bezieht sich auf Marx, der Dialog endet damit, daß sie sagen, zum Glück spielen wir kein religiöses Stück, wie viele Christusse müßten da erscheinen, weil es so viele Auffassungen von Christus gibt, und jeder bezieht sich auf ihn. Dann kam mir heute nacht in den Sinn, daß der intellektuelle, philosophische Marxismus ziemlich jung ist, der kam erst durch die Frankfurter Schule. Als ich Philosophie studierte, war der Marxismus eine rein ökonomische Lehre. Wahrscheinlich kam das philosophische Element durch die Wiederentdekkung von Hegel. Das war alles heute nacht.

K: Aber die Bärte hast du nicht gelöst?

D: Ich muß aufpassen: Ich hab jetzt das Gefühl, daß ich ein Lustspiel schreibe. Ich hab wirklich die ganze Nacht über die Bärte nachgedacht. Ladislao Vajda hat mir mal erzählt, sie hätten eine ganze Nacht lang gestritten, ob eine Revolverkugel in die Türe gehen soll, in die Vase oder in die Kommode. Sie hätten einen ganzen Tag lang die Szene gedreht, alle drei Versionen, und nachher wurde die Szene geschnitten. Das Gefährliche bei so einer Arbeit ist, daß du ja nicht mehr das Wichtige schreibst. Das ist schon geschrieben. Wenn du das mit Napoleon und Richelieu beschreibst, denkst du plötzlich nur noch: Wie krieg ich den Lorbeerkranz weg, wie krieg ich den Richelieu vom Wäschekorb, du bist plötzlich nur noch mit Regie beschäftigt. Du bist nicht mehr in der Spannung der Texte. Ich überlese sie schnell, aber schreibe sie nicht, das ist ein Unterschied. Das große Abenteuer war die zweite Fassung, als ich die Texte schrieb. Ich muß das dann mal alles zusammen lesen, in Ruhe.

K: Was wird mit den Bärten? Ab?

D: Das ist wirklich ein psychologisches Problem. Ich glaube, die beste Lösung ist, wenn sie sich entschließen, die Marxe so zu spielen, wie sie sind, Napoleon ist befremdet: »Wo sind die Bärte?« Und dann gehen sie an den Schminktisch, machen sich zurecht.

K: Wo steht der Schminktisch? Vorne links? Rechts ist ja schon der Büchner.

D: Vorne, hinten, ganz egal. Aber das ist alles hypothetisch, ich hab keine Ahnung, ich pirsche mich heran, weil die Wirkung –. Theater bedeutet ja auch hauptsächlich, daß man Wirkung spielt. Auf alle Fälle schreibt am Anfang vom zweiten Akt immer noch der Büchner. Die Bühne ist mit Papieren bedeckt, und er schreibt immer noch am ersten Akt herum. Da parodiere ich mich selbst.

17 Uhr, Whiskystunde – Beim zweiten Whisky

Dürrenmatts Sohn Peter ist gekommen. Er ist protestantischer Pfarrer. Gleicht Dürrenmatt. Die beiden sind eingespielt.

D: Der Dani* hat mich heut beschworen, die Bärte zu lassen.

K: Fangen wir von vorne an.

D: Charlotte hat etwas gegen Bärte. Peter, sag du ihr: Hat der Marx einen Bart oder nicht?

Peter: Der Marx hatte einen Bart.

D: Das ist nämlich interessant. Ich hab das heute nachgelesen: Der Marx hatte den Bart als Verdienst.

K: Wieso?

D: Der Marx hat damit Geld verdient. Der hat doch immer den Weihnachtsmann gespielt bei seinem Freund, dem Engels, der hatte eine Fabrik, der war reich. Der Marx hat doch nie Geld gehabt, und da hat er für die Fabrikarbeiter den Weihnachtsmann gespielt.

P: Und der ist ein christliches Symbol, und das Christentum ist kommunistisch.

D: Ja, das ist das Wichtigste: Das Urchristentum, das ist kommunistisch, und deshalb ist der Weihnachtsmann rot. Oder hast du schon einmal einen nicht-roten Weihnachtsmann gesehen?

P: Jetzt ist er grün.

D: Und das hab ich jetzt dank meines Sohnes und der ist Theologe und der hat jetzt eine Dissertation geschrieben: *Der Weihnachtsmann als urchristlich kommunistisches Symbol.* Und der hat natürlich einen Bart, die Urchristen hatten alle Bärte. Ich lasse zuerst den Louis und den Plon-Plon als Weihnachtsmänner auftreten, und die verteilen Nüsse im Publikum und Pfefferkuchen.

K: Und dann kommen die Bärte in den Wäschekorb.

D: Nein, die Bärte bleiben. Der Marx hat den Weihnachtsmann nachgemacht, das war sein Archetypus. Deshalb will der Louis ihn auch spielen. Wir sind auf der richtigen Spur.

K: Was sagt Plon-Plon/Freud? Wie kriegen wir Ödipus rein?

D: Ganz klar. Freud ist dagegen, weil sein Vater immer den Weihnachtsmann spielte. Das ist sehr interessant, weil die Juden die Farbe Rot nicht haben. Rot ist immer mit Blut und Beschneidung zusammen.

P: Das war der Streit im Urchristentum: Soll der Christ

sich beschneiden lassen oder nicht? Die Judenchristen waren dafür, Paulus dagegen.

D: Der christliche Weihnachtsmann, das ist der Unbeschnittene. Darum hat er auch eine spitze Mütze auf. Oder hast du schon einen barhäuptigen Weihnachtsmann gesehen? Die Mütze ist der unbeschnittene Penis.

K: Also das geht zu weit, das kann ich nicht schreiben.

D: Also entweder schreibst du Protokoll oder nicht. Was glaubst du, wie der Freud jetzt damit käme. Und Plon-Plon hat einen Ödipuskomplex, weil er den Verdacht hat, daß sein Vater ein Goi war. Also der Weihnachtsmann ist das Symbol des unbeschnittenen kommunistischen Urchristen –

P: Und er hat einen Sack.

D: Der hat einen Sack. Keinen Korb. Der ist beladen mit Sexsymbolen: Spitze Mütze, Sack – ich bitte dich, der Bart –

K: Und eine Rute –

D: Eine Rute –. Also, ich muß schon sagen, es wimmelt da von Sexsymbolen, ich bin entsetzt. Der Weihnachtsmann, ein christlich-sozialistisch sexualbeladenes Symbol! Und so was läßt man bei den Kindern herumlaufen. Daß sich da der Freud sträubt, den Marx zu spielen, ist also wirklich klar, während der Jung jubelt, der sieht sich selber drin, archetypisch.

Nach dem dritten Whisky beschließen wir: Louis und Plon-Plon lassen sich die Bärte wachsen, zehn Jahre lang, und wir spielen *Achterloo in Oberammergau*. Für heute ist die Bartfrage gelöst.

28. 12. 1985 – Abends, in der Bibliothek

Der Dramatiker Dürrenmatt ist ein Vollblutkomödiant mit einem kräftigen Schuß Striese. Er liebt die großen Schauspieler, die wahnsinnigen Egozentriker, die Monsterkinder, die mit den Geschöpfen seiner Phantasie spielen, sie von der zweiten in die dritte Dimension, vom Papier in den Körper reißen. Seit Wochen hockt er nun mit seinen Geschöpfen am Schreibtisch, eingestrudelt in ihre Psyche, in die er immer neue Sonden treibt. Manchmal, am Abend, wenn die Lichter in den Theatern angehen, dann langsam eindunkeln, der Vorhang sich öffnet, wenn gedachte Realität sich in Bühnenrealität verwandelt und Dürrenmatt, mit seinen Geschöpfen allein, in der Bibliothek sitzt, rumoren sie gewaltig in ihm, sie wollen ins Scheinwerferlicht, sie wollen Publikum, sie wollen auf die Bühnenbretter, die ihre und seine Welt bedeuten.

19. April 1947. Uraufführung *Es steht geschrieben,* Schauspielhaus Zürich. Das erste Stück eines Autors, von dem nie jemand gehört hat, wild, vital, verrückt, überbordend von Phantasie, prall von Wissen, da baut einer eine Welt, mit Sprache spielend wie Herkules mit Felsbrocken, wirft sie auf ein entzücktes, schockiertes, entsetztes, applaudierendes, buhendes Publikum hinunter: Friedrich Dürrenmatt, 26 Jahre alt. »Man wird sich den Namen merken müssen...«

Dezember 1985. Friedrich Dürrenmatt, weltberühmt, hat keine Theaterheimat, kein Ensemble mehr: Er ist der meistgespielte Autor des deutschsprachigen Theaters 1984/1985, gespielt werden seine Evergreens *Der Besuch der alten Dame* und *Die Physiker,* den heutigen Dürrenmatt spielt man nicht. Das Theater ist ein Theater der Regisseure geworden, Dürrenmatts Theater war und ist ein Theater der Schauspieler. Ein Theater des Autors gab es nur einmal, bei Brecht. Es gab den Autorenfilm, die Personalunion von Autor und Regisseur, die ›Nouvelle Vague‹, die alte Seh- und Denkgewohnheiten überrollte, wegschwemmte, auch sie ist verebbt, geblieben ist die ›Nouveau-Riche-Dame-Kultur‹, Alibi-Geliebte einer reaktionären Wohlstandsgesellschaft, die ihre ›Avantgarde‹ mit 1,75 Milliarden zu Tode subventioniert. Das Autorentheater gibt es nicht. Wir kreieren es für *Achterloo* als Fiktion: eine ›Nouvelle Vague‹, die an kein Ufer spült, eine Denkinsel im luftleeren Raum, eine Sonde im Nichts, existentielles L'art pour l'art.

K: Jetzt bräuchtest du einen Bühnenbildner.
D: Ja. Wichtig war für mich immer die Bauprobe, die ist Monate vor Probenbeginn. Dann hab ich die Bühne abgeschritten, das ist immer toll, da war ich mit mir allein, da denkt man auch nicht an Schauspieler, da muß man den Raum spüren.

Dürrenmatt geht das längliche Geviert der Bibliothek ab, durch die weichen Espadrilles dringt die Magie des Holzbodens, das Berner Vierholzparkett verwandelt sich unter der Berührung des Schöpfers mit seinem kreativen Raum in Bühnenbretter.

D: Das Prinzip weiß ich. Ich hab jetzt alles Technische aufgegeben, Telefon, Fernsehen, Napoleon sagt: »Louis!«, und der erscheint, aus dem Wäschekorb kommen Requisiten, Kostüme, er ist eine Art erhöhte Bühne, eine zweite Spielebene, zum Beispiel, wenn der Richelieu stirbt und schlottert, und der Napoleon legt den Krönungsmantel um ihn, das gibt eine Gruppe wie bei einem Bildhauer, aus dem Korb kommen die unmöglichsten Sachen, das kann wie Schreckbilder sein, die Erscheinungen hinter dem Fenster, dann seh ich wie eine Vision, wie der Büchner sagt: »Ich werde von nun an nichts mehr schreiben«, weil sie sein Stück nicht spielen, und dann zerreißt er das Manuskript in kleine Fetzen, die müßten wie Schneeflocken über die Bühne wirbeln, aber wie macht man das? Dann, wieviel redet der Büchner, er kann ja nicht nur schreiben, zum Beispiel der Stuhl wird ihm immer weggezogen, einmal sagt er: »Wenn mir jetzt noch einmal einer den Stuhl wegnimmt, bring ich den ersten Akt nicht zu Ende«, und man ist schon im zweiten. Stell dir vor, wie schön das wäre, wenn wir das jetzt auf der Bühne machen würden, einen Abend lang über einen Auftritt diskutieren, wie führt man einen Schauspieler.

K: Stell dir vor, wir machen's auf der Bühne. Wie gehst du vor, wie arbeitest du, wenn du real Regie führst?

D: Es gibt verschiedene Arten, wie du Regie führst. Der Sellner hat sich exakte Bühnenmodelle machen lassen, Puppen, mit denen er die genaue Choreographie durchspielte, Ginsberg hatte dicke Regiebücher, in denen jedes Handaufheben stand, ich habe immer erst angefangen Regie zu führen bei der Stellprobe. Ich habe mich mit dem Stück beschäftigt, der Dramaturgie, mit Regie erst auf der Bühne. Für mich ist das Interessanteste der Zusammenprall einer Rolle mit einer Persönlichkeit. Man muß alles aus den Schauspielern entwickeln: Es gibt statische Schauspieler, Schauspieler mit Körpersprache, Stimmschauspieler, Artisten der Sprache, des Klangs, Schauspieler, denen nichts einfällt, denen mußt du vorspielen: Du mußt alles aus der Psychologie entwickeln, der des Stückes und der der Schauspieler. Für mich ist das Ideale, wenn der Regisseur verschwindet. Woran ich Freude habe, sind Einfälle von Schauspielern und dramaturgische Einfälle von Regisseuren. Zum Beispiel in Paris, die Tessier, sie war die zweite Alte Dame: Als sie den Güllenern den Scheck gab, fingen die an zu tanzen, vorher starr vor Angst und dann ein Freudentanz, das fand ich toll von dem Regisseur Gignoux, da dachte ich, warum ist das mir nicht eingefallen? Oder im zweiten Akt, wenn der Pfarrer sagt, sie seien zu schwach, dem Geld und dem Mord zu widerstehen, der Ill solle fliehen, und der Koffer fällt vom Himmel, so als Direkthilfe vom Lieben Gott, das finde ich wunderbar, weil's dramaturgisch ist, aber ich bin gegen Gags.

K: Wieviel Geld hast du für deine Inszenierung?

D: Ich stelle mir vor, ich hätte das ärmste Theater: eine Wandertruppe mit guten Schauspielern. Ich suche die einfachste Formel. Ich würde fast sagen, es ist eine Nestroy-Inszenierung.

K: Mit einem universalen Wäschekorb der unbegrenzten Möglichkeiten. Bleibt es bei einem Bühnenbild?

D: Ja. Um ein Stück zu erleichtern, laß ich es gern in einer Dekoration spielen, der Fluß des Stückes darf nicht verebben. Das Trauma, das ich hatte, war *Es steht geschrieben*, mein erstes Stück. Das hatte lauter kurze Szenen, und nach jeder Szene fiel der Vorhang, und es kam eine lange Verwandlung. Ich finde, wenn man lange braucht, um einen neuen Akt aufzubauen, das ist schon ein dramaturgischer Fehler vom Bühnenbild her. Es gibt mir zu denken: Im *Urfaust*, im *Woyzeck* habe ich die Hälfte vom Bühnenbild rausgeschmissen: Im *Woyzeck* haben wir vor dunkler Wand gespielt, zwei Bühnenkarren, mal war der eine draußen, mal der andere, da war alles drauf, auf denen konnte man umbauen, ohne Vorhang. Im *Frank v.* hatten wir ein riesiges Bankportal, das stand da allein, darüber die Inschrift: HANDELT, BIS DASS ICH WIEDERKOMME, ein Bibelzitat über der Gaunerbank, alles andere, Möbel, Sarg, wurde nur reingeschoben. Wart, ich schau dir nach, wo das Zitat steht, das interessiert mich jetzt selbst.

Dürrenmatt hat ein dickes Buch aus dem Regal gezogen: *Calwer Bibelkonkordanz oder Vollständiges biblisches Wortregister nach der revidierten Lutherübersetzung, Calw und Stuttgart 1893.*

D: Das hab ich von meinem Vater, da steht alles drin, und die Leute denken ich wäre so bibelfest. Da ist es: Lukas 19, 13: »Ein Edler zog ferne in ein Land, daß er ein Reich einnähme und dann wiederkäme. Dieser forderte zehn seiner Knechte und gab ihnen zehn Pfund und sprach zu ihnen: ›Handelt, bis daß ich wiederkomme...‹« Da, lies nur, das ist eine richtige Bankiersgeschichte, ist für jeden Bankier geschrieben.

K: Du hast etwas gegen aufwendige Bühnenbilder: Glaubst du, sie verbauen die Phantasie?

D: Ich finde es ungeheuer grotesk, daß ein Stück heute wegen Bühnenbild und Regie gelobt wird. »Das Stück ist natürlich schwach, der letzte Akt Scheiße, aber das Publikum hat versagt, man soll dem Inhalt lauschen.« Ja, wie soll man dem Inhalt lauschen, wenn man nichts versteht, wenn das Bühnenbild so gewaltig ist, daß es alles verschluckt. Das Publikum wird wie ein Trottel behandelt. Wenn ein Theater subventioniert ist, ist der Kritiker wichtig, nicht das Publikum. Ein Politiker wird nicht fragen: »War das Stück ein Erfolg?«, sondern: »Wie war die Kritik?« Solche Bühnenbilder sind Verschwendung von Steuergeldern, auch in der Oper. Stimmen, ja, die dürfen teuer sein, Schauspieler, aber Bühnenbilder? In einem richtigen Schauspiel vergesse ich das Bühnenbild. Der Marivaux, *Triumph der Liebe*, wenn da ständig einer über einen Steg über einen Teich geht, und ich dauernd Angst habe, daß er reinfällt, höre ich doch dem Stück nicht zu. Und eine Dreiviertelstunde Pause, um diesen Teich hydraulisch zu leeren, den letzten Akt aufzubauen – soviel geschieht ja da nicht. Im Grunde ist das ein Stück, das ohne Regie geht: Es geht um Wortwechsel, Eleganz der Sprache, die Intrige ist da, um Sentenzen auszustreuen. Marivaux ist virtuos, ich bewundere ihn. Der Gegensatz ist Molière, der schafft tolle Charaktere, denk an Misanthrope, Dandin, den Narren in der *Schule der Frauen*, die vergeß ich nie. Bei Marivaux sind alle Bonmotträger, ich erinnere mich nicht an einen einzigen Charakter, aber er erfindet verrückte Situationen, er ist ein virtuoser dramaturgischer Schachspieler. Wenn man den in den Charakter vertiefen will, wird er falsch, deshalb muß man's schnell, virtuos spielen. Ich hab nichts gegen den Luc Bondy, sicher ist er ein guter Regisseur, aber was soll der Teich? Das sind dann ›Regieeinfälle‹, *tant de bruit pour une omelette*. Mein Entsetzen war genau gleich bei Strehler, beim *Rausch*, den hat Strindberg ganz einfach gemacht, in einem kleinen Theater, sobald das raffiniert wird, ist auch die Kühnheit weg. Das ist so, wie wenn du eine geniale

Skizze, Radierung von Goya nimmst und auf die Wand wirfst mit Öl oder raffinierten Farben, dann ist die ganze Einfachheit, das Geniale weg. Was mich immer so erschüttert oder packt: wie der Proust* zum erstenmal ins Theater geht, wie er gespannt ist, wie wird die Schauspielerin einen Vers sprechen, wie wird sie's betonen, wie wird der Klang ihrer Stimme sein? Er ist gespannt, wie die das dann spricht, aber nicht auf die Aufführung. Ich glaube, daß die meisten Regisseure heute das Stück viel zu wenig durchdenken, sie durchdenken sich, aber nicht das Stück. Geld wird ausgeschüttet, und das nennt man dann Kultur.

K: Wann, wie bist du darauf gekommen, fürs Theater zu schreiben?

D: Ehrlich gesagt, ich war ganz unvorbereitet fürs Theater. Ich ging sehr wenig ins Theater. Es war die Lösung irgendwie meines Dilemmas zwischen Malen und Schreiben. Es war eine Sprachexplosion, also wenn du denkst, *Es steht geschrieben*, die ›Freßarie‹*, meine Zunge wurde gelöst, dann *Der Blinde*, die Rede des Negers als Wallenstein*, da ist es noch mehr geströmt, ich mußte mich erstmal ›aussingen‹, ich fand eine Bühnensprache. Wedekind wurde für mich wichtig, der kam ja aus Lenzburg, sprach sicher auch Schweizerdeutsch. Jetzt schreibe ich ganz anders, aber ich wohne in der Sprache. Ein gut gebauter Satz ist wie eine Fuge. Die Becker kann meine Sprache, die konnte meine Sprache ›in die Hand nehmen‹, Steckel auch, die konnten das. Ich habe wahnsinnig gemeckert, wenn die Schauspieler meine Sprache veränderten, ein »ach« oder ein »so« einbauten: »Das hab ich nicht geschrieben!« Ich hatte einen Streit mit Emil Staiger, dem berühmten Literaturwissenschaftler, über das Wedekind-Deutsch, der sagte, das sei hingeschludert. Das ist ziseliertes Deutsch, wahnsinnige Sprache, manchmal komisch. Das hat mich so gestört letzthin in den Kammerspielen, die wußten nicht, wie man Wedekind spricht, Steckel konnte das als Schigolch. Irgendwie: Ich glaube im deutschen Theater ist ein Bruch. Es gibt keine Tradition mehr, so etwas wächst aus der Tradition, diese Sprachartistik. Die Emigranten hatten die Tradition, von Reinhardt, aus Berlin, Wien, dann gab's noch so einen verrückten Sprachfanatiker in Bochum, Saladin Schmitt, aber es gibt nur noch wenige, die sie übernommen haben, das hört auf. Wir sind auch immer empfindlicher geworden: Inwiefern hat die Kamera unsere Sensibilität verändert, das beschäftigt mich dauernd. Irgendwie gibt es auf der Bühne Dinge, eine Naivität, die kannst du nicht mehr darstellen. Denk nur an Shakespeare, der schreibt dauernd von großen Schlachten, Schlachtengetümmel, wenn du das inszenieren willst heute, wie? Darum hab ich den *Spartakus* nochmals gesehen, der Film kann das. Daß das Theater heute so stilisiert: es will sich bewußt als Kunstwerk darstellen. Der Regisseur nimmt heute jede Bewegung in die Hand, komponiert durch wie ein Bild. Ich erinnere mich, dem Wälterlin war die Besetzung so wahnsinnig wichtig, der richtige Typ, er sagte: »Ich nehme die größten Schauspieler, weil ich so faul bin, die machen das allein.« Wenn du Goethes *Regeln für Schauspieler* nimmst – wie man sich schicklich benimmt, wie bewegt man sich anmutig –, da war das Theater viel mehr eine Lebensschule, ›die Bretter, die die Welt bedeuten‹, heute ist es nur noch eine Randerscheinung der Kunst: Ich begreife die Regisseure, die stellen das Stück aus wie ein Bild mit Signatur: das ist ein Stein, das ist ein Dorn, ein Bondy, ein Zadek, ich begreife das, dazu bin ich zu sehr

Maler. Ich begreife das Regietheater in unserer durchweg stilisierten Zeit.

K: Du sagst so oft, daß du es begreifst, daß ich daraus höre, daß du es nicht magst.

D: Die Frage ist, ist das noch Theater? Ist ein Tinguely noch Plastik? Ist ein Beuys Kunst? Ein ausgestellter Stuhl von Beuys ist natürlich etwas anderes als einer, auf dem du sitzt. Er ist ein Ausstellungsstück, das man betrachtet, aber auf dem man nicht mehr sitzt, er ist objektivisiert.

K: Objektivisiert oder objektiviert?

D: Ich mag objektivisiert, da ist die Vision sichtbar gemacht: Du hast das Objekt, und die Vision kommt noch mit rein. Jetzt nimm Platon: Da ist die Frage, was ist die Idee vom Stuhl? Und Platon sagt, es gibt nur eine Idee vom Stuhl, die ist von Gott, oder andersherum, es gibt nur einen Stuhl, der ist die reine Idee. Das Groteske ist, auf der Idee vom Stuhl kannst du nicht sitzen. Eine Badewanne, in der Beuys eine Woche gebadet hat, die einen Schmutzrand hat, die er dem Museum schickt, ist ein Kunstwerk, und dann putzen sie die Putzfrauen, das war doch die schöne Geschichte, und die Arbeiter stellen ihr Bier rein, und dann ist das Kunstwerk zerstört. Ein Objekt wird zum Kunstwerk, indem man es ausstellt: Wenn alles Kunstwerk ist, wo willst du eine Grenze ziehen? Das Theater ist nicht in der Krise, die Welt hat das Theater nicht mehr nötig. Auch die Künste nicht, sie sind am Rand der Welt, die Wirklichkeit hat alles übertroffen. Die Welt ist derart anders geworden, und man versucht, sie immer noch in alte Stücke hineinzuprojizieren. Theater ist *passé*, ich bedaure, je ein Theaterstück geschrieben zu haben. Der Künstler ist wahrscheinlich der reaktionärste Mensch, den es gibt, hängt an Pinsel und Leinwand, obwohl schon alles verfault ist. Wir leben in einer Welt, die im tiefsten unbegriffen ist. Und jetzt sucht man in der modernen Kunst eine Interpretation, und dabei ist es wirklich nur reine Ästhetik, und daneben Riesenaussagen, Programme, die erklären, interpretieren, was gemeint ist. Heute entsteht eine Welt voller Maschinen, aber wer begreift denn einen Computer? Wer begreift im Grunde die Maschinen, die uns beherrschen? Warum ist die geistigste aller Künste, die Mathematik, die unbekannteste? Das ist gestuft wie eine Pyramide, nur eine winzige Spitze weiß, wir sind wie Wilde, im Dschungel versunken. Wie willst du diese Welt noch im Theater darstellen? Offenbar hab ich einmal bei einer Theatertagung in Darmstadt diese Frage gestellt. Ich weiß nicht, was ich mir darauf geantwortet habe, ich hatte schweres Fieber, Scharlachfieber, sah alles, das Publikum, die Mitdiskutanten, auf dem Kopf stehend unter der Decke hängen. Brecht antwortete in einer seiner Theaterschriften, die Welt sei auf der Bühne nur darstellbar als veränderbare Welt, und mit Veränderung meinte er Revolution. Aber die politische Revolution verändert die Welt nicht mehr, Wissenschaft, Technik, die Biologie verändern. Du kannst heute nur noch den ohnmächtigen Menschen darstellen, nicht mehr den mächtigen, früher konntest du Heldentum zeigen, heute kannst du alle früheren Tugenden über Bord werfen. Was heißt denn Tapferkeit? Besser versteck ich mich. Gestern kam diese Nachricht, daß man einen Virus verändert hat, und jetzt weiß man nicht, was der anrichtet. Was willst du denn da mit Theater?

K: Also schaffen wir Theater ab?

D: Es wird wiederkommen: Menschen werden immer Theater spielen, sie wollen spielen, es ist ein Urbedürfnis.

Vielleicht ist das das echteste Theater, das Laientheater, ohne Autoren. Ich komme mir wie ein ungeheurer Narr vor, die Mühe, die man sich mit einem Stück gibt. Der Nestroy hat alles im Bett geschrieben, und am Abend hat er gespielt. Ich geh jetzt ins Bett.

Dürrenmatt greift nach dem Lafitte 1969. Leer. Falscher Abgang. Auf dem Träger, auf dem die alten Bordeaux zwischen Keller und Kehle temperiert werden, ist noch eine Flasche. Dürrenmatt schiebt die Brille auf die Stirn, hält die Flasche dicht an die Augen: Château Talbot, Ancien Domaine du Connétable Talbot, Gouverneur de Guyenne, 1400–1453, St-Julien 1975. Dürrenmatt stellt die Flasche behutsam wieder ab: »Einer meiner Lieblingsweine. Er ist leicht.« Werbender Blick, für den Talbot, für mich. »Trinken wir noch einen?« »Trinken wir noch einen.« Der Theaterdonner vergrollt.

K: Was war der Ausgangspunkt für dich, Regie zu führen? Daß du deine Stücke auf der Bühne anders sahst als in deiner Phantasie?
D: Natürlich war meine Erfahrung, daß ich nicht so gespielt wurde, wie ich mir das vorstellte, der Grund, daß ich immer mehr eingriff, schließlich selbst Regie führte. Mein großes Erlebnis war *Play Strindberg*, Strindbergs *Totentanz*, die klassische Dreiecksgeschichte: Ich habe es herrlich gesehen mit der Fein und Forster, heute ist das viel zu wortreich, die kotzen sich aus. Es war in Basel angesetzt, 1969, der Regisseur kam mit den Schauspielern nicht zurecht, dann holten sie mich. Ich fand das, finde das veraltet, man kann das einfacher darstellen. Ich fing an, das Stück, die Dramaturgie zu ändern, machte kurze

Sätze, verknappte, zeigte nur die Spitze des Eisbergs. Gleichzeitig erarbeitete ich es mit den Schauspielern, schrieb um, neu, parallel zu den Proben, die Idee, jede Runde wie beim Boxkampf mit einem Gongschlag anzusagen, kam mir erst bei der Hauptprobe. Es war mein entscheidendes Erlebnis, was man auf der Bühne machen kann. Wir hatten nur Halogenscheinwerfer, Lichtkegel wie ein Boxring ohne Seile, wir krochen im Fundus, im Lager herum, wir hatten uns vorgenommen, es vollständig daraus zu machen, kein Bühnenbild, keine teure Ausstattung, nur Sprache. Ich nenne es auch *Übungsstück für Schauspieler*, es wurde viel gespielt, wie später *Porträt eines Planeten*.

K: Wie wirkt sich die totale Freiheit auf deine Regie aus, geht das überhaupt, was wir da machen: eine fiktive Regie?

D: Im Kopf hast du keine Schwierigkeiten. Du hast reine Begriffe, wie in der Mathematik, keinen Widerstand an der Realität, mit der Zeit, die ein Auftritt oder Abgang braucht, mit all den hundert Dingen, die das Theater auch ausmachen, keine Schauspieler, die dich ärgern, wenn sie den Text nicht können, du nicht in den Fluß der Dinge kommst, keine Fehlbesetzungen, die du zu spät erkennst. Du bist wie ein Schachspieler, der im Kopf ein ideales Schachspiel macht gegen einen Gegner, dessen Züge er kennt. Du spielst gegen dich selber, das ist anders, als wenn du gegen andere spielst: Es hat so was wie Onanie – da ist ja auch Lust dabei.

K: Stellst du dir jetzt, bei dieser fiktiven Regie, bestimmte Schauspieler in bestimmten Rollen vor, oder arbeitest du aus einer Idealvorstellung?

D: Jetzt habe ich keine Bremse. Jetzt hab ich ein Stück

und kein Theater, jetzt brauch ich überhaupt keine Rücksicht zu nehmen. Jetzt bin ich der willkürlichste Regisseur geworden, ich habe mich total umgeschrieben, aber ich kann mich mit mir selber decken. Wehe, wenn das ein anderer machen würde, ich würde laut protestieren.

K: Glaubst du, wenn du es von Anfang an in dieser Form geschrieben hättest, *Achterloo* hätte es leichter auf der Bühne gehabt? Die großen Theater und Regisseure hätten angebissen?

D: Ja, ich glaube schon. Ich verstehe jetzt die Schwierigkeiten, die ein Regisseur beim Lesen vielleicht damit hatte. Die Jeanne ist besser, die Liebesszene am Schluß, der Büchner, im Grunde ist es frecher, vielleicht auch verrückter und logischer. Ich glaube, daß man mehr gewußt hätte, wie man es inszenieren soll. Ich mußte selbst sehr überlegen: ›Wie macht man das?‹ Einiges ist nicht gelöst: Essen die real oder markieren sie? Einiges ist sicher zuviel, aber das ist jetzt eine Fassung, sagen wir, das ist jetzt eine Vorregie, was ich gemacht hätte, wenn ein Theater zu mir gekommen wäre, ein Regisseur gesagt hätte: »Das will ich machen, aber ich habe Schwierigkeiten, können wir darüber reden?« Das erwarte ich von einem Regisseur, nur, es kommt keiner. Ich bin ein Insasse von Achterloo, der sich einbildet, eine Regie eines Stückes zu machen, das er selber geschrieben hat, welches in einem zweiten Achterloo spielt, wo die Insassen sein Stück spielen. Nicht auszudenken, was geschehen würde, wenn ich es wirklich inszeniere.

2. 1. 1986

Zurück aus Zürich. Wir haben Silvester gefeiert mit Freunden, das neue Jahr begrüßt, wie es sich gehört, mit Glockengeläut, Raketen und Champagner, die Raketen zündeten nicht recht, ich könnte mir denken, daß sie nicht mehr mögen, es gibt soviel größere, die ins Weltall zischen, ich als Rakete käme mir lächerlich vor. Ich mag Neujahr, es ist wie Geburtstag, nur globaler, du stehst im Startloch mit der Menschheit, Marathon einmal rund um die Sonne, 365 neue Tage, es ist, als begänne man ein neues Buch zu schreiben, noch ist die erste Seite nicht verdorben, noch ist alles offen, noch hat das Jahr und das Blatt Papier seine Unschuld, du bist high sie zu brechen.

Dürrenmatt kommt zum Abendessen. Er hat das Manuskript *Achterloo* in der Hand, blau eingebunden. »So, jetzt bin ich durch, jetzt sitzt das Stück.« Stolz schiebt er es mir über den Tisch zu, greift nach Flasche und Korkenzieher. »Weißt du, daß *Achterloo II,* unsere Fassung, fertig war am 2. Januar 1985, genau vor einem Jahr? Und da ist *Achterloo III.*« Der Cheval Blanc 1968 rinnt aus dem schmalen Hals der Bordeauxflasche in das sinnlich breite Schlappmaul des Silberkruges, der es schleckend, schluckend mit Luft vermischt: Dürrenmatt dekantiert. Den Kopf schräg geneigt, Brille auf dem blanken Weltkugelkopf, Augen gierig-neugierig festgesaugt an den Kristallwänden, die seine sinnliche Welt umschließen wie die Bücherwände seine geistige, hier wie da stets auf der Lauer, ihnen ihr Geheimnis zu entreißen, überprüft er den Stand des Bordeaux in den Gläsern, fügt in einem Glas etwas hinzu, jetzt ist der Rubinspiegel tropfenmillimeter gleich hoch:

»Auf *Achterloo III*«. »Auf *Achterloo III.*« »Jetzt freue ich mich, die Zeichnungen zu machen für *Achterloo.*«

Wir schmieden Pläne: Dürrenmatt wird die Novelle *Der Auftrag* überarbeiten, noch einmal ›in die Hand nehmen‹, eine verrückte Geschichte in 24 Sätzen, dem kompositorischen Prinzip des *Wohltemperierten Klaviers* folgend, *Vom Beobachten des Beobachters der Beobachter*, resultierend aus gemeinsamen Filmerfahrungen aus gegensätzlicher Position: Dürrenmatt der Beobachtete, ich die Beobachtende, beobachtet vom Beobachteten, beide gefangen im Netz unserer unterschiedlichen Erfahrungen, Schuß und Kette verwoben zu einem neuen Muster. *Der Auftrag* soll mein erster Spielfilm werden, Drehbuch schreiben, Motivsuche; für Dürrenmatt steht ›*Der Tod des Sokrates*‹ an, alte Lieblingsidee, aber den hat vielleicht *Achterloo* gefressen, das große Welttheater ist geschrieben, die *Stoffe IV–VII* drängen in Dürrenmatt, »erst wenn die fertig sind, weiß man, wer ich bin«.

23 Uhr, Arbeitszimmer

Dürrenmatt sitzt am Schreibtisch, mit schnellen, sicheren Strichen führt er den schwarzen Kugelschreiber übers Papier, Format DIN A4. Dürrenmatt zeichnet in einen Blindband, das gleiche Format soll nachher das Skizzenbuch zu *Achterloo III* haben. Ich schaue Dürrenmatt über die Schulter. Ich schaue ihm gern bei der Arbeit zu, beim Schreiben, beim Zeichnen. Die Aura von Konzentration ist unstörbar, man tritt ein in eine immaterielle Glasglocke. Die Striche fügen sich zu Gesichtern, einer Gruppe. ›Familie Büchner‹. Schwarz auf weißem Hintergrund, jetzt schraffiert Dürrenmatt einen Teil des Hintergrunds, lichtschwarz, pechschwarz, schafft Wertigkeiten, er zeichnet schnell, entschlossen, zwischen Rausch und objektiver Überprüfung, nie reißt er ein Blatt aus dem Buch: »Falsch gibt es nicht, wenn etwas nicht stimmt, ändert man's eben.« Er ändert entschlossen, schneidet Papierquadrate, Rechtecke aus, überklebt Mißglücktes, zeichnet neu, es entstehen collagierte Gesichter, Körper, eine Hand, die eine Pfeife hält, ändert ihre Haltung dreimal, ein Ketzerhut für Hus, »die Teufel müssen größer sein«, manchmal hat eine Zeichnung drei, vier Schichten: »Ich mag das, das macht sie lebendig.« Wo sind die Denkwurzeln von *Achterloo?* In welcher Schicht des Dürrenmattschen Erzählhumus, Erinnerungsgerölls sind sie verankert? Ich frage. Wir sind wieder im Ring, Gong zur nächsten Runde.

3. 1. 1986 – Beim Frühstück

D: Polen war am 13. Dezember 1981. Da war etwas vorausgegangen. Anfang Dezember rief mich ein polnischer Schriftsteller an, sagte, er sei Mitglied der Solidarnosc, er sei mit der ganzen Familie hier in Neuchâtel, mit Frau und zwei Kindern, sie seien im VW gekommen, er habe seinen Paß verloren. Ich fuhr runter, hab denen ein Hotel besorgt, sie kamen aus Spanien, konnten nicht nach Polen zurück, dann bin ich mit ihnen zu Denner, das ist so ein Discount, habe die ganze Familie mit Wintersachen eingekleidet, und dann habe ich die polnische Botschaft angerufen und den Probst, einen der höchsten Beamten in unserem ›Außendepartement‹, dann stellte sich heraus, zu meiner Überraschung, daß der doch einen Paß hatte, einen deutschen. Ich habe alle eingeladen zum Abendessen und gesagt: »Ich will jetzt die Wahrheit wissen: Warum haben Sie einen deutschen Paß?« Er wurde furchtbar böse, hat eine Szene gemacht, ging raus, ins Hotel zurück, besoff sich, tobte als die Familie verängstigt zurückkam, also ich weiß nicht, ob das auch ein Irrer war, man könnte einen Band machen, *›Dürrenmatts Irrengeschichten‹*, ist mir auch egal, ich bin nicht mißtrauisch, will es nicht sein, weil ich gerne Geschichten hab.

K: Das gehört zum Humus?

D: Wahrscheinlich. Ich hab die Familie dann nach Bern geschickt, da fanden sie ein Unterkommen. Und dann hat er einen Schock gekriegt, als am 13. Dezember 1981 die Militärdiktatur ausbrach. Er rief mich mitten in der Nacht an. Er war überzeugt, die Polen führen Krieg gegen Rußland, die Russen marschieren ein, und die Polen erheben sich gegen die Militärdiktatur. Das ist die Geschichte. Ich erlebte es also auch noch durch eine Familie hindurch, durch das Entsetzen dieses Menschen, daß die Polen sich nicht wie ein Mann erhoben. Da hab ich mich mit Jaruželski beschäftigt. Warum hab ich die *Stoffe* geschrieben? Um zu zeigen, wie die Phantasie arbeitet. Es sind ungeheuer viele Quellen, aus denen sich ein Strom speist, aus denen er zusammenfließt. Als Kind ging ich immer an die Aarequelle, in meiner Phantasie, und dachte, da halt ich jetzt den Finger drauf, und dann hört die Aare auf. Und dann dachte ich, wenn man das bei Rhein und Rhone auch macht, können drei Soldaten die ganze Wasserversorgung stoppen. Ein Kind denkt viel kosmischer, als man glaubt. Die Phantasie arbeitet mit Assoziationen, Logik, Erinnerungen, irgendein Anstoß, und sie setzt sich in Bewegung. Die politische Lage, wie war die damals? Es wurde den Deutschen vorgeworfen, sie hätten sich nicht genug für Solidarnosc eingesetzt. Ich war der Meinung, sie hatten recht. Aber die andern schrien, die Franzosen, die Engländer, je weiter weg, desto lauter, am lautesten die Amerikaner. Jaruželski konnte gar nicht anders handeln, wie Kádár, der die Rolle des Verräters auf sich nahm, er wurde noch unter Stalin gefoltert, heute ist Ungarn das freieste Land im Ostblock. Manchmal kann man mehr leisten, wenn man nicht Widerstand leistet, als mit Widerstand. Die Frage war für mich: Wie stelle ich ein Zeitstück dar? Die erste handgeschriebene Fassung hieß: *›Der Verräter‹* (Mai 1982). Dann stellte sich die Frage: Was ist, wenn Jaruželski ermordet wird? Dann kommt ein anderer Verräter, es ändert sich nichts. Das Drama ist ein dialektischer Vorgang: Ich fand die Gegenfigur in Judith, die den Feind tötet, um ihr Volk zu befreien. Gegenüber dem Verräter der Befreier. Das ist die Urstruktur, der genaue logische Boden. Und dann: die Sinnlosigkeit der Tat heute. *›Judith und Holofernes‹* war im Mai 1982 fertig, und jetzt begann meine Phantasie zu arbeiten: Jetzt hatte ich ein Ei gelegt, aber wie ich immer bin, ich war nicht zufrieden. Ich brütete. Und dann hab ich das ganze Stück umgearbeitet, und das war fertig am 3. Dezember 1982 und hieß *›Napoleon will ins Bett‹*. Das war die erste Fassung, die ich Karter* schickte. Er war begeistert, gab sie zuerst an das Schauspielhaus Zürich, die sagten sofort zu, kamen hierher, lange Sitzung, das Problem war der Schluß, die erste Frage: Wo spielt das? Es wurden sehr phantastische Ideen vorgeschlagen, die Welt als Irrenhaus, hinten könnte man das Bühnenportal öffnen, die Schauspieler könnten sich nach Zürich ergießen, mir war nicht ganz klar, wie. In dieser Sitzung wurde das Stück umgetauft in *Achterloo.*

K: Wie kamst du auf *Achterloo?*

D: So verschiedene Assoziationen: Waterloo, die große Niederlage von Napoleon, danach ging er nach Sankt Helena, Achterbahn und Acherloo aus dem Gedicht von Conrad Ferdinand Meyer*, der tauchte auch in meinem Gedächtnis auf, es war das Lieblingsgedicht von meinem Vater:

Liebe Kinder, wißt ihr wo
Fingerhut zu Hause?
Tief im Tal von Acherloo
Hat er Herd und Klause.

Wir suchten ein verrücktes Wort für ein verrücktes Spiel. Dann haben wir uns überlegt: Wo spielt das wirklich, wenn das Irre sind, ist es das Theater des Irrenhauses, oder mieten die Irren die Bühne des Schauspielhauses? Natürlich ist es das Schauspielhaus, in dem man ein Stück spielt. Das sind so moderne Fragen nach ›Realität‹, typisch für das, was sich Regisseure überlegen. Dann müßtest du logisch sagen, bei einem Stück von Ibsen, das in Norwegen spielt: ja das Zimmer ist in Norwegen, aber es ist im Schauspielhaus Zürich, also spielt es in der Schweiz. Grotesk. Es war so eine Diskussion, die sich im Kreis drehte.

Dürrenmatt schrieb dann noch zwei Fassungen, aus Judith wurde Marie-Lie, eine verballhornte Marilyn, aus Marie-Lie Marion, ein Callgirl, Tochter Woyzecks, Tochter des Volkes, Anleihe aus Büchners *Danton*, wo sie eine Tochter der Straße ist.

D: Mit der Marion war ich nie recht glücklich. Du hast mich dann auf die Jeanne gebracht. Die Marion ist abgedriftet, die hatte nichts mehr mit Judith zu tun, die mordet auch nicht. Im Grunde hab ich die Judith verlassen, weil ich nie wußte, wie sie angezogen ist, wie sie aussieht. Und dann kam die Erzählung von Marie-Lie, die Großmutter-Erzählung aus dem *Woyzeck*, immer mehr Collagecharakter, Büchner-Zitate... Jetzt ist die Figur, die im Hintergrund war, der Büchner, in den Vordergrund getreten, als Autor von *Achterloo:* Jetzt ist es ein großes Stück, wahrscheinlich nicht zu spielen.

Am 6./7. Oktober 1983 wird *Achterloo* im Schauspielhaus Zürich uraufgeführt. Dürrenmatt ist nicht wie sonst immer bei den Proben, um seinem Stück auf der Bühne, mit den Schauspielern, die endgültige Form zu geben. Aus privaten Gründen. Er sieht es bei der Generalprobe zum erstenmal.

D: Es gab Tschaikowsky, diese *Ouvertüre 1812* zu Napoleons Sturz, und dann stand nur ein Pferd sinnlos herum. Bei der Premiere saß ich im Zimmer des Dramaturgen herum, trank Bordeaux, ging dann am Schluß auf die Bühne in einem Ärztekittel und sagte: »Ich bin Lessing.« Ich kam mir selber verrückt vor. Hensel schrieb eine schöne Kritik, er war gerührt.

K: Warum gerührt?

D: Es kam ihm wie ein Abschied vor. Wahrscheinlich hat er recht.

K: Ist aber doch keiner.

D: Ich weiß nicht. Ich weiß nicht, ob ich mich jemals noch auf einer Bühne verbeuge. Auch das erste Stück stimmt. Im Grunde ist es ein Regressus in infinitum, oder Progressus in infinitum. Du kannst es immer weiter in die Tiefe fragen, es gibt keinen Gedankenstop. Jeder spielt eine Rolle. Jeder spielt, um ein ›Ich‹ zu werden, eine Rolle. Ich spiele die Rolle des Schriftstellers. Ich muß kreieren, um zu sein. Und was bleibt, wenn du die Maske wegnimmst? Nichts.

K: Wann hast du angefangen, dich fürs Privatleben deiner Personen zu interessieren?

D: In dem Moment, als du kamst. Du warst so neugierig. Du warst nicht zufrieden, daß sich das im Parterre abspielt. Du wolltest in den Keller. Alle Frauen wollen in den Keller, sehen, was für eine Leiche da liegt, ein gesundes Mißtrauen.

K: Das ist das verschlossene Zimmer im *Blaubart,* im *Lohengrin,* »Nie sollst du mich befragen«, der Biß in den Apfel im Paradies, Hunger nach Erkenntnis.

D: Das sind deine Assoziationen. Für mich war das der Reiz: Die Handlung ist eine Eisschicht, du machst einen Schritt, sinkst ein, einen weiteren, sinkst weiter ein, und plötzlich bist du ganz in der Tiefe. Das ist die Fassung, ich hab sie da, April 1983, das ist die, die ich dann abgab, entschuldige, ich muß nur etwas schauen, daß ich es richtig mache, die vorige ist – das ist wieder eine andere...

Dürrenmatt ist in sein Arbeitszimmer gegangen, hat Ordner aus dem Bücherregal gezogen, die verschiedenen Fassungen von *Achterloo,* jede Fassung ist in eine andere Farbe eingebunden, von Gelborange über Rot zu Blau, ein komplettes Prisma. Verloren steht Dürrenmatt vor dem Berg von Manuskripten auf seinem Schreibtisch, drei

Jahre Arbeit, die Farben sind Jahresringe, manches Jahr hat zwei, jeweils zwei Hefter, datiert, umdatiert: I. Fassung I, I. Fassung II, Bearbeitung 2. Fassung, 3. Fassung, ›*Der General*‹, ›*Der Verräter*‹, ›*Judith und Holofernes*‹, ›*Napoleon will ins Bett*‹, *Achterloo I*, heute ist der 3. Januar 1986, *Achterloo III* ist fertig, ich hinke mit meinem Protokoll hinterher. Während Dürrenmatt immer tiefer in seine *Achterloo*-Spirale geriet, in sein *Achterloo*-Universum hinaus-, hineinwirbelte in immer neue Umlaufbahnen, suche ich noch nach der Leiche: Das historische Motiv für *Achterloo* ist Polen. Was ist das psychologische?

D: Die erste Figur war für mich eine reale Person, die sich einbildet, sie sei Judith, und immer wieder Holofernes ermordet, und dann gibt man ihr einen Napoleon in der Hoffnung, sie mordet nicht. Und das ist die Ableitung einer Idee, die ich immer schreiben wollte: Johanna die Wahnsinnige, die jedes Jahr ihren letzten Abend mit Philipp dem Schönen wiederholt, einen berühmten Schauspieler und eine junge Schauspielerin engagiert, er spielt Philipp, die Schauspielerin die Zofe. Ihre Kinder waren Karl und Ferdinand, die späteren deutschen Kaiser Karl V. und Ferdinand II., sie war die Erbin von Spanien, Philipp der Schöne der Sohn Maximilians, durch die Heirat mit Johanna der Wahnsinnigen wurde Spanien mit Habsburg verkettet, es war eine Schlüsselheirat. Er starb am Blutsturz, sehr jung, sie fuhr mit dem Sarg herum, kannst nachschauen...

K: Ein toller Stoff. Warum hast du ihn nicht geschrieben?

D: Entworfen hab ich das mit dem Kelterborn. Als Oper. Aber es ist ebensoviel Arbeit wie ein Schauspiel, niemand finanziert, oder wenn, dann mit zehntausend Franken, die Hälfte der Tantiemen geht an den Komponisten, auch ich kann mir nicht leisten, eine Oper zu schreiben, das sag ich als Geschäftsmann Dürrenmatt. *Ein Engel kommt nach Babylon* war eine gute Oper, eine glänzende Aufführung von Götz Friedrich, zweimal in Zürich und nur in Düsseldorf nachgespielt. Moderne Oper hat keine Chance, das Publikum will sie nicht.

K: Zurück zu *Achterloo*: Was hat Johanna die Wahnsinnige mit Judith zu tun?

D: Das Motiv sieht mich an –. Johanna hat mich beschäftigt, wie Karl v. mich beschäftigt hat*, wie Judith mich beschäftigt. Denk nur, wie viele Fragen sich um den Fall Judith ranken: Hat sie mit Holofernes geschlafen oder nicht? War sie Jungfrau oder nicht? Hat sie Holofernes geliebt oder nicht? Eine dunkle Sagengestalt, zu der der Mord gehört. Eine Frau, die ihren Liebhaber, der ihr Feind ist, nachdem sie ihn geliebt hat, tötet, daran knüpfen sich doch ungeheuer viele erotische Überlegungen, eine Figur, die sich in die Phantasie eingenistet hat. Sie nistete sich ebenso in meine ein, wie Johanna die Wahnsinnige sich eingenistet hat. Meine Judith fühlt den Zwang zu töten.

K: In der Geschichte rächt sie sich an Holofernes, bei dir an ihrem Land, sie genießt die Rache und tötet ihren Geliebten. Bei deinen Damen sind Liebe und Rache eng verbunden, so eng, daß du die Geschichte umdichtest, tiefenpsychologisch. Wie hast du Johanna die Wahnsinnige umfunktioniert? Was ist Historie, was Phantasie? Wie kamst du auf die Idee?

D: Es gibt ein berühmtes Bild, den Einzug von Philipp dem Schönen in Belgien von Markart, und da sitzt er auf dem Pferd, ein schöner Mann, und alle Dirnen sind dabei, und Johanna nicht, und da kam mir in den Sinn, daß sie wahnsinnig eifersüchtig war und er viele Weibergeschichten hatte. Ich müßte nachschauen, wann das in Belgien war, dafür hab ich ein Lexikon.

Dürrenmatt ist längst wieder in seinem Arbeitszimmer nebenan, ich bin zu faul hinterherzugehen.

K: In welchem schaust du nach?
D: Im *Brockhaus.*

Dürrenmatt kommt zurück.

D: Das auf dem Bild ist wahrscheinlich Karl v. Ich glaub, ich hab's verwechselt. Aber vielleicht verwechselt es auch der Hochhuth, der hat es neulich erwähnt. Im *Großen Brockhaus* steht nichts von diesem Bild, vielleicht steht's im *Meyer*, ich weiß, das Bild ist von Makart.
K: Dein *Meyer* endet doch vorher.
D: Nein, Makart ist 1884 gestorben. Das schau ich jetzt nach.

Wieder geht Dürrenmatt zurück in sein Arbeitszimmer, zu dem Regal, in dem die Nachschlagewerke stehen, die ihm die Wegmarken für die Geschichtslandschaften geben, durch die er assoziierend lustwandelt, Daten, Koordinaten für sein Denkuniversum.

D: Im *Meyer* steht's: ›Einzug Karls v. in Antwerpen‹ heißt das Bild. Aber das ist ja wurst. Meine Geschichte ist nicht nur auf ein Bild zurückzuführen, ich wollte eine Begründung finden, weil du immer so fragst.

Phantasie und Logik arbeiten komplizierter, verquerer, »Querfahrt«, »Rekonstruktionen« heißen die beiden letzten Bände der *Stoffe*, hier ist ein Stoff.

D: Die Oper hatte vier Bilder.

Das erste Bild: Die Schauspieler kommen ins Schloß, das ist von riesigen Hunden bewacht, ein Schloßgraben, sie werden vom Haushofmeister behandelt wie der letzte Dreck, Schauspieler waren ja damals außerhalb der Gesellschaft, sie wurden nicht einmal beerdigt. Also, sie kriegen den Text, jeder nur den eigenen, ohne zu wissen, wer der Partner ist. Sie bekommen prächtige Kostüme, fangen an, Text zu lernen, spielen, singen einander vor, machen sich lustig, improvisieren. Eine wunderschöne Frau in Trauerkleidung kommt herein, erklärt ihnen, sie sei Johanna, die Frau von Philipp dem Schönen, seine Witwe, er sei an einem Blutsturz gestorben und sie wolle zu seinem Gedenken immer an seinem Todestag diesen letzten Abend spielen, den sie mit ihm verbracht habe. Den Haushofmeister werde sie bestrafen, den Hunden vorwerfen, sie sollen ihr nur helfen, diesen Abend würdig zu gestalten, sie wolle sie königlich belohnen. Damit wirft sie jedem einen Beutel Gold hin, verläßt das Zimmer.

Zweites Bild: Ein tolles Boudoir. Die Schauspielerin als Zofe zieht Johanna an, kostbare Gewänder, Johanna singt von ihren Eltern, ihrer Jugend am spanischen Hof, ihrer wahnsinnigen Liebe zu Philipp, die Zofe singt ihren Text, Stichworte für Johanna und eine naiv sentimentale Bauernmädchengeschichte. Immer kommen zwei Zwerge herein, boshafte Ungeheuer, Karl und Ferdinand, die Kinder Johannas.

Drittes Bild: Ein prunkvolles Speisezimmer. Der Schauspieler als Philipp der Schöne sitzt mit Johanna bei Tisch, zu seiner Verwunderung gibt es eine verrückte Eheszene, er behandelt sie höhnisch, demütigt sie, laut Text, er will den spanischen Adel entmachten, es gibt einen politischen Streit, Johanna verläßt im Zorn den Raum. Auch hier stören immer wieder die Kinder, die boshaften Zwerge, kneifen den Schauspieler, er weiß nicht, ob er sich wehren darf, hat keinen Text, die Zwerge demütigen ihn, das weiß ich noch, die werfen Teller herum, bewerfen ihn mit Tomatensauce, Johanna lacht höhnisch. Die sind so wie zwei Teufel, die kommen auch rein, wenn die getötet werden, kriechen auch zwischen den Beinen des Kardinals durch, das ist so wie das Ottern- und Schlangengezücht in der Bibel.

Viertes Bild: Die Rollen der Schauspieler sind zu Ende, aber es ist spät, sie können die Nacht im Schloß bleiben, werden königlich bewirtet, verlieben sich ineinander, sie gehen ins Bett, ein riesiges Prunkbett, sie lieben sich, Johanna kommt herein, ermordet sie. Die Zwerge tanzen herum, sie kennen das Spiel. Verwandlung, Burgkapelle, da seh ich nur ein Riesenkreuz herunterkommen oder ein Kirchenfenster. Johanna beichtet dem Abt, aber der ist gar nicht entsetzt, der sagt: »Ach, du hast wieder gemordet, das ist nicht so schlimm, ach, nur Schauspieler, die zählen nicht, schlimm ist, daß du deinem Gatten nicht vergeben kannst...« Was mich reizte, daß die Schauspieler aus einem Grund in den Tod gehen, der außerhalb von ihnen liegt: Zwei erleben etwas Großartiges, werden wie Menschen behandelt, toll bezahlt, tolle Rollen, lieben sich und werden ermordet, büßen für etwas, was außerhalb ihres Schicksals liegt.

K: Geht es dir um die Sinnlosigkeit ihres Todes oder daß sie hineingesogen werden in ein fremdes Schicksal, daß auch ihr Tod Teil einer Rolle wird, die sie spielen?

Mir fallen *Die Physiker* ein, die Krankenschwestern, *Der Mitmacher, Die Frist*, da wimmelt es von Todesstellvertretern, mal geht Dürrenmatts Spiel mit dem Tod für die Beteiligten tödlich aus, mal kommen sie mit dem Leben davon, er ist Herr über Tod und Leben seiner Geschöpfe, er spielt mit ihnen wie ›der Herr‹ mit uns. Ohne Begründung.

D: Ich suchte einen Opernstoff nach dem *Engel von Babylon*. Ich setzte ja Musik immer dramaturgisch ein, in der *Alten Dame*, im *Mississippi*, wo die Neunte eine Rolle spielt, ich habe immer Musik eingesetzt, funktionell, zum Beispiel im *Mitmacher*, da haben Doc und Ann sich ein Liebesnest gebaut in ihrem unterirdischen Lagerhaus, wo Doc seine Leichen auflöst, mit Grammophon, und spielen die *Jahreszeiten* von Vivaldi, den »Sommer«, das Adagio glaub ich, und dann kommt Cop, der Boß, und zertrümmert alles, gibt dem Grammophon einen Fußtritt, und das spielt den »Winter«, allegro non molto, und dann folgt die Makame von der großen Korruption. Oder *Frank v.*, wo die kleinbürgerlich sentimentale Musik dialektisch zum zynischen Text eingesetzt ist. Es muß einen Grund geben, auch in der Oper, wie man Musik dramaturgisch einsetzt; der Schauspieler probt mit der Schauspielerin, das Einüben ist das ›Einsingen‹, dann die Spielszenen, die Monologe sind die Arien, Johanna die Wahnsinnige singt Koloratur, und der Kardinal singt natürlich auch, mit Chor. Das gehört alles ins Protokoll: Bei mir kommt alles mit langen Denkprozessen, das Wenigste wird geschrieben, früher habe ich immer meine Geschichten erzählt, ich war berühmt, daß ich immer Geschichten erzählt habe, dann hab ich immer gesagt, ich schreibe sie und habe sie nie geschrieben.

K: Jetzt schreiben wir die Geschichten der Geschichte deiner Geschichte, und deine Geschichte hat immer mehr Geschichten. Kannst du die von *Achterloo* noch erzählen?

D: Es ist ein Dreifachgeschichtenstück:

1. Ein historisches Stück: Polen heute.

2. Die Geschichte der Rollen der historischen Figuren, die dieses Stück spielen, aber nicht von heute sind: Napoleon, Richelieu, Robespierre, Hus, Marx.

3. Und hinter diesen Rollen die Rollenträger, die auch ihre Geschichte haben. Sie sinken auf den Boden der Seele, der krank gewordenen, das Rollenspiel endet in Sinnlosigkeit.

Es sind drei Handlungen:

1. Ein aktuelles Zeitstück.

2. Ein Stück, das in der Vergangenheit spielt.

3. Das Stück derer, die diese Rollen spielen.

Es sind immer Rollen hinter Rollen hinter Rollen, Handlungen hinter Handlungen... Es ist die Wahrheit hinter der Wahrheit hinter der Wahrheit. Aber das ist eben Theater. Der Schauspieler Schröder spielt den Bockelson, hinter der Rolle ist der Schröder, hinter dem der Schauspieler Schröder, der eine Rolle des Schröder ist...

K: Wo, wann hört das Rollenspiel auf?

D: Regressus in infinitum. Aber das ist eben das, was der Büchner sagt von der Handlung: »Die Masche saust... Jedes Ding hat seinen Grund, jede Wirkung ihre Ursache.« Ich sage, seinen ›zufälligen Grund‹, seine ›zufällige Ursache‹. Alles ist heute möglich, der Zufall ist heute gesetzmäßig integriert, es gibt mehr Möglichkeiten als Gesetzmäßigkeiten. Das konnte Büchner nicht denken, weil es das nicht gab. Das ist das, was ich die Freiheit nenne.

Wir sind im Keller. Er ist leer.

9. 1. 1986

Die Feiertage sind vorbei, Dürrenmatts 65. Geburtstag, Diogenes-Empfang in der ›Meise‹, Zürcher Nobel-Zunfthaus, ein Menschenmeer, mal schwappt es weißgekrönte Wellen hoch, mal ebbt es ruhig im Gespräch, drei Fernsehteams, bekannte Gesichter, die letzten aus der großen alten Schauspielergarde, die Fernsehteams stürzen sich auf sie und auf Dürrenmatt und auf beide zusammen, filmen Vergangenheitsaura, unbekannte Gesichter drängen sich heran, Schemen aus der Vergangenheit, irgendwann haben auch sie in einem Dürrenmatt gespielt, ihre Augen leuchten, er hat keine Ahnung, ist trotzdem gerührt, Händeschütteln, Autogramme, Krampf in der Hand, wohin mit den Blumen, Gang durch die Nacht zur ›Kronenhalle‹, es schneeregennieselt, ich denke an *Justiz*, überall glaube ich Gesichter zu sehen aus *Justiz*, Schauplätze aus *Justiz*, Dürrenmattspiegelungen, Abendessen im kleinen Kreis von hundert, der Verlag ehrt seinen Autor generös, nur eine Rede hat keiner vorbereitet, ein Jugendfreund plaudert von der Kindheit und Dürrenmatts erstem Herzinfarkt, alle sind glücklich, daß er noch lebt, Dürrenmatt auch, ein Hoch auf den 65., Madame Zumsteg hängt an der Wand, ungekrönte Königin der ›Kronenhalle‹, tot, Dürrenmatt-

Freund Varlin hat sie gemalt, tot, etwas von der legendären Person und Zeit springt mich aus diesem Bild an, seit Tagen flimmert Dürrenmatt über den Bildschirm, der ›Theater-Dürrenmatt‹, ›Der andere Dürrenmatt‹, Aufzeichnungen von Dürrenmatt-Aufführungen, *Frank V.*, *Der Meteor*, *Die Wiedertäufer*, grandioses Theater, vergangenes Theater, vergangen oder lebendiger als gegenwärtiges, Steckel, Giehse, Meyerinck, Birgel, die Toten werden lebendig, zuviel Tote, zuviel Vergangenheit, zurück in die Gegenwart, an die Arbeit.

Dürrenmatt ist arbeitswütig, die Sekretärin ein paar Tage im Urlaub, wohlverdient, Dürrenmatt weiß es, trotzdem ärgert's ihn, er wütet gegen sich selbst, da er das Neugeschriebene nicht korrigieren kann, weil es noch nicht abgeschrieben ist, er braucht ein makelloses Schriftbild, um zu korrigieren, so beschäftigt er sich wieder mit *Achterloo I*. In *Achterloo I* spielte Büchner den Woyzeck: Am Schluß des Stücks rennt er als Woyzeck auf die Bühne, sagt: »Ich bin Georg Büchner! Das nächste Mal spiele ich den Danton!« Jetzt ist er der Autor des Stücks, das niemand spielt, das, wie er dem Publikum erklärt, auch eine Fortsetzung des *Woyzeck* ist. Dürrenmatt hat Büchner aufgewertet, zum Autor seiner Geschöpfe gemacht. Er gibt ihm seine Rolle.

D: Was wollte der Büchner mit *Woyzeck?* Büchner war mit 24 Professor der vergleichenden Anatomie in Zürich, er war ein Naturforscher. Er wollte zeigen, daß der Mensch nicht aus Absicht mordet. Der Arzt Clarus hatte ein Gutachten geschrieben über den Fall Woyzeck, auf das hin er verurteilt wurde. Woyzeck war Barbier, von der

Idee besessen, die Freimaurer regierten im geheimen die Welt. Auch diese fixe Idee hat Büchner in seinem Stück übernommen, um zu zeigen, daß die Welt für Woyzeck ein unentwirrbares Rätsel war. Büchner hat der Fall medizinisch interessiert, die Gerichtsverhandlung, das Urteil. Der *Woyzeck* besteht ja nur aus Fragmenten, den letzten Akt, die Gerichtsverhandlung, hat Büchner nie geschrieben, er starb vorher, die Fragmente wurden immer anders zusammengestellt, ich habe den *Woyzeck* ja auch bearbeitet, ich folgte so lang wie möglich der letzten Niederschrift Büchners.

K: Was war der Grund, daß du Büchner und Woyzeck in *Achterloo* ins Spiel bringst? Warum nicht Schiller und Posa, Goethe und Tasso?

D: Der Grund ist, daß der Büchner in seinen historischen Schriften und auch im *Woyzeck* ungeheuer viel historische Realität zitiert: ganze Redewendungen von Woyzeck, die Clarus protokolliert hat, Reden, die gehalten wurden, im *Danton* die Rede des Robespierre. Lenz ist der Dichter, der dann wohl auch der Geliebte der Friederike von Sesenheim war, der Goethe-Friederike, ihr Gedichte schrieb, die später Goethe zugeschrieben wurden, und die ganze berühmte Novelle *Lenz* ist die Bearbeitung eines Berichts, den der Pfarrer Oberlin über einen Besuch des Lenz bei ihm geschrieben hat. Ich habe die Methode übernommen: Die Rede von Robespierre ist die Rede, die zur Enthauptung Ludwigs XVI. führte, mein Büchner zitiert Büchner: Nun habe ich es so weit getrieben, daß ich auch Personen aus der Geschichte nehme, Napoleon, der Jakob Burckhardt* zitiert, aus der Bibel zitiert als Holofernes, Jeanne, die Shaw zitiert* und aus dem *Buch Judith* als Judith.

K: Und am Schluß zitiert Büchner Dürrenmatt: »Ich habe *Achterloo* geschrieben.« Ist Büchner deine Rolle?

D: Bei mir ist der Büchner ein Großgastronom, Besitzer einer Spanferkelkette, die hat er geerbt, aber er ist ein ganz anderer Mensch: poetisch, begeistert vom Rollenspiel, bildet sich ein, Büchner zu sein, sagt den Ärzten: »Also ich schreibe jetzt das Stück und spiele den Franklin.« Franklin war ja auch ein Naturforscher und Schriftsteller und Politiker. Auch Büchner war politisch engagiert, revolutionär, »Krieg den Palästen, Friede den Hütten« schreibt er im *Hessischen Landboten*, darauf mußte er ins Exil.

K: Hus ist Walesa, Napoleon Jaruželski, Richelieu ›der Kardinal‹, ›die Kirche‹, Robespierre Suslow, Marx ist klar, aber warum Woyzeck? Für wen steht Woyzeck? Für das Volk?

D: Um anzudeuten, in welcher Beziehung *Achterloo* in der Literatur steht, da haben die Germanisten Futter. Ich arbeite ja sehr viel mit Elementen, die ich schon gemacht habe, ich habe *Woyzeck* bearbeitet, inszeniert. Mein künstlerisches Schaffen hängt viel mehr zusammen, als man denkt. Ohne *Woyzeck* wäre *Achterloo* nicht entstanden.

K: Die Welt als Irrenhaus, der einzig Vernünftige wird ermordet, und Büchner hört auf zu schreiben. Ist *Achterloo* dein ›Endspiel‹?

D: *Achterloo* ist eine große Collage. Es greift sehr tief in mein Denken, in die Zusammenhänge hinein. Statt Napoleon könnte ich auch Caesar nehmen, dann wäre es ein anderes Spiel. Jede Figur von heute hat ihre Entsprechung in der Geschichte.

K: Was hat Woyzeck in diesem Spiel zu tun? Wer ist seine Entsprechung?

D: Für Woyzeck gibt es einen bestimmten psychologischen Grund. Für mich war das Verrückte im *Woyzeck* immer, daß ein Barbier ein Messer kauft. Er rasiert in einer der ersten Fassungen Büchners den Tambourmajor, der mit der Marie geschlafen hat, er hat ihn ›unter dem Messer‹ und tötet ihn nicht: »Kann Gott das Geschehene ungeschehen machen?« Büchner wiederholt das Rasiermotiv in der letzten Fassung, Woyzeck rasiert den Hauptmann, tötet wieder nicht. Und dann ist die kleine Szene, wie er beim Juden ein Messer kauft zum Töten der Marie, offenbar der Lagerhure. Seine legitime Mordwaffe, sein Rasiermesser, wendet er gegen die eigentlich Schuldigen nicht an: Er tötet jene, die von den Schuldigen ebenso mißbraucht wird wie er, darum hat er auch ein anderes Messer genommen.

K: Nehmen wir an, er repräsentiert das Volk. Welche geschichtliche Rolle gibst du dem Volk, in deiner Geschichte, in der Realität?

D: Woyzeck ist von Napoleon begnadigt worden unter der Bedingung, er werde Scharfrichter, Henker. Der Henker war der Ausgestoßenste der Gesellschaft: Mörder wurden begnadigt und zum Henker gemacht. Woyzeck... wart, ich sag's dir, wo ist denn das Stück, gestern lag es noch da, das muß ich dir vorlesen, damit man's versteht.

Dürrenmatt wühlt in Bergen von Geburtstagspost, Telegrammen, sie fallen auf den Boden, bilden einen Hügel um ihn, so stelle ich mir vor, steht Büchner am Ende von *Achterloo III* in seinen Manuskriptblättern, endlich hat Dürrenmatt den schmalen roten Band *Achterloo I* gefunden, henkerrot:

D: NAPOLEON Der Marie hat Er die Kehle durchschnitten, Woyzeck. Der Marie.

WOYZECK Nicht mit *meinem* Rasiermesser, Herr General.

NAPOLEON Mit einem Messer, das Er von einem Jud gekauft hat.

WOYZECK Mein Rasiermesser ist mir heilig, Herr General.

NAPOLEON Nicht schwatzen, rasieren.

WOYZECK Jawohl, Herr General.

Rasiert.

NAPOLEON Nichts ist Ihm heilig, Woyzeck, nichts. Vor zwanzig Jahren hab ich Ihn um Mitternacht zum Tod verurteilt, um fünf Uhr morgens begnadigt und zum Scharfrichter ernannt, und – was sag ich – schon um sechs, fix, hat Er dem Chef der Partei die Kehle durchschnitten. Mit Seinem Rasiermesser. Ist das heilig?

WOYZECK Ich rasier Sie ja auch mit meinem Rasiermesser, Herr General.

NAPOLEON Fünfmal hat Er seither einem Chef die Kehle durchschnitten. Einem Chef der Partei, Woyzeck! Fünfmal! Macht fünf Parteichefskehlen, die Er durchschnitten hat. Das ist enorm, Woyzeck.

WOYZECK Jetzt sind Sie der Chef der Partei, Herr General.

Rasiert.

Was bedeutet das? Napoleon benutzt ›das Volk‹, Woyzeck, als Henker. Früher war der Staat eine göttliche Einrichtung, die Fürsten regierten ›im Namen Gottes‹, die Gerichte urteilten ›im Namen Gottes‹, die Scharfrichter schlugen zu ›im Namen Gottes‹, Fürst, Gericht, Henker waren gewissermaßen metaphysische Größen. Heute regiert, urteilt, straft man nicht mehr ›im Namen Gottes‹, sondern immer ›im Namen des Volkes‹, aber auch das ist eine metaphysische Größe, ein Allgemeinbegriff: Wer ist das Volk? Du, ich, wir alle. Aber ich bin empört, wenn jemand sich anmaßt, in meinem Namen zu urteilen, zu strafen, zu regieren. Im metaphysischen Begriff ›Volk‹ gehe ich auf wie ein Stück Zucker in Wasser. Ich bin als Ich nicht mehr vorhanden. Das ist der Grund der Steinigung bei den Juden: Wenn jemand getötet werden mußte, mußten es alle tun, sie kannten keine Metaphysik wie wir, alle mußten strafen, alle mußten schuldig werden. Wir dagegen delegieren das Töten: im Krieg an die Soldaten, im Frieden, als es noch die Todesstrafe gab oder wo es sie noch gibt, an den Henker. Woyzeck wurde in Leipzig von einem von der Obrigkeit ›im Namen Gottes‹ zum Mord berechtigten Scharfrichter hingerichtet. Nun wird er in *Achterloo* von der Partei berechtigt, im Namen der Weltrevolution hinzurichten, was ebenso metaphysisch ist wie ›im Namen Gottes‹ oder ›im Namen des Volkes‹ oder ›im Namen der Gerechtigkeit‹: Jetzt gebraucht er sein Rasiermesser.

K: Also ein metaphysisches Rasiermesser statt des profanen Dolchs. Mord bleibt Mord. Wer richtet?

D: Hier setzt die Kritik Napoleons ein: »Ist das heilig?« Er will keine Metaphysik. Indem man die Metaphysik wegschafft, gibt man zu, daß auch die Gerechtigkeit oder die Weltrevolution nichts Metaphysisches ist: Die Gerechtigkeit wird zur Spielregel unter den Menschen und die Weltrevolution zur Utopie, zu einem Land, das nirgends ist, diese sprachliche Reinigung tut gerade heute gut. Töten: In wessen Namen? Krieg führen: In wessen Namen und mit welchem Recht willst du denn einen Atomkrieg durchführen? Freiheit, Gerechtigkeit, Ideen, metaphysische Prinzipien, wozu, wenn niemand mehr da ist, der sie aufstellen kann oder auf den sie anwendbar sind? Ideen sind von Menschen aufgestellte Leitprinzipien, als solche kann ich sie akzeptieren.

K: *Der Richter und sein Henker, Justiz*: Wenn du die Metaphysik abschaffst, landest du logisch in der Anarchie.

D: Wenn du die Metaphysik wegschaffst, kommst du ins Paradoxe. In der Welt der Ideen ist Toleranz möglich, in der Welt der Materie kommst du ohne Gewalt nicht aus: Du kannst Geisterfahrer nicht akzeptieren, du mußt mit Kompromissen arbeiten und Spielregeln durchsetzen. Die Wertfreiheit gibt es in der Wissenschaft, in der Theorie, nicht in der Realität, das ›Alles-durchdenken-Können‹ führt in der Welt der Materie zur Katastrophe, aber du kannst es nicht stoppen.

Dürrenmatt hat sich in sein Paradoxon Woyzeck verstrickt.

D: Napoleon wirft Woyzeck vor, er habe der Marie und nicht dem Hauptmann und dem Tambourmajor die Kehle durchschnitten. Ja, er geht noch weiter, im zweiten Akt gibt er Woyzeck die Möglichkeit, ihn, Napoleon, zu töten: »Ich mein es gut mit Ihm. Er hätte zuschneiden sollen.« Aber Woyzeck wagt nur auf Befehl zu töten. Im ersten Akt hat er zwar den Befehl von Fouché, Napoleon zu töten, aber er wagt es nicht, weil er Fouché für einen Verräter hält und Napoleon der erste Mann im Staat ist. »Wer Courage hat, ist ein Hundsfott.« Woyzeck hat keine Courage, er handelt immer wie ein braver Bürger, er will vor allem sicher sein, ob er töten darf: Alle wirklich großen Massenmorde wurden dienstlich vollbracht, im Staatsdienst, vom General bis zu Eichmann, Verdun und Auschwitz grenzen aneinander.

K: Warum hast du den Woyzeck so geschrieben? Du gibst ihm eine Chance, die Möglichkeit zur Willensfreiheit, zur Wahl der Entscheidung, die er nicht nutzen kann, weil er eben ist, wie er ist.

D: Ich wollte die Problematik aufzeigen. Bei Büchner ist er das reine Opfer. Bei mir könnte er nicht nur Henker, sondern auch Richter sein, er hat Napoleon unter dem Messer, aber er schneidet ihm nicht die Kehle durch, weil er keinen Befehl hat. Er nimmt einen Orden an, und dann wird er erschossen.

Zwei Stunden später auf dem Spaziergang. Die Problematik läßt Dürrenmatt nicht los.

D: Die Logik endet immer im Paradoxen, im Widersprüchlichen. Die Welt ist ein Netz. Ich komme mir vor wie ein Computer, der ist gefüttert mit Daten, Bildern aus der Geschichte, Personen, Szenen, Gedachtem, Geschriebenem, mein ganzes Leben ist gefangen im Netz der Erinnerung, hinuntergesunken ins Unbewußte, und jetzt rufe ich aus dem Gedächtnis ab, was ich für *Achterloo* brauche, es steigt aus dem Unterbewußten auf, ich füttere meinen Computer mit Daten, ich gebe ihm ein neues Programm ein, aber niemand außer mir weiß, woraus es sich speist, niemand außer mir kennt den Code, niemand weiß, wie ich programmiert bin. Das Schwierige bei mir ist, daß niemand den Hintergrund kennt, den Hinterhalt meinetwegen, aus dem mein Denken hervorschnellt.

Spielkasino Las Vegas, 1978. Eine Frau steht vor einem einarmigen Roboter, teigig versteinertes Gesicht, Haar gebläutes Wohlstandsgrau, geschwollene Füße quellen aus den spitzen Pumps, sie steht seit Stunden vor dem Spielautomaten, wirft einen Silberdollar in den Maulschlitz, der schluckt, klick, die Frau reißt den einen Arm des Roboters abwärts, Explosion kurzfristiger Energie, der Roboter schluckt den Dollar, schnurrt oder spuckt hundert Silberdollar aus. Er spuckt. Das Gesicht der Frau bleibt unbewegt. Komisch, daß mir das einfällt, ich werfe kleine Münzen ein, eine Frage, Dürrenmatt antwortet mit einem Vermögen. Ich sehe mich begraben unter Silberdollars. Verrückt, wie man Bilder assoziiert.

11. 1. 1986

Neben der Regiefassung von *Achterloo III* und Protokoll richten wir unser Haus ein. Beleuchtung ist schwierig, wie auf der Bühne. Ich transportiere Lampen von Zürich nach Neuchâtel, von Bern nach Neuchâtel, in Neuchâtel gibt es nichts für unsere Privatbühne Verwendbares.

16 Uhr

Lampen muß man im Raum sehen, ich komme zum Wochenende mit einer Fuhre aus Bern an. Ich brauche Hilfe zum Ausladen, Dürrenmatt, immer hilfsbereit, ist merkwürdig verwirrt.

»Büchner ist da«, verkündet er schon im Treppenhaus.

»Dann soll er kommen und helfen.«

»Verstehst du nicht? Wegen Büchner, die wollten aus

Zürich kommen, ich hatte es vergessen, Margret hat angerufen.«

»Ärgert's dich, daß sie kommen?«

Dürrenmatt gibt mir ein verzweifeltes Zeichen zu schweigen.

»Sie sind doch schon da.«

»Woher soll ich das wissen?«

»Ich hab doch gesagt, Büchner ist da.«

»Können wir helfen?«

Zwei Herren in Blazer und Krawatte, ohne jede Ähnlichkeit mit Büchner, dafür lebendig, helfen die Lampen ins Haus tragen. Es ist der Rektor der Universität Zürich, Konrad Akert, und der Literaturwissenschaftler Peter von Matt, sie wollen Dürrenmatt für den Vortrag zum 150. Todestag von Büchner gewinnen, Einführungsvortrag zu einer Vorlesungsreihe über Büchner.

Dürrenmatt sagt zu. Zwei Monate Arbeit, das Jahr ist ausgeplant.

Am Abend, im Schein der neuen Lampen

D: In dem Katalog, den sie mir übergeben haben, sind wahnsinnig schöne Bilder von der Hinrichtung vom Woyzeck.

Es ist der Katalog zu einer ›Ausstellung zum 150. Jahrestag des *Hessischen Landboten*, Georg Büchner: Leben, Werk, Zeit‹. Eine Lithografie: ein froschmäuliger, liliputanerhaft kleiner Mann mit Zipfelmütze und Kellermeisterschürze, in der rechten Hand hält er den Weinkrug (er gleicht unserem), in der linken ein Paar elegante Stulpenstiefel, so blank geputzt, daß sie aus dem Papier spiegeln, den Blick hat er auf den Boden gerichtet, als suche er etwas, was er sucht, dumpft hinter der überlastigen Stirn, er kann es nicht finden. Bildunterschrift: ›Le factotum ... un peu idiot. Unser Karl.‹ Hausdiener an der Universität, war er wahrscheinlich das Vorbild des Narren im *Woyzeck*. Ich stelle mir Woyzeck so vor. Eine Federlithografie von der öffentlichen Hinrichtung Woyzecks: eine dichtgedrängte Menschenmenge, neugierig-schreckerstarrt, kopflüstern, zwei Wachen mit Hellebarden, Podium hoch über der Menge schwebend, Blutgerüstpodium, Rednerpodium, Blasmusikpodium, Oktoberfest, Menschenmenge, dichtgedrängt, sauf-raufflüstern, Odeonsplatz, Fronleichnamsprozession, Allerheiligstes-Podium, Kardinalspodium, purpurrot, inquisitionsrot, ›Heilige Maria Mutter Gottes, bitte für uns Sünder‹, die Steinlöwen brüllen, 9. November, die Menschen brüllen, der Welthenker brüllt, »Heil«, »Heil Hitler«, »Heil Heiland«, »Heiland Sacra«, »Heil Barrabas«, und Woyzeck stirbt. Ganz klein kniet er auf dem hohen Podium, die Arme erhoben, Hilfe heischend, es hilft ihm niemand, hinter ihm der Scharfrichter, zwei feierliche Herren, weiße Halskrause, weiße Weste unter dem schwarzen Ornat, an bevorzugtem Platz, direkt am Fuß der Treppe, vielleicht ist der eine der Doktor, »Hat Er auch brav Erbsen gegessen, Woyzeck?«, vielleicht kullern mit dem Kopf die Erbsen die Treppe hinunter, Bürgerhäuser, spitzgiebelig, engbrüstig, schauen aus dichtbesetzten Fensteraugen dem Spektakel zu, die Uhr am Rathausturm zeigt halb zehn, die Loge der Ratsherrn schwimmt über der Menge wie eine festliche Gondola, Bildunterschrift: ›J. C. Woyzeck. Geht seinem Tode als reuevoller Christ entgegen.‹

D: Übrigens, der Büchner hat noch einen Bruder... Sehr lustig, die ganze Büchner-Familie: Er war der älteste, dann kam der Bruder Wilhelm, den unterschlägt der *Meyer* auch, der war Chemiker, Erfinder des Ultramarinblau, das ›Wilhelmblau‹ wurde es genannt, von 1876 bis 84 war er dann Abgeordneter im Deutschen Reichstag, eine der bedeutendsten chemischen Fabriken Europas war das, sein Lehrer war Justus von Liebig, der hat den künstlichen Dünger erfunden und Liebigs Fleischextrakt.

K: Warum hast du ihn nicht im Stück?

D: Ich hab nicht vor, einen zweiten *Seidenen Schuh* zu schreiben. Ich hab über die Kleidung nachgedacht: Also der Napoleon hat einen sehr eleganten schwarzen Schlafanzug, die Frau von Zimsen ein toll elegantes Abendkleid, so wie vor fünfzig Jahren.

K: Du meinst die zwanziger Jahre? Atlasschläuche mit Silberfuchs und Schlitz, Straußenboa, Paillettenkobras?

D: Keine Ahnung, ja, vielleicht, und dann holt sie aus dem Wäschekorb das Kostüm von Richelieu, einen prächtigen roten Mantel. Interessant ist die Jeanne: als Jeanne erscheint sie in Rüstung mit Helm und Schwert im Fenster, und dann kommt sie, während der Hus und Napoleon sprechen, in einem Sack herein, ohne daß die Bezug nehmen, Judith war ja in einen Sack gekleidet, und dann zieht sie aus dem Wäschekorb Bluejeans und so etwas und geht hinaus. Hus und Napoleon sind tief in einem politischen Gespräch, nehmen überhaupt nicht Notiz von ihr. Ich denke jetzt die Auftritte durch: das Wichtigste am Drama sind die Auftritte und Abgänge. Es ist ganz anders, wenn man schreibt, als wenn man für die Bühne denkt. Da denkt man an hundert Einzelheiten, die beim Schreiben einer Figur keine Rolle spielen. Aber zum

Beispiel der Büchner tritt auf, er kommt mit dem Lexikon, Band Biot bis Chemikalien, setzt sich an seinen Tisch, jetzt wo tut er's hin? Ich finde es schön, wenn er's unter den Tisch tut, es als Schemel benutzt. Dann hab ich noch ein zweites Lexikon, das liegt auf dem Tisch, er nimmt es, liest vor, stellt sich vor, das ist sehr gut zusammengefaßt, dann wirft er's in den Wäschekorb, da holt Napoleon es dann heraus, das sind jetzt alles Spielelemente. Aber zum Beispiel, wo sitzt man? Ich hab im ganzen nur zwei Stühle, der eine ist immer von Büchner besetzt, Hus zieht ihm den Stuhl unter dem Hintern weg, aber ich kann das nicht zu Tode reiten, auch den Wäschekorb nicht. Das gleicht jetzt der Arbeit, die ich machte, als ich *Frank v.* fürs Fernsehen vorbereitete, von der Bühne auf vier Kameras umdachte: Ich übersetzte in ein anderes Medium.

Am Vorabend haben wir *Frank v.* gesehen, der NDR hat Dürrenmatt die Kassette zum 65. Geburtstag geschickt, *Oper einer Privatbank*, 1958 geschrieben, die Flick-Affäre, Friedrichs, Lambsdorff, Brauchitsch und Co. im Melodram vorweggenommen. Man spielt Zeitstücke: sozialkritische, gesellschaftspolitische, die so allgemein sind, daß sie niemand weh tun und dem eigenen Engagement schmeicheln. *Frank v.* beißt. Den spielt man nicht. Wir hatten einen vergnügten Abend.

D: Heute muß ich noch untersuchen, wie der Talbot stirbt.
K: Wieso der Talbot? Der kommt doch gar nicht vor.
D: Es nimmt mich wunder, wegen der Jeanne, und weil ich den Wein so gern hab. Der kommt vor bei Shakespeare und bei Schiller, englischer Lord mit Weingütern in

Frankreich, der ist der große nihilistische Held, der einzig interessante bei Schiller, der stirbt immer so schön: »Unsinn, du siegst, und ich muß untergehn!«* Da dacht ich plötzlich, ob ihn die Jungfrau umgebracht hat, bei mir ist die Szene mit Napoleon, wie sie mit dem Revolver kommt statt mit dem Schwert, vielleicht brauch ich eine Anspielung, nur so einen Satz...

Dürrenmatt steigt die Treppe hinunter zu seinem Schlafzimmer, das neben dem berühmten Weinkeller liegt, in dem der berühmte Talbot liegt. Bis zwei, drei Uhr früh wird er die Geschichte von England und die Geschichte von Frankreich studieren, bei Schiller und Shakespeare nachlesen, in Meienbergs *Literarischem Spazierstock* ›schnausen‹, der ihn amüsiert, in Thomas Manns *Tod in Venedig,* selbstauferlegte Pflichtlektüre, die ihn nach wenigen Sätzen langweilt, und dann greift er nach der Stammesgeschichte vom Werden der Organismen und der Menschen, was nichts mit Talbot zu tun hat, aber alles mit Dürrenmatt und den Dürrenmattschen Metamorphosen.

13. 1. 1986 – Beim Frühstück

D: Es ist verrückt, was heute nacht geschehen ist. Plötzlich ist das ein großes Stück. Ich habe die Erzählung von der Großmutter wieder hereingenommen aus der ersten Fassung. »Sie waren nur zwischen den Schenkeln deiner Mutter glücklich«, jetzt hat das Gewicht. Wart, ich les dir das vor.

Dürrenmatt liest mir den Anfang des ersten Aktes vor. Er hat ihn noch komödiantischer gemacht. Er liest mir den Anfang des zweiten Aktes vor.

D: Kann sein, daß das alles zuviel ist, aber das ist mir jetzt wurst. Ich steh dann einfach manchmal unter dem Zwang, der diese Figuren bewegt. Aber das kannst du nur mit großen Komödianten machen. Wenn Louis und Plon-Plon nicht gut sind, ist es eine Katastrophe. Wenn sie gut sind, ist es ein Fest. Wie im *Frank V.* die Apollonia Streuli. Ursprünglich war das ein Mann im Manuskript, dann hatte ich einen schlechten Schauspieler, da habe ich eine Frau daraus gemacht. Diese Szene zwischen Louis und Plon-Plon, darin der verrückte Wortwechsel, in dem Louis als Sigmund Freud sagt: »Ich bin nicht Sigmund Freud, ich bin der Doppelgänger von Sigmund Freud, Sigmund Freud hat mich kopiert«, das ist die gleiche Szene wie in den *Physikern** zwischen Newton und dem Inspektor, das ist mir auch heute nacht eingefallen: daß die verrückten Szenen immer wieder kommen, wie bei Bach, bei der *Kunst der Fuge.* Gestern abend habe ich zum Beispiel *Das musikalische Opfer* gehört, immer wieder die gleichen Wendungen. Man hält sich selbst die Treue.

Dezember 1942. An jenem Weihnachtsmorgen am Büchnerstein hat Dürrenmatt sein ›Pfingsterlebnis‹: Er wird Schriftsteller.

Februar 1972. Dürrenmatt inszeniert *Woyzeck.* Die Großmutter, die sonst nur zu ihrem Auftritt auf die Bühne kommt, um dem Kind von Marie und Woyzeck ihr poetisches ›Weltmärchen‹ zu erzählen, ist bei Dürrenmatt dramaturgisch integriert.

D: Sie sitzt den ganzen Abend auf der Bühne. Sie klaubt Erbsen, der Woyzeck darf ja nichts anderes essen als Erbsen. Und dann ist es ein Ereignis, wenn sie plötzlich den Mund aufmacht. Cambronne tritt immer nur auf, sagt einen gleichen Satz, und dann plötzlich hat er eine kleine Szene mit Jeanne, das ist rührend. Jeder Schauspieler muß einmal aufleuchten. In der zweiten Fassung, als ich aus der Marion die Jeanne machte, habe ich die Großmutter-Szene gestrichen: Ich hab da einen Denkfehler gemacht: Marion aus *Danton* ist ja auch nicht Woyzecks und Maries Tochter, die Marion ist ja auch eine Fiktion, und die Fiktion wird aufrechterhalten. Napoleon fragt Woyzeck, als der ihm die Gewerkschaftszeitung mit Jeannes Aktfoto zeigt: »Das Aktbild deiner Tochter?« »Der Tochter des Volkes«, sagt Woyzeck. Ich finde die Szene mit der Großmutter eine der schönsten im *Woyzeck*, und die Antwort von Napoleon an Jeanne ... Wart, ich les dir vor, wie es in etwa ist, ich fand das ja immer vom besten im Stück. Ich hab heute nur noch ganz wenig zu tun, das geht so ...

Dürrenmatt liest mir die Szene vor, in der Jeanne Napoleon an seine Siege erinnert, Wagram, Austerlitz, ihn zu neuen Kriegen anfeuern will, und Napoleon sagt: »Hast du vergessen, was deine Großmutter dir erzählt hat?« Und Jeanne zitiert die Erzählung der Großmutter aus dem *Woyzeck:* »Es war einmal ein arm Kind und hatt kein Vater und keine Mutter, war alles tot, und das Kind geht zum Mond, und wie es hinkommt, ist der ein Stück faul Holz, und geht zur Sonne, und die war ein verwelkt Sonneblum, und die Sterne waren kleine goldne Mücken...« Und Napoleon erwidert: »... Ein Stück faul Holz ist lebendiger als der Mond, die Sonn schrecklicher als ein verwelkt Sonneblum, die Stern fürchterlicher als tote goldne Mükken; und daß die Erde ein umgestürzter Hafen sei, ist ein zu liebliches Bild... Meine Mutter erzählte mir von Cesare Borgia, Alexander und Cäsar. Da wollte ich General werden, und schließlich wurde ich einer und dann Kaiser. Aber du? Warum bist du so jämmerlich ins Heldische mißraten bei deiner Großmutter?« »Ich wollte mehr sein als meine Mutter.« »Mehr sein als deine Mutter? Meinst du, die Soldaten waren glücklich in Marengo, in Jena, in Wagram, in Austerlitz? Sie waren nur zwischen den heißen Schenkeln deiner Mutter glücklich. Die Schlachten, von denen deine Heiligen schwärmen, waren Schweinereien, voll Kotze, Blut und Dreck. Ich weigere mich, noch einmal Schlächter zu sein, auch wenn ich siegen könnte. Allzuleicht stürzen heute Siege Völker ins Unglück. Wehe den Siegern.« Es ist Dürrenmatts Weltbeschreibung. Sie setzt Büchner ins Heute fort.

D: Wenn man weiß, was die Sonne ist, wenn man weiß, was der Mond ist – Weißt du, was ich heute nacht gelesen hab? Der Haydn, der doch immer so als naiv gilt, leicht, der war in London und besuchte Herschel. Der hat ihm den Himmel gezeigt und den Andromedanebel. Herschel war ja ursprünglich auch ein Musiker, er ging als Organist nach London, und er war ein Amateurastronom, der hat sich selbst ein Teleskop gebaut, ein Spiegelteleskop, mehr als ein Meter im Durchmesser, und damit hat er den Uranus entdeckt und zwei Uranusmonde und das Milchstraßensystem erforscht und wurde ein berühmter Astronom, und als Haydn nach London kam, hat er durch Herschels Teleskop geschaut und darauf *Die Schöpfung* geschrieben.

Als Kind stieg Dürrenmatt auf den Baum vor dem elterlichen Pfarrhaus, um dem Himmel näher zu sein, er schleppte eine Leiter auf den Baum und stieg auf die Leiter auf dem Baum, um dem Himmel noch näher zu sein. In Dürrenmatts Arbeitszimmer steht ein riesiges weißes Rohr, eine Art Schiffsschornstein, diagonal auf einem schwarzen Eisengestell ruhend, vertikal schwenkbar, ein Arbeiter, Amateurastronom, hat es für ihn gebaut: In sternklaren Nächten schleppt Dürrenmatt sein Spiegelteleskop auf die Terrasse vor dem Arbeitszimmer und holt sich den Sirius und den Jupiter und den »pockennarbigen Mond«, den launischen Andromedanebel, den Teufelsstern Algol und die Milchstraßensternenhaufen aus dem Universum in seinen Kopf und schmeißt sie in seine Schöpfung.

D: Heute nacht hab ich entdeckt: In diesem Moment, wie Louis und Plon-Plon abgehen, um sich als Marxe zu verkleiden, kommt Woyzeck, und dann kommt der Büchner, da haben sie wenig Zeit, dann muß ja der Frühstückswagen kommen, den können sie jetzt nicht hereinschieben, jetzt hab ich das früher gelegt, Napoleon fordert Büchner auf zu spielen, der sucht das Manuskript, seine Rolle, den Franklin, findet's nicht, sucht unter dem Bett, schlägt sich den Kopf an, taucht auf, »Sie bluten, Franklin«, sagt Napoleon, und ich bin in der Szene, und der Frühstückswagen rollt von selber herein. Dann ein Detail:

Hus geht ab mit gefesselten Händen, Marx I tritt auf, sie begegnen sich, Marx I hält Hus für Napoleon: »Umarmen wir uns, Genosse.« »Ich kann nicht.« »Warum gefesselt?« »Das ist heute Mode.« »Umarmen wir uns trotzdem.« Ich mache den Marx I ganz weltfremd, war er ja auch, Marx II ist eben der Realist. Durch die Inszenierung, das zwingt einen, genau zu sein. Ich gehe jetzt so weit, das Feuerzeug... Wenn der Richelieu zum zweitenmal kommt, ist er flotschnaß, Napoleon hat Mitleid, bietet ihm den Krönungsmantel an, Richelieu will eine Zigarre, Napoleon schaut im Wäschekorb nach, alles fliegt raus wie aus einer Zauberkiste, Richelieu schlottert, will sich an ihn schmiegen, Napoleon schmeißt das Feuerzeug wieder in den Korb, nachher kommt Jeanne, Napoleon bittet sie um Feuer, ich kann nicht zwei Feuerzeuge auf der Bühne haben, sogar daran muß ich denken, wenn du schreibst, denkst du natürlich nur an Sprache, Wörter, während wenn du an Regie denkst, denkst du nicht nur an Sprache, sondern an lauter Details, es ist unwahrscheinlich, du bist wirklich im Fieber. Natürlich hab ich das immer gemacht mit Schauspielern, Wörter geändert, plötzlich gibt es eine Sensation, wenn ein Schauspieler sich findet, manchmal mußt du unterbrechen, einen Satz streichen, wenn du selber der Regisseur und der Autor bist, kannst du das, aber jetzt hab ich keine Schauspieler, es ist eigentlich viel aufregender, die Inszenierung so selber zu machen. Ich muß den ›*Sokrates*‹ so schreiben, ich muß ein großes Inszenierungskonzept machen.

Da ist der ungebärdige Dürrenmatt, der etwas Neues für sich entdeckt hat und es nun im Kopf wendet und dreht und vorwärts treibt in Endlosspiralen.

D: Der zweite Akt ist jetzt sehr gespenstisch. Wo man eigentlich nicht mehr weiß, in welcher Schicht der Wirklichkeit man sich bewegt, die Wirklichkeit kann sehr verschieden sein, Poesie, Realität, in welcher Wirklichkeit spielt das Stück, Vergangenheit, Gegenwart, Zukunft, ungeheuer viele Schichten von Zeiten, das ist das, was ich als Dichtung bezeichne, als poetisches Theater, wo das Publikum in einen Rausch gerät wie Jeanne und Napoleon, die zurückfallen in eine Vision von Judith und Holofernes. Die Geschichte ist immer die Geschichte von Menschen: Wie *Achterloo* aus der Politstory ausbricht, das Ganze ist mir eigentlich nur ein Vorwand, die Menschen dahinter zu sehen. Nur, ich kenne diese Menschen nicht, Jaruželski, Walesa, Glemp, ich kann mir andere besser vorstellen, darum ersetze ich sie. Die Frage eines Theaterstückes ist auch: Mit welchen Gewichten spielst du? Napoleon ist mehr als ein General, Robespierre mehr als ein Parteiideologe, Richelieu mehr als Glemp, Hus mehr als Walesa. Napoleon geschichtlich, da bist du an Sankt Helena gebunden, Napoleon heute, da bist du frei. Daran arbeite ich jetzt, und das ist auch die Aufgabe der Regie: Figuren deutlich machen und das Heute. Die Welt ist voller Attentate, Morde: Kann ein Attentat etwas ändern? Jaruželskis Ermordung? Die Ermordung des Thronfolgers in Sarajewo, von der so viel geredet wurde, die hat doch nicht den Weltkrieg ausgelöst, der wäre sowieso gekommen. Fakten können wir erfinden, die Geschehnisse brechen so und so aus, das ist wie Geschwüre, wie Krankheiten, die ausbrechen: Wir manipulieren die Geschichte, meistens hat der Sieger recht. Die Stoffe liegen herum, du mußt sie verwandeln, oder du stellst sie aus, wie Beuys. Namen haben eine Magie, auch Cäsar, Pompejus, Nero: Ich könnte das Stück mit anderen Figuren machen, das Geschehen, die Geschichte kann man mit anderen Mythen besetzen, während heute, was gibt es für Namen? Reagan, der Schauspieler: wenn ich denke, da ist mir Nero näher. Fazit: Machtkämpfe, Rausch, Erhöhung, Einbildung sind Sicherungen des Ich. Ich kann mit Macht Angst bekämpfen, aber natürlich kann die Macht, mit der man die Angst bekämpft hat, neue, größere Ängste erzeugen. »Wer bin ich?« Wenn man in sich hineindenkt, fällt man durch immer weitere Ichs, und man löst sich auf ins Nichts. Macht ist auch etwas Kreatives, man fühlt sich. Das historische Drama mit idealisierten Menschen, bei Schiller, interessiert mich nicht. Ich finde Büchner den viel Genialeren. Jetzt hab ich instrumentiert, neu instrumentiert, umgesetzt auf Orchester. Jetzt habe ich verknappt. Vorher war da eine Trompete und dort eine Trompete, jetzt hab ich die Instrumente zusammengezogen. Ich bin heute sehr glücklich. Jetzt sind noch mehr Doppelrollen, jeder kann alles sein. Eigentlich, in der Regie war ich immer glücklich. Jetzt hab ich das Gefühl, das Stück sitzt.

Dürrenmatt pfeift vergnügt vor sich hin, geht Richtung Arbeitszimmer.

K: Darf ich dich noch etwas fragen?

Das Pfeifen hört auf.

K: ... oder willst du nicht mehr?

Dürrenmatt ist stehengeblieben.

D: Doch ... Was ...?
K: Warum streichst du den Cambronne nicht? Dramaturgisch brauchst du ihn doch nicht.
D: Daran hab ich auch schon – Nein, also hör jetzt auf, mit mir Eier zu legen. Ich verbiete dir, mich ständig am Morgen zu befruchten. Ich komme mir vor, als ob ich fortwährend geschwängert werde. Das ist langsam gefährlich, das Morgenessen. Also, der Cambronne bleibt jetzt, das ist eine Farbe, und das Theater braucht solche Farben.

Dürrenmatt sieht aus wie ein verzweifeltes, wütendes Kind, trottet in sein Arbeitszimmer, Vivaldis *Vier Jahreszeiten* ertönen, überlaut, »Der Winter«.

16 Uhr 30 bis 17 Uhr 30

Standardspaziergang, Pflichtspaziergang. Mir versprach man als Kind eine Wurst, um mich einen Berg hinaufzulotsen. Ich verspreche Dürrenmatt »tolle Stimmung über dem See«. Der See und der Himmel lösen mein Versprechen immer ein. Dieser See ist wie das Meer, die gestaffelten Höhenzüge des Jura sind wie gewaltige Dünen, die Alpenkette ist so weit, daß der Wind frei jagen kann, keine Postkartenberge fangen ihn ein. Dieser See ist unverkitscht, er geht ins Grandiose. Heute ist die Sonne eine doppelte goldene Scheibe, bevor sie untergehend zerfließt.

D: Ich hab den Schluß noch nicht gelöst. Ich weiß nicht, wann die Jeanne sich umziehen kann als Judith, ob

ich sie sich überhaupt umziehen lasse. Sie kann natürlich auch den Bluejeansanzug anlassen, was du da gesagt hast, ich weiß nicht, wie man das beschreibt, wie das aussieht.
K: Die Edeljeans mit Bündchenfalten und Straß und so ein kurzes Jäckchen mit Straß.
D: Was ist Straß?
K: Kleine glitzernde Steine, falsche Brillanten, aber ich meine eigentlich nicht Straß, sondern bunte Glassteine, mit denen diese Jeans bestickt sind, das macht sie femininer. Aber warum willst du unbedingt Jeans?
D: Das tragen doch die jungen Mädchen heute.
K: Schon längst nicht mehr. Warum läßt du die Jeanne nicht in einem knöchellangen weiten Baumwollrock auftreten, mit einer Bauernbluse, einem Schal, dann braucht sie sich als Judith vielleicht gar nicht umzuziehen.
D: Das gefällt mir nicht. Und es stimmt auch nicht: Jeanne wollte immer in Männerkleidern herumlaufen.

Dürrenmatt liebt schöne Kleider, mit seinem Malerauge hat er einen sehr genauen Blick für ein Gesamtbild, ob es stimmt oder nicht, Details interessieren ihn nicht.

K: Also, wie ist jetzt der Ablauf von der Szene an, als Jeanne den Krieg anpreist, Napoleon den Frieden und sie zum erstenmal in die tiefere Schicht ihres Ich einbrechen, ihren Wahn, und Judith und Holofernes sind?
D: Jetzt erstarren sie in diesen Rollen, Büchner packt seinen Text, die Papierschnitzel zusammen, die über die ganze Bühne verstreut sind, dabei hat er seinen Monolog, und der endet damit, daß er sagt: »Die Großen und Mächtigen spielen nicht mein Stück, jeder spricht seinen eigenen Text, ich werde von nun an schweigen und nichts

mehr schreiben.« Entweder er geht dann ab oder bleibt, Papier einsammelnd, auf der Bühne.

K: Warum änderst du den Schlußmonolog von Büchner, den fand ich immer besonders gut.

D: Den brauch ich vorn, das wird viel unheimlicher jetzt. Bevor der Hus abgeht, sagt ihm Napoleon: »Das Jota Freiheit, das du verlangt hast, hast du nicht bekommen, Jan Hus«, und der Hus will antworten, aber der Text fällt ihm nicht ein, da souffliert ihm Büchner den Text aus dem *Hessischen Landboten:* »Es siehet aus, als hätte Gott die Bauern und Handwerker am fünften Tage und die Fürsten und Großen am sechsten gemacht, und daß die Bauern das Gewürm sind, über das die Fürsten herrschen.« Das ist natürlich ein toller Text für den Abgang von Hus und den Auftritt von Marx I. Und am Schluß werde ich jetzt Zitate aus der Zürcher Antrittsvorlesung von Büchner nehmen, da ist seine ganze Philosophie und die ganze Dramaturgie drin und die Dramaturgie von *Achterloo,* das hätte er nämlich schreiben können, darauf freu ich mich, das wird verrückt.

K: Wie geht's dann weiter? Was kommt nach dem Büchner-Monolog?

D: Dann kommt die große Szene zwischen Judith und Holofernes, aber da müssen sie schon umgezogen sein, die endet damit, daß sie ins Bett gehen, dann kommt Richelieu, der sagt: »Ich bin der Liebe Gott.« Ich hab mir auch überlegt, ob ich Louis und Plon-Plon noch einmal als Ärzte auftreten lasse, ob sie während des Richelieu-Textes langsam die Bühne abräumen, den Wäschekorb hinausschieben, Büchners Stuhl und Tisch, die Soffitten gehen hoch mit dem Fenster, der Leinwand, dem Betthimmel, und dann sitzt Judith da mit dem ermordeten Holofernes im Schoß.

K: Die Soffitten machen zuviel Lärm, das macht dir den Richelieu-Text kaputt.
D: Soffitten machen keinen Lärm.

Berlin 1951, *Don Carlos,* Kortner hat inszeniert, ich spiele meine erste Rolle auf der Bühne, die Königin. Ein kompliziertes Bühnenbild, Eisengitter, die das Gefängnis des spanischen Königshofes symbolisieren, sie rasseln zum Szenenwechsel mit der Drehbühne herum, sie rasseln herauf und herunter, zerrasseln Schiller, zerrasseln Horst Caspar als Posa, den letzten Schiller-Helden auf der deutschen Bühne, zerrasseln den einsam gefährlichen König Philipp Fritz Kortners, zerrasseln den Erfolg der Aufführung. Ich mißtraue den Soffitten.

Die Sonne ist untergegangen, es ist Nacht geworden, wir gehen noch immer den gleichen Weg, hin und zurück.

K: Warum läßt du die beiden sich nicht früher umziehen? Napoleon kann doch während seines Textes über die Sinnlosigkeit des Krieges die Insignien seiner Macht ablegen, den General: Hut, Jacke, Stiefel, Schwert, und dann steht er in den weißen Kniehosen und dem Hemd da, wie du ihn willst, und während Jeanne sagt: »Es wäre schön, wenn ich Judith wäre« und so weiter, geht sie, wie in Trance, zum Korb, legt ihre Jeanskleider ab, steht einen Augenblick nackt, holt sich ein elegantes weißes Hemd, Goldspangen aus dem Korb, was du eben für Judith willst, zieht es während des Büchner-Monologs an, löst ihr Haar, Napoleon legt sich den Krönungsmantel um, und wenn Büchner fertig ist, stehen sie beide als Judith und Holofernes da und spielen ihre Szene.

Dürrenmatt hat gespannt zugehört, die Idee gefällt ihm. Was ihm nicht gefällt, ist der Krönungsmantel für Holofernes.

D: Ich mag nicht, wenn Dinge zweimal spielen, den hat er als Napoleon gehabt und mit Richelieu.

K: Man kann den Krönungsmantel füttern, weiß oder mit Goldstoff, und jetzt nimmt er die andere Seite und ist der Feldherr Holofernes. Der Mantel kann ja über dem Wäschekorb hängen.

D: Den muß Jeanne öffnen.

K: Vielleicht ist er auch offen, der Mantel hängt über dem Deckel, das ist kein Problem.

D: Das Problem ist: Wo nimmt Jeanne das Messer her, um Napoleon zu töten? In Zürich sprang sie noch einmal aus dem Bett, holte das Rasiermesser Woyzecks vom Tisch, verschwand wieder hinter dem Betthimmel, dann ging der Betthimmel auf, Napoleon war tot.

K: Das hat mir nie gefallen. Zaubertheater ohne Zauber.

D: Mir auch nicht, aber wie krieg ich das Messer ins Bett, sie hat es ja nicht mitgenommen.

K: Ich hab eine Idee.

D: Welche?

K: Sie ist doch gekommen, um Napoleon, den sie für einen Verräter hält, zu töten. Mit dem Revolver. Wo ist der Revolver am Schluß der Szene?

D: Napoleon hat ihn Jeanne abgenommen, entsichert, zurückgegeben, wartet, daß sie ihn erschießt, sie kann nicht, wirft den Revolver aufs Bett. Da liegt er.

K: Da liegt er richtig. Laß doch Judith Holofernes mit dem Revolver umbringen. Dann hast du ein akustisches Signal hinter dem geschlossenen Betthimmel, entweder erscheint Richelieu davor oder danach, wäre nicht schlecht, wenn er danach erscheint und sagt: »Ich bin der Liebe Gott.« Dann kriegst du auch alle Ebenen der Figur zusammen, Judith, Jeanne, Heute. Aber den Lieben Gott möchte ich ganz sehen, nicht im Ausschnitt eines Fensters, wie einen Ansager auf dem Monitor.

D: Wenn er erscheint und sagt: »Ich bin der Liebe Gott«, können die Soffitten ja schnell hochgehen, wie ein Nebel, der aufreißt, die Scheinwerfer können aufflammen, daß er wirklich dasteht wie eine Erscheinung, und am Ende seines Monologs geht der Betthimmel hoch, und Jeanne sitzt da, Napoleon im Schoß, und sagt ihren Text, in der Hand den Revolver. Das ist eine tolle Idee, ich danke dir. Heute nacht schreib ich den Büchner. Das setzt natürlich wieder viel Schreibarbeit voraus, die Margret* kann praktisch von vorn anfangen.

Margret schreibt die dritte Version der dritten Version von *Achterloo,* schreibt das Protokoll, schreibt für zwei, freut sich immer noch daran, lebt mit. Das belebt die Phantasie, Resultat: immer neue Änderungen. Änderungen schreibt Dürrenmatt mit dem Bleistift mit seiner sorgfältigen kleinen Druckschrift an den Rand, größere Änderungen schreibt er neu, immer mit der Hand, mit Bleistift, er schneidet aus, klebt um, er ›nimmt die Sätze in die Hand‹: Ich lerne von ihm das Handwerk des Schreibens.

16. 1. 1986 – Beim Frühstück

Heute frühstücke ich vor, alles steht bereit. Dürrenmatt erscheint. Eine Stunde früher als sonst. Strahlend.

D: Ich bin fertig.
K: Wunderbar, Gratuliere.
D: Ich glaube, das ist gut geworden. Vielleicht noch ein paar Striche, aber das ist eine Kleinigkeit. Wart, ich les dir vor. Ich muß nur die Lesebrille, wo hab ich sie...?

Er verschwindet in seinem Arbeitszimmer, sicher liegt sie irgendwo unter den weißen Blättern, eng bedeckt mit Dürrenmatts Bleistiftschrift, zwischen Radiergummi, Bleistiftspitzer, Schere, Klebstoff, Tusche und Pinseln zwischen Nachschlagewerken, *Achterloo*-Fassungen, Thermoskanne, Nescafé-Büchse und Kaffeetasse, Schallplatten, Zeitungen, Telefon, Zeichenblock, Schweizer Armeemesser, Rechencomputer, Sacharin und Stoppuhr, irgendwo auf diesem vier Meter langen Schreibtisch, der Dürrenmatt-Werkstatt, die sein Gefängnis und seine Freiheit ist.

Am 2. 1. 1986 war *Achterloo* beendet, zum wievielten Mal?, am 7. 1. geht die Diskussion weiter, heute ist der 16. 1., ist *Achterloo* wirklich fertig?

Wie soll man die Liebesszene zwischen Judith und Holofernes inszenieren? Ist sie zu lang? Stehen die beiden fast statisch voreinander, ein großer Wechselgesang, ein gewaltiges Sprachfinale, trägt das? Ist das Stück endlastig? Muß man mit Bild nachhelfen, kommen die anderen Irren zurück, spielen, was die beiden erzählen, eine Pantomime innerhalb des Rollenspiels? Nimmt man das erzählte Geschehen auf Film auf, läßt es als Bildprojektion mitlaufen, das wäre ein Fremdkörper, eine Verdoppelung, kommt Richelieu als der Liebe Gott aus dem Wäschekorb, ist das lächerlich oder gespenstisch, erscheint er hinter dem Fenster? Sitzt Jeanne mit dem toten Napoleon im Schoß, eine blasphemische Pietà, wie verschwindet Richelieu nach seinem letzten Satz: »Ich war der Liebe Gott«, räumen Louis und Plon-Plon die Bühne während Büchners und Richelieus Monolog ab, so wie sie sie am Anfang des Stückes einräumten, sitzt Jeanne am Schluß auf dem Bett und sagt den verzweifelt traurigen Satz des Nichtbegreifens, den letzten des Stückes, »Bin ich verrückt?«, legt sich neben den toten Napoleon, schmiegt sich an ihn, fröstelnd, so wie sich früher Richelieu an ihn geschmiegt hatte, und zieht den Krönungsmantel, mit der goldenen Seite nach außen, über beide, oder geht sie ab, schieben Louis und Plon-Plon das Bett hinaus, bleibt Büchner als letzter auf der leeren Bühne, immer noch Manuskriptseiten einsammelnd, während das Licht langsam eindunkelt, er sich im Hintergrund verliert? Fragen über Fragen, nun nicht mehr theoretisch zu lösen. »Was brauch ich denn für die Regie? Intelligenz und Phantasie. Was man braucht, sind kluge Menschen, wo sind sie?«

D: »Forscht man nach den Ursachen, warum sich der Mensch entweder freiwillig oder gezwungen das Gefängnis seiner Werte schaffe, so stoßen wir abermals auf die menschliche Natur.«

Dürrenmatt ist aus seinem Arbeitszimmer zurückgekommen, die Lesebrille vorne auf der Nase, die Nase tief im Text, so liest er Büchners letzten Monolog, eine Collage aus Büchners Antrittsvorlesung in Zürich, Büchner-Zitaten und Dürrenmatt-Sprache, ein Teppich gewebt aus Büchners und Dürrenmatts Wissen von der Welt, vom Menschen und von der Natur, aus beider Philosophie und

Dramaturgie: Der Schriftsteller hat sich den Schriftsteller einverleibt und schickt ihn als beider Stellvertreter auf die Bühne.

D: »Darum habe ich ›Achterloo‹ geschrieben, die komische Tragödie eines Aufstands, der unterblieb, weil einer vernünftig war, eingewebt in Ursachen, die zu Wirkungen wurden, die sich wiederum zu Ursachen neuer zufälliger Wirkungen verwandelten, ein Teppich, der hinabreicht bis zu dem nur mit Hypothesen ahnbaren Beginn des Alls, mündend in die Unendlichkeit des Nichts, und darum habe ich, um die Konstellation nachzubilden, die das Geschehen am 12. und 13. Dezember 1981 hervorbrachte, Muster aus ganz anderen Zeiten genommen, weil jedes Muster des unendlichen Teppichs dem anderen Muster gleicht. Doch ist es für mich, Georg Büchner, unerträglich, unter Irren der Vernünftige zu sein, die Muster hielten sich kaum an meinen Text, sie redeten wie sie wollten, und nun rutscht gar die Handlung wie die Laufmasche eines billigen Strumpfes in die Zeit, fast 600 Jahre vor Christi Geburt, hinunter, zu Judith und Holofernes. Ich werde von nun an nichts mehr schreiben.«

Dann kommt die Szene Judith–Holofernes, dann erscheint ›der Liebe Gott‹.

K: Aus dem Wäschekorb?

D: Ich schreib jetzt Fenster. Obwohl, der Wäschekorb ist meine Lieblingsidee ... Danach kommt der Revolverschuß, die Vorhänge gehen hoch, vorher schon die Soffitten, Louis und Plon-Plon tragen den Stuhl und den Tisch von Büchner hinaus, Büchner sammelt immer noch seine zerrissenen Manuskriptblätter ein ... Siehst du, wenn der

Liebe Gott aus dem Wäschekorb käme, dann könnte er jetzt so verloren auf dem Wäschekorb sitzen wie vorher mit Napoleon.
K: Der Wäschekorb ist doch offen, wenn er da rauskommt.
D: Dann sitzt er eben auf der Kante. Und nach seinem letzten Satz, »Ich war der Liebe Gott«, verschwindet er wieder im Wäschekorb, und Louis und Plon-Plon schieben den Lieben Gott im Wäschekorb hinaus.
K: Das gefällt mir. Aber es ist gefährlich nah an der Klamotte.
D: Ich bin eben ein Striese. Also, ich schreib Fenster. Jedenfalls, Jeanne sitzt auf dem Bett, vielleicht hat sie den Revolver noch in der Hand, der goldene Krönungsmantel hängt so halb, wie ein Fetzen, über ihr, sie sagt: »Bin ich verrückt?« Dann wirft sie den Revolver weg, legt sich zu dem toten Napoleon, zieht den Krönungsmantel über beide. Büchner, immer noch seine Manuskriptfetzen einsammelnd, klaubt den Revolver auf.
K: Ich denke, er ist schon abgegangen.
D: Hör jetzt: Ich laß nämlich doch dem Büchner am Schluß den Satz aus dem *Woyzeck,* weil er ja am Anfang gesagt hat, daß er eine Fortsetzung von *Woyzeck* schreibt. Das geht dann so: Richelieu sagt: »Ich war der Liebe Gott«, verschwindet...
K: Wie auch immer...
D: Louis und Plon-Plon schieben jedenfalls den Wäschekorb hinaus, Jeanne sagt: »Bin ich verrückt?«, und Büchner steht mit dem Revolver in der Hand da vor dem Bett und sagt: »Ein guter Mord, ein echter, ein schöner Mord... Wir haben schon lange so keinen gehabt.« Dann geht er, in Gedanken verloren, ab, Louis und Plon-Plon

schieben das Bett mit Napoleon und Jeanne hinaus, die Bühne ist leer wie am Anfang. Vorhang. Jetzt muß ich nur noch die Korrekturen machen, wenn Margret es abgeschrieben hat, und die Zeichnungen. Darauf freu ich mich. Ich werde doch das große Format nehmen. Ich fange mit der leeren Bühne an.

Charlotte Kerr
17. Januar 1986

Februar, März, April, die Gespräche gehen sporadisch weiter, Skilaufen, Ostern, Haus einrichten, alles schleppt, Dürrenmatt arbeitet am *Auftrag*, er soll gleichzeitig mit *Achterloo III* und dem *Protokoll* herauskommen, ich hinke mit dem *Protokoll* hinterher, habe Mühe, mich anhand meiner Notizen immer wieder in die Gesprächsstimmung zurückzuversetzen, die Spontaneität ist weg. Journalistisches Schreiben ist etwas anderes als Schriftstellern: Ich schöpfe nicht aus mir. Ich brauche die Begegnung mit Realität, den Aufprall, die freiwerdenden Energien sind mein Schub, die Fragmente mein Mosaik, ich muß sofort schreiben, damit ich den Ton, die Diktion eines Menschen noch im Ohr habe, seine Aura spüre, das alles verweht schnell, dann bleibt nur das Skelett, und das ist bei jedem strukturell gleich. Ein Schriftsteller, Dürrenmatt, läßt die Realitätsfragmente, die ihn interessieren – und diese Auswahl trifft er sofort und intuitiv –, tief in sich einsinken, er reichert sie in sich an, wandelt sie um, und irgendwann, irgendwo, nach Tagen, Jahren, tauchen sie als seine eigene Realität in seinem Schreiben wieder auf. Das war auch der Prozeß dieser Arbeit. Dürrenmatt ist im

Vorteil. Er hat Zeit. Ich falle aus der Zeit, Laufmasche, mein Gewebe zerreißt.

Gesprächsfetzen zwischen Februar und April, gleiche Dekoration: beim Frühstück, beim Standardspaziergang, in der Bibliothek.

Beim Frühstück

D: Übrigens: den Cambronne streiche ich nicht.
K: Das sagtest du bereits.
D: Der spielt jetzt Papst Johannes XXIII.
K: Was hat der in *Achterloo* zu tun?
D: Er war einer der drei Päpste beim Konzil von Konstanz. Eine tolle Figur. Das Konzil von Konstanz gehört zu Hus. Verrückt, wie es da zuging, ich hab das heute nacht nachgelesen.

Dürrenmatt sitzt wieder auf seinem eingesessenen Platz auf der Ledercouch, plauderlustig.

D: Papst Alexander V. hatte einen Staatssekretär, Baldassare Cossa, und dieser Cossa war eine berüchtigt wilde Figur: Seemann, Seeräuber, Condottiere, wahrscheinlich hat er Alexander ermordet und machte sich selbst zu seinem Nachfolger, Papst Johannes XXIII.
K: Gibt es einen Papstnamen zweimal? Johannes XXIII. war doch ›unser Papst‹, der einzige überzeugende in einer langen Reihe.
D: Jetzt wart nur: Der Seeräuberpapst wurde später abgesetzt, der einzige Papst in der Geschichte, der abge-

setzt wurde, er fehlt also in der Päpsteliste, und um die Schmach zu tilgen nahm der spätere Papst Johannes XXIII. seinen Namen an. Was war die politische Situation damals: Das abergläubische Mittelalter, in dem der Streit Kaiser–Papst um die Macht zugunsten der Kirche entschieden war, ging zu Ende, es war die Zeit des absoluten Zerfalls der Kirche, das Schisma. Plötzlich gab es also drei Päpste: in Avignon Angelo Correr, Papst Gregor XII., in Rom den Seeräuber Johannes XXIII., und Peter de Luna, der hauste, glaub ich, irgendwo in den Pyrenäen.

K: Du hast dich so eingehend mit ihnen beschäftigt, das ist mir verdächtig: Läßt du sie alle drei auftreten?

D: Ja, das ist lustig: die treten nur ganz kurz auf, Müller eins und Müller zwo. Napoleon, der weiterspielen will, sagt: »Gestrichen«, sie protestieren auch nicht, weil sie ja glauben, daß sie noch die Marxe spielen werden, aber Cambronne, der als Cambronne nur immer nach seinem einen vergessenen Wort sucht, bis auf die kleine Szene mit Jeanne, Cambronne läßt sich nicht streichen, er will endlich eine Rolle mit Text spielen, und auch Büchner protestiert gegen den Strich: »Diese Kraftnatur liegt mir. Wie Danton.«

K: Gib zu, daß er dir auch liegt. Der Seeräuberpapst gefällt dir.

D: Und wie. Ich freu mich darauf, ihn zu zeichnen.

K: Wo kommt Hus rein? Der war doch schon in Bann?

D: Kaiser Sigismund lud Hus ein, sich auf dem Konzil in Konstanz zu verteidigen, sagte ihm freies Geleit zu, weil sein Bruder Wenzel war König von Böhmen, und der hatte große Schwierigkeiten mit den Hussiten. Hus kam, der Kaiser brach sein Wort, Hus wurde verhaftet, der Prozeß wurde ihm gemacht, er wurde in Gottlieben gefangengesetzt. Johannes XXIII. lud die anderen beiden Päpste nach Konstanz ein, um das Schisma zu beenden: Der Papst aus Avignon starb in Konstanz, vielleicht mit Hilfe vom Seeräuberpapst, Peter de Luna kam nicht, alle drei Päpste wurden abgesetzt, Johannes XXIII. floh, wurde eingefangen, auch in Gottlieben gefangengesetzt. Der Seeräuber und der Ketzer waren Zellennachbarn. Hus wurde auf dem Scheiterhaufen verbrannt, Cossa kaufte sich für eine phantastisch hohe Summe, die er vorher zusammengestohlen hatte, frei, wurde vom neuen Papst begnadigt und Kardinalbischof von Tusculum. Er starb in Florenz, der alte Seeräuber. Vielleicht zeichne ich ihn mit schwarzer Augenklappe und Holzbein. Und Tiara selbstverständlich.

K: Jetzt hast du außer drei Marxen, einer kommt ja noch stumm als Fidel Castro, auch drei Päpste, wird das nicht zuviel?

D: Es hat mich gereizt, alle Personen auftreten zu lassen, das gehört zu Hus, zu dieser Geschichte, und das Unrecht, das Hus geschah, ist parallel zu dem Unrecht, das in Polen geschah. Das ist lustig, einfach aus Groteske, aus Sprache, es ist auch wie ein musikalisches Motiv, das im ersten Akt angetönt wird, im zweiten Akt, variiert, wiederkehrt. *Achterloo* ist formal sehr streng: Die beiden Teile sind genau gleich aufgebaut, nur ist die Wiederholung immer eine Spur tragischer und stärker, Büchner ist ein Orgelpunkt, ein Musiker könnte dir genau die Komposition sagen. Außerdem hat es mich gereizt, den Cambronne zu vergrößern, und die drei bereiten den Auftritt von Hus vor. Du hast mich auf die Idee gebracht, ich danke dir.

Beim Standardspaziergang

D: Ich habe heute mit Gottlieben telefoniert. Die Margret und die Beatrice haben immer gedacht, das wäre von mir erfunden, Gottlieben. Wir haben im Kursbuch nachgeschaut, das ist ein ganz kleiner Ort, den kann man nur mit dem Schiff erreichen. Dann hab ich da angerufen, beim Gemeindeamt, da war zuerst eine Frau, du, das ist die kleinste Gemeinde in der Schweiz. Man kommt nur mit dem Schiff hin, wenn du mit der Bahn hinfährst, mußt du noch zwei Kilometer zu Fuß gehen. Im Sommer sind 300 Personen dort. Ich hab nach dem Schloß von Papst Johannes XXIII. gefragt, ob das dort ist, wo er mit Hus im Gefängnis gesessen hat, der Mann war dann ganz außer sich vor Freude, »daß Sie das wissen, Herr Dürrenmatt«. Jetzt gehört das Schloß der Lisa della Casa, die habe ich noch gehört als Anfängerin, im Shakespeare, *Wie es euch gefällt,* das haben sie im Hof vom Bürgerspital gespielt, in einem wunderschönen alten Hof. Das hab ich alles beim Recherchieren erfahren, das ist doch verrückt.

K: Das ist also beschlossen, die drei Päpste bleiben?

D: Eigentlich ist das eine Regieidee: Der Büchner spielt doch die Rolle von Franklin, jetzt, wie krieg ich ihn von der Bühne, zurück in die Rolle von Büchner, wenn die Szene vorbei ist? Die drei kommen als Störung, als Panne: Müller I und Müller II werden gestrichen, Cambronne protestiert. Büchner protestiert als Autor gegen die Streichung von Cambronne, und so hab ich ihn zurück in der Rolle als Büchner. Ein Auftritt, die Frage eines Abgangs kann so etwas auslösen.

K: Darf ich dich noch etwas fragen?

D: Ja...

K: Oder willst du nicht mehr?

D: Doch. Sag was?

K: Warum läßt du Kaiser Sigismund nicht auftreten?

D: Daran hab ich auch schon... Unsere Spaziergänge sind Fruchtbarkeitsrituale. Ein Glück, daß wir nicht biologisch sind, sonst hätten wir schon fünfzig Söhne und fünfzig Töchter wie Priamus und Hekuba. Übrigens: nach ihrem Tod wurde sie in eine Hündin verwandelt.

K: Ich frage nichts mehr.

Wir gehen schweigend.

D: Er ist ein Transvestit.

K: Wer?

D: Kaiser Sigismund. Und Robespierre spielt ihn, der ist auch Transvestit.

K: Oder Fouché, der hat nur einen stummen Auftritt.

D: Es kann auch einer alle drei spielen. Und er bildet sich ein, Marlene Dietrich zu sein, und tritt auf im – wie heißt der Club in St. Moritz?

K: Der King's Club, und er singt: ›Sag' mir, wo die Blumen sind, wo sind sie geblieben...‹ Du, das sind Wahnsinnsrollen, da flippt jeder Schauspieler aus.

D: Nur Woyzeck, den hab ich nicht mehr beschäftigt, der ist der einzige, der nur sich spielt. Ich kann natürlich – Was man könnte –

K: Es sind zwei, die nicht verwandelt werden: der Woyzeck und der Hus. Die berühren sich nie, das wäre denkbar.

D: Das ist natürlich eine tolle Idee.

K: Das wäre sogar logisch. Mir gefällt nicht, wie du Woyzeck behandelst, das Volk. Du gibst ihm eine

Chance, aber sagst gleichzeitig: Der kann die Chance nicht ergreifen, der hat eine Domestikenseele, er rebelliert nicht gegen seine Unterdrücker, er frißt ihnen Orden aus der Hand und läßt sich umbringen. Das ist zynisch.

D: Das interpretierst du, weil du Woyzeck mit dem Volk gleichsetzt.

K: Du warst einverstanden. Wenn du ihn jetzt den Hus spielen läßt, dann heißt das: Woyzeck wirft seine Rolle, die des Unterdrückten, ab, er rebelliert, er wird ein Reformator, ›das Volk emanzipiert sich‹, erlangt ›ein Jota Freiheit‹. Das gleiche, was in den Entwicklungsländern geschieht: sie werfen die Rolle des Woyzeck ab und werden Hus, Walesa, Martin Luther King, Mandela. So saust auch Woyzeck als »Laufmasche durch die Zeit«.

D: Das ist natürlich eine tolle Idee, die beiden von einem spielen zu lassen, das braucht einen genialen Schauspieler. Das wird ein Stück mit immer weniger, immer größeren, immer wahnsinnigeren Rollen, das können überhaupt keine Schauspieler mehr spielen. Das ist mein bestes Stück, aber es ist unaufführbar.

Arbeitszimmer

Seit Tagen hört Dürrenmatt Adagio und Fuge der *Toccata in C-Dur* von Johann Sebastian Bach. Er geht im Arbeitszimmer umher, gehend nimmt er den Rhythmus in sich auf, übersetzt ihn in Sprache.

D: Ich baue in den Anfang vom zweiten Akt Musik ein, ich brauch die fürs Ende, für die Liebesszene. Auf der Bühne steht ein Harmonium, vorne links an der Rampe, mit Rücken zum Publikum. Den Spieler sieht man nicht, nur ab und zu seine Hand, die nach der Flasche greift, die auf dem Harmonium steht. Und immer spielt er so zwischendurch ein Motiv an, er improvisiert. Und wenn er aufhört, kommt immer hinter dem Harmonium der Arm vor und holt eine neue Flasche. Büchner stellt ihn vor: »Er ist taubstumm, liest zwölf Sprachen von den Lippen ab, bildet sich ein, der Kapellmeister Johannes Kreisler zu sein, eine von E.T.A. Hoffmann erfundene Figur, welche die Musik nachhaltig beeinflußte, *Kreisleriana* und so, Sie wissen schon, aber fürchten Sie nichts, verehrtes Publikum, Kreisler wird nur gefährlich, wenn er nicht an seinem Instrument sitzt.«

Beim Frühstück – 1. Mai, Tag der Arbeit

D: Wir sollten ein abschließendes Gespräch führen.

K: Wunderbar. Was fehlt dir noch? Was glaubst du, haben wir nicht besprochen?

D: Ich sollte aufzeigen, wie die dramaturgische Entwicklung war, den genauen Weg, die genaue Spur deiner Bombenlegertätigkeit.

K: Das steht im Protokoll.

D: Erstens: Wir haben über die Bärte von Marx gesprochen, aber haben wir eigentlich darüber gesprochen, warum ich zwei Marxe habe?

K: Ja, eigentlich schon: Wenn du jetzt nochmals anfängst, gibt das wieder ein langes Gespräch...

D: Nein, gar nicht lang.

K: Das kenn ich. Wart...

Ich hole im Arbeitszimmer Bleistift und Papier.

D: Ich hab zwei, drei Marxe, weil es heute verschiedene kommunistische Führer gibt, zuerst war da nur Stalin, dann Stalin und Tito, dann Stalin, Tito, Mao, und jetzt ist die Welt voller kommunistischer Führer, die sich alle auf Marx berufen wie die Kirche auf Christus, und der russische Generalsekretär ist nicht mehr der einzige ›Papst‹, das Ideal von Richelieu ist, Partei und Kirche zur großen Koalition der Weltherrschaft zu verbinden: Das Vorbild der kommunistischen Partei ist die Kirche, meine ewige Behauptung. Das Schisma damals entspricht dem ›Schisma‹ der kommunistischen Partei heute: Und wenn ich die drei Marxe im Stück habe, fehlen mir die drei Päpste, dramaturgisch begründe ich mit den drei Päpsten die verschiedenen Marxe, die ich auftauchen lasse. Die Bärte, das ist ein Regieproblem, komödiantisch, aber das innere Problem sollte man zeigen durch die drei Päpste: Es ist auch lustig, daß sie gestrichen werden, Stalin, Mao wurden ja auch ›abgesetzt‹, das entspricht dem Streichen.
K: Und Lenin?
D: Lenin liegt in einem Glassarg, das ist die Reliquie der Partei: Beweis für den Zusammenhang mit der Kirche, die pflegt ja auch ihre Reliquien. Dann zweitens: Ich würde sagen, jetzt sind alle Bomben los, die du gelegt hast, der Ablauf, deine ewige Unzufriedenheit mit Napoleon, dem Stückanfang. Ganz spät, als alles fertig war, habe ich noch Napoleon geändert, den Monolog, die Rede vor der UNO an den Anfang gesetzt, und dann, weil ich den Hintergrund von Napoleon so gezeigt hab, kam am Ende des ersten Aktes der Jeanne-Monolog, der ihren Hintergrund zeigt. Und dann weiß ich, kamst du noch mit dem Kaiser

Sigismund, da bin ich aber auf die Bäume, aber es war natürlich verlockend. Dann kam deine letzte Zeitbombe mit der Musik. Es kam aber auch, weil ich das Stück streng baute: Der Napoleon-Monolog, Anfang erster Akt entspricht dem Monolog von Büchner, Anfang zweiter Akt, in dem Büchner den Musiker vorstellt. Deine Fragen nach dem ersten Aktanfang bedingten die Änderung am zweiten Aktanfang, das ist streng kompositorisch. Das allerletzte war, das war viel später, das letzte Gespräch, daß der Woyzeck den Hus spielen sollte – das hab ich ja noch nicht gemacht.

K: Wie integriere ich das jetzt alles in mein Protokoll? Als Nachtrag?

D: Du machst einen Hiatus.

K: Was ist ein Hiatus?

D: ›Der alt böse Feind‹ ist ein Hiatus.

K: Was du singst, kann ich nicht ins Protokoll schreiben.

D: Das ist ein metrischer Ausdruck für einen Sprung. Du meinst, du bist fertig, und dann machst du einen ... wie nennt man das? Am besten nimmt man das Fremdwörterbuch, wozu haben wir das, die haben sich die Mühe gegeben, das zu definieren.

Dürrenmatt geht in sein Arbeitszimmer, liest aus dem Fremdwörterbuch die blödsinnigsten Definitionen vor, klappt es resigniert zu.

D: Eben, der Sprung, die Kluft, rhythmisch. Für mich ist das immer sehr wichtig, ob ich sage: ich ge-he ei-ne Wet-te ein, oder ich geh eine Wette ein, das ist ein rhythmisches Gebilde.

K: Du meinst, ich muß den Rhythmus verändern?

D: Ein kleiner Sprung, ein Nachtrag, aber nicht ein Nachwort. Das zeigt den Schock an, daß du wieder schreiben mußt, das ist der gleiche Schock, den ich habe, wenn du deine Zeitbomben legst.

Ich werde keine Zeitbomben mehr legen. Ich bin fertig, *Achterloo* ist fertig. Die Gesteinsschichten sind sichtbar, die Assoziationen nachvollziehbar. Ich sehe, wie das Netz geknüpft ist. Ich bin Mitwisser. Ich bin von der Rolle des Objekts in die des Subjekts gesaust. Ich. Das Publikum.

D: Die dramaturgische Grundfrage besteht immer noch: ob es notwendig ist. Ich bin nicht deiner Ansicht, daß es notwendig ist, das ist keine Kritik, aber es reizte und reizt mich. Jetzt hab ich ein Stück mit Riesenrollen, das nicht mehr spielbar ist, nur für ganz tolle Schauspieler. Das geht nur, wenn der Schröder und der Lohner und die Becker und so, wenn die sagen: Wir machen uns einen Witz, wir spielen das alle zusammen. Weißt du, was auch ein großer Trieb hinter dem Stück ist? Etwas zu legitimieren, was dem Theater verlorengegangen ist: die Doppelrolle. Bei den *Wiedertäufern* hatte ich den Birgel, und der war alt und war taub und war natürlich prädestiniert für den Bischof. Nun brauchte ich aber einen Führer für die Wiedertäufer, den Matthisson, es war die Figur, die mich am meisten faszinierte: der ging allein dem Feind entgegen, mit dem Schwert in der Hand, das ist historisch, und das war eine kleine Rolle, der Kopf, der das Gespräch hat mit dem Bischof. Und ich mußte kämpfen mit dem Schauspielhaus, das durchzusetzen, daß der Birgel ihn spielt, und nach der Premiere fragte mich mein Verleger:

»Der Kardinal war großartig, aber wer war der Matthisson?« Niemand hat Birgel erkannt. Und das hat mich eben auch gereizt, die Doppelrolle: Hier ist es dramaturgisch legitimiert, weil jeder ja seine Wahnrolle und die Therapierolle spielt, und manche fallen noch zurück in die ›reale Rolle‹. Das ist Welttheater, sonst gibt es das nur im Schwank, früher bei Shakespeare. Ich denke wirklich nach: Wer ist hinter Woyzeck? Wer hinter Hus?

Margret ist gekommen mit den letzten Änderungen vom *Auftrag*, der teuflischen Geschichte vom Beobachten des Beobachters der Beobachter, eine philosophische Deutung unserer Existenz in 24 Sätzen, in denen sich eine spannende Handlung abspult, welche die Menschen der Handlung aufspult, Dürrenmatts Maelstrom-Geschichte.

D: Rufen Sie doch mal Zürich an, oder besser vielleicht, daß man der Zentralbibliothek schreibt. Da gibt's ein Buch über Hus, ich möcht den auftreten lassen im Priesterrock, unten verbrannt.
K: Beim schwarzen Priesterrock siehst du nicht, wenn er verbrannt ist.
D: Er kann ja weiß sein. Schauen wir nach, was das für ein Geistlicher war, die Augustiner, glaub ich, sind weiß, zum Beispiel. Der Barbier, der Woyzeck, das ist auf jeden Fall ein dienender Beruf. Ich muß da nochmal dran, bevor es in Druck geht.
K: Wenn wir weiterhin Hiatusse machen, geht das nie in Druck.
D: Ich muß das jetzt unter Glas tun, wie die Atlasse. Mit dem Bild konnte ich nicht aufhören, jede Nacht stand ich auf, um vier Uhr früh, ging im Pyjama runter, malte einen

Atlas dazu, jedesmal schrieb ich das Datum dazu, bis ich es unter Glas tat, damit ich nicht weitermalen konnte.

Atlas trägt das Weltgebäude. Dürrenmatts Atlasse tragen grüne Kugeln: große Kugeln, kleine Kugeln, eine gewaltige Kugel in der Mitte, unter jeder Kugel ein Mensch, Urmensch, Kugel im Nacken, Mund weit aufgerissen, stummer Schrei, Augen quellen weiß aus den Höhlen, Weltangst beugt den Nacken, beugt den Menschen, Kugel in der Beuge zwischen Schulter und Kopf, Kugel auf ausgestreckten Armen, Kugel auf der linken Hand, Kugel auf dem Zeigefinger der rechten, Weltkugeljongleure, Kugel als Höhle, Endzeitkugel, Atlas in blutroter Kugel aufs Rad geflochten, weltkugelfußballspielender Atlas, Atlas auf dem Kopf stehend, Kugel tretend, Atlas liegend, von der gewaltigen Kugel im Zentrum auf den Boden gekreuzigt, Weltatlas, nichts mehr als ein Kopf, konzentrische Kreise, rot, gelb, blau, violett, umschlingen die Atlasse labyrinthisch, umschlingen Städte, Kathedralen, Menschengetriebe, Hochzeit, Schlacht, Prozession, zwei Liebende, Fernsehturm, Parabolspiegel, Weltraumrakete im Raum, Kreuzfahrer, Inquisition, Aggression, Schreiende, Tanzende, Flüchtende, Megalopolis ihre Heimat, Atlas ihre Rolle. Das letzte Datum: 13.9.1978.

Juni 1986: Dürrenmatt streicht die Großmutter-Szene.

Juli 1986: Hus bekommt eine Flöte und eine Doppelrolle: den historischen Hus und den heutigen Clochard-Pfarrer.

Juni, August 1986: Wir lesen in Zürich, wir lesen in München, aus *Achterloo III* und aus dem *Auftrag*. Dürrenmatt verankert Louis und Plon-Plon in ihren Rollen als Marxe dramaturgisch. Richelieu stirbt im Wäschekorb, ersteht als der Liebe Gott aus dem Wäschekorb wieder auf.

Und immer wieder zeichnet Dürrenmatt seine Narren und Weisen, Überlebende eines aus den Fugen geratenen Universums, die in Achterloo ihre Rollen spielen.

Ch. K.
13.9.1986

Friedrich Dürrenmatt

Assoziationen mit einem dicken Filzstift

Fotos Lord Tony.

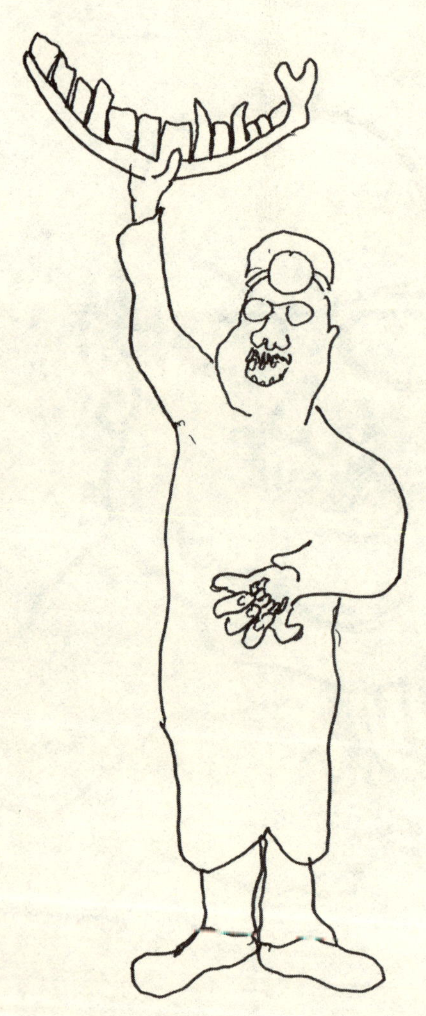

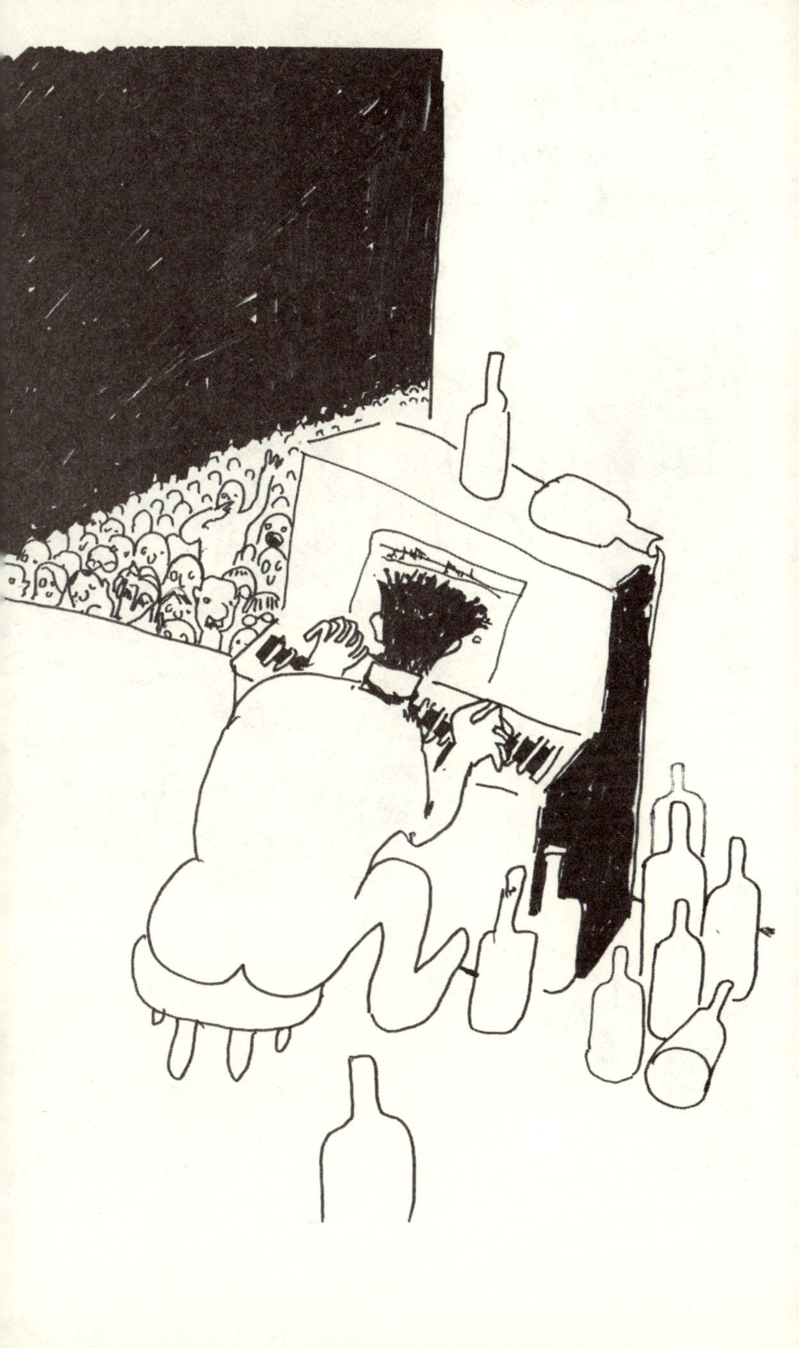

HAERES

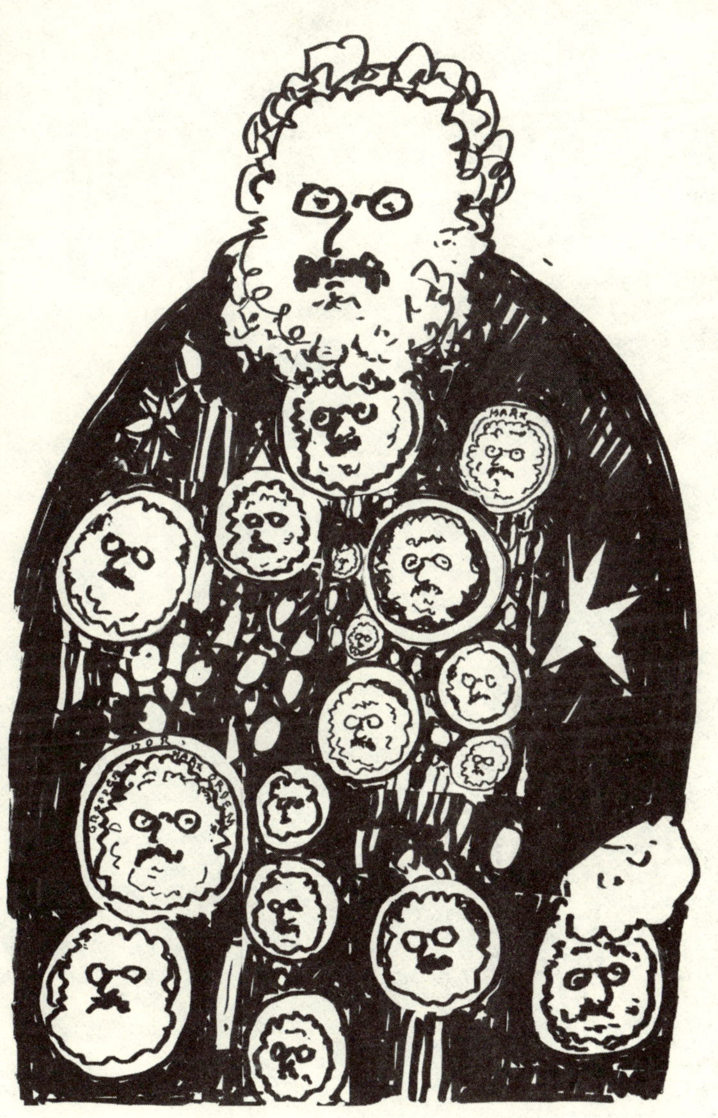
MARX
MARX ORDEN

Friedrich Dürrenmatt

Zwischenwort

Gibt es ein Vorwort und ein Nachwort, muß es wohl ein Zwischenwort geben, nicht nur weil ich an *Achterloo III* nach Charlottens Protokoll immer weiterschrieb und einiges wieder änderte, ja Kaiser Sigismund und die Rede des Hus-Darstellers hinzufügte, sondern auch weil der vorliegende Band, *Rollenspiele,* ohne die Komödie *Achterloo* nicht vollständig ist, die am 6. Oktober 1983 in Zürich uraufgeführt wurde und bei Diogenes schon erschienen ist, eine Komödie über die Vorgänge in Polen, die in einer Volksrepublik zu einer Militärdiktatur führten, gespielt von historischen Gestalten verschiedener Zeiten, ein scheinbar wirres Unterfangen, die Gegenwart erzählt durch die Vergangenheit; aber weil es in der Handlung darum geht, einen dritten Weltkrieg zu vermeiden, und weil dieser dritte Weltkrieg das Ende der Menschheit bedeuten würde, sind bei allem, was heute geschieht, in unserer Zeit, in der auch der Friede so gefährlich wie der Krieg wird, nicht nur wir beteiligt, sondern auch die, die vor uns waren, und jene, die nach uns sein könnten. Die Bühne verlangt jedoch neben der inneren Folgerichtigkeit, mit der ein Autor sein Stück begründet und durchführt, so richtig die auch sein mag, auch eine äußere, in meinem Fall eine Antwort auf die Frage, wo denn in aller Welt Napoleon, Richelieu, Jeanne d'Arc und Jan Hus miteinander auftreten könnten. Die Notwendigkeit, diese Frage zu beantworten, drängte sich mir erst spät auf, ich hielt sie, auch als ich sie beantwortete, nicht für wichtig, die Bühnenwirklichkeit schien mir diese Frage überflüssig zu machen, gleichsam von selber zu beantworten. Bühne ist Bühne, eine Eigenwelt, der Ort und die Zeit vorgetäuscht wie die Handlungen, die sich auf den Brettern abspielen. Gewiß, ich hätte wie Max Frisch in seiner *Chinesischen Mauer* vorgehen können, einem Stück, in welchem er einer Handlung aus dem 2. Jahrhundert vor Christus Romeo und Julia, Napoleon, Philipp von Spanien, Columbus, Brutus und andere sowie die ›Heutigen‹ beimischt, um die dramatische Fregatte in die Tiefsee der Symbolik zu treiben, oder wie es in Anouilhs Komödie *Pauvre Bitos ou le Dîner de Têtes* der Fall ist, wo die Probleme der Gegenwart während eines Diners von den Personen der heutigen Zeit in Kostümen der Französischen Revolution durchgespielt werden. Ich kam auf die billigste Antwort, ich entlarvte die Handlung als Rollentherapie in einem Irrenhaus, die banalste, aber einzig mögliche Metapher für unsere Welt der selbstverschuldeten Mündigkeit des unmündigen Menschen. Nicht mehr die Komödie, nur noch die Posse kommt uns bei, wir finden uns in einem Irrenhauswitz wieder: Was tust du hier? Ich schreibe einen Brief. An wen? An mich. Was schreibst du dir? Ich weiß nicht, ich hab den Brief noch nicht erhalten. Jetzt erhalten wir die Briefe, die wir uns selber schrieben. Daß sich hinter der Irrenhausdialektik noch eine andere Dialektik versteckt, jene der Bühne selber, übersah ich vorerst, wird doch nach einer gewissen Zeit das Schreiben von Theaterstücken ein immer schwierigeres Metier. Der Autor ist genagelt an einige wenige Stücke, die erfolgreich waren oder gar erfolgreich geblieben sind, und man erwartet von ihm Ähnliches, für Neues sind andere da. Ruhm bleibt haften, der Autor klebt an ihm wie eine Fliege, auch wenn er aus der Mode gekommen ist, er kommt nicht los von ihm, wie sehr er auch strampelt, Uraufführungen sind leicht zu haben, die Neugier, es nachzuspielen, fehlt und mit ihr der Dialog mit der Bühne. So wäre *Achterloo III* ohne Charlotte nicht zustande gekommen. Auf einem Spaziergang im Englischen Garten in München stellte sie Fragen, die nicht so sehr auf das hinwiesen, was ich geschrieben, sondern mehr auf das, was ich nicht geschrieben oder nur versteckt angedeutet hatte: Fragen, die nicht auf die Handlung, sondern auf das Schicksal derer zielten, die man mit einer Rollentherapie zu heilen versucht. Von ihrer Neugier infiziert, in ständiger Diskussion mit ihr, begann ich das Stück umzuschreiben, die Gestalten wurden selbständig, eine jede wurde wie eine jener russischen Puppen, in denen mehrere stecken, in der Spielrolle steckte eine Wahnrolle und in der das eigentliche Ich, aus einem verfremdeten Zeitstück wurde ein Stück, das in der Zeit hin- und hergleitet, konzipiert als fiktive Regie eines Rollenspiels, durchgeführt in der Dialektik der Bühne. Das lateinische *persona* bedeutet die Maske des Schauspielers, später die Rolle, die der Schauspieler unter der Maske spielt, dann die Rolle, die einer in der Öffentlichkeit einnimmt, seine Stellung, die Juristen verstanden darauf unter *persona* die Person im juristischen Sinne, eine rechtliche Person, ein Sklave konnte keine Person sein, wohl aber eine Kooperative, und die Theologen die Wesenheit Gottes. Heute ist aus *persona* Person, Persönlichkeit, Personal, Personenverzeichnis usw. geworden. Eine trockene Bemerkung, wer über sie nachdenkt, wird *Achterloo III* besser verstehen, muß sich doch ein jeder fragen, welche Maske er sich wählte, welche Rolle er spielt, vielleicht eine andere als die, deren Maske er trägt, und wer er eigentlich ist.

F. D.

Friedrich Dürrenmatt

Achterloo III

Ein Rollenspiel

Personen

Maske (Spielrolle)	*Rolle (Wahnrolle)*	*Person*
Napoleon Bonaparte	Holofernes	Professor
Louis Bonaparte Marx II	C. G. Jung	Zahntechniker
Plon-Plon Bonaparte Marx I	Sigmund Freud	Damenschneider
Benjamin Franklin	Georg Büchner	Erbe einer Spanferkelkette
Jeanne d'Arc	Judith	Nazi-Enkelin
Papst Johannes XXIII.	Cambronne	Patient
Woyzeck		Clochard
Robespierre Kaiser Sigismund	Gottsucher	Transvestit
Richelieu	Gott	Frau von Zimsen

Jan Hus	Pfarrer in Achterloo	Pfarrer
Papst Gregor XII.		Müller I
Papst Benedikt XIII.	Terrorist	Müller II
Lord Tony Fouché	Casanova	Balletteuse
Johannes Kreisler	Musikus	Musikus

Ort der Handlung:
Achterloo in Acherloo irgendwo
bei Waterloo

Zeit: 12. und 13. Dezember 1981

Geschrieben 1986

Erster Akt

Leere Bühne. Nur ganz links ein Harmonium, so gestellt, daß man den Spielenden nicht sehen könnte.

Von rechts kommt schlafwandelnd der Professor in einem eleganten schwarzen Schlafanzug, schwarze Hausschuhe.

PROFESSOR Den Frieden zwischen diesen beiden Völkern im Nahen Osten möglich zu machen, war das Ziel meiner diplomatischen Tätigkeit. Beide sind gleicherweise uralt und jung. Das eine brachte eine der ältesten Kulturen hervor, deren ungeheure Trümmer uns noch jetzt mit Andacht erfüllen, obgleich sie einst nicht fürs Diesseits, sondern fürs Jenseits bestimmt waren, beherrschte doch das Denken dieser Menschen das Leben nach dem Tode mehr als das Leben, das seinen Abschluß mit dem Tode findet. Das andere, kleinere Volk versuchte sich immer wieder den Großmächten zu entziehen, die es umgaben, es war nicht vom Jenseits bestimmt, sondern vom Diesseits, wie es dieses ertrage von Geschlecht zu Geschlecht, war seine Sorge, so daß es sich dem Gesetz seines unsichtbaren Gottes unterwarf, auch als es aus seinem Lande vertrieben wurde, teils seinem Glauben treu, teils ihn immer umwandelnd zu immer abstrakteren Transfigurationen, bis es nach jahrtausendealten Verfolgungen und Demütigungen wieder in sein Land zurückkehrte, das längst die Heimat anderer geworden war, wodurch Recht gegen Recht stand und steht. Doch wie es wieder der Nachbar des anderen Volkes geworden, dachte ich, der Friede zwischen diesen beiden wäre der fruchtbare Schoß einer Neugeburt beider, dem vertriebenen, mit Gewalt zurückverpflanzten gelänge es, neue Wurzeln zu fassen, und das unter stets fremden Herrschern und unter ihm aufoktroyierten Religionen und Ideologien versunkene würde der Erfahrung des zurückgekehrten teilhaftig. Ich schloß den Frieden, aber setzte Kräfte frei, die ich nicht bedacht hatte: einen noch grausameren Krieg. Ich bekenne mich schuldig.

Er fällt auf den Boden, bleibt liegen.

Von rechts schieben Louis und Plon-Plon in Ärztemänteln mit Stethoskop usw. ein Spitalbett herein. Louis mächtig, Plon-Plon schmächtig. Sie lassen das Bett stehen, nähern sich Napoleon, betrachten ihn.

LOUIS Da liegt der Professor wieder.

PLON-PLON Hat seine berühmte Rede vor dem Sicherheitsrat zitiert.

LOUIS Unfaßlich, daß der einmal Außenminister gewesen ist.

PLON-PLON Wenn er aufwacht, hält er sich für Holofernes.

LOUIS Wahnsinnig geworden.

PLON-PLON Wir sind ja auch in einem Irrenhaus.

LOUIS Wecken wir ihn.

PLON-PLON Richten wir vorher die Bühne ein.

Louis schnippt mit dem Daumen und dem Mittelfinger der rechten Hand. Von oben senkt sich eine weißgetünchte, ramponierte Wand herab, in der Mitte oben ein runder Betthimmel, von dem wie ein Zelt zwei schwere, zerrissene Leinen herunterfallen. Links an der Wand die Posters großer Feldherren wie Holofernes, Alexander der Große, Cäsar, Dschingis-Khan, Muhammad der Eroberer, Prinz Eugen, Friedrich der Große, Napoleon, Moltke, rechts vom Betthimmel zeichnet Plon-Plon ein durchsichtiges Fenster auf die Wand.

PLON-PLON Blödsinnig, diese Rollentherapie mitzumachen.

LOUIS Dabei sind die Ärzte wieder einmal auf einem Kongreß.

PLON-PLON Und das Personal streikt.

LOUIS Scheißsozialismus.

PLON-PLON An den neuen Ideen geht die Psychiatrie zugrunde.

Büchner tritt auf im Kostüm seiner Zeit. In der Hand einen Band eines alten Lexikons.

BÜCHNER Mein Bruder Wilhelm Büchner, drei Jahre jünger als ich, fabrizierte in seiner Fabrik das sogenannte ›Wilhelmblau‹, ein prächtiges Ultramarin, und war von 1877 bis 1884 Abgeordneter des Deutschen Reichstags. Meine Schwester Louise, acht Jahre jünger als ich, Schriftstellerin, veröffentlichte den Gedichtband ›Frauenherz‹, den ich dem weiblichen Teil des Publikums empfehlen möchte, mein um elf Jahre jüngerer Bruder Ludwig schrieb ›Kraft und Stoff‹, ein Buch geeignet für die heranreifende Jugend, na ja, etwas veraltet, und für die linguistisch Interessierten unter Ihnen käme die ›Abhandlung über Lautverstärkung und Lautverwechselung‹ meines Bruders Alexander, sogar vierzehn Jahre jünger als ich, in Frage. Was nun mich angeht, so nennt mich ›Meyers Konversationslexikon‹ 1893, im dritten Band Biot bis Chemikalien, einen talentvollen Dichter, geboren bin ich am 17. Oktober 1813 in Goddelau unweit Darmstadt, gestorben am 19. Februar 1837 in Zürich. Am Nervenfieber. Nach ›Meyer‹.

Hat das Lexikon aufgeschlagen, zeigt die Stelle.

Louis trägt einen Tisch aus dem Hintergrund herbei, stellt ihn rechts auf die Bühne.

BÜCHNER Von meinen poetischen Werken werden nur der ›Hessische Landbote‹, ›Dantons Tod‹ und ›Leonce und Lena‹ erwähnt. Das Novellenfragment ›Lenz‹ und der noch bedeutendere ›Woyzeck‹ werden übergangen. Im ›Meyer‹.

Plon-Plon trägt aus dem Hintergrund einen Stuhl herbei, beladen mit einer Unmenge von Schreibpapier und Schreibutensilien, stellt ihn hinter den Tisch rechts, legt die Papiere und die Schreibutensilien auf den Tisch.

BÜCHNER Ich schreibe ein neues Stück. ›Achterloo‹. Das Stück spielt am 12. und 13. Dezember 1981. Ich spiele darin Benjamin Franklin.

Beginnt wild zu schreiben. Braucht das Lexikon als Fußschemel.

BÜCHNER Unter anderem stellt es eine Fortsetzung des ›Woyzeck‹ dar, der ebenfalls in diesem Stück vorkommt.

Louis und Plon-Plon richten die Bühne weiter ein: Links stellen sie den großen rechteckigen Wäschekorb auf die Bühne, weiter vorne links den Sessel usw. Dann wenden sie sich wieder dem Professor zu, knien zu ihm nieder.

LOUIS Professor, aufwachen! Aufwachen, Professor!
PLON-PLON Wenn Sie ihn mit Professor anreden, reagiert er nicht. Holofernes!
LOUIS Holofernes! Holofernes!

Rüttelt den Professor.

LOUIS Aufwachen! Rolle spielen!
PROFESSOR Judith wird mich töten!
PLON-PLON Todestrieb.
LOUIS Hören Sie endlich auf mit Ihrem blödsinnigen Todestrieb.
PLON-PLON Todestrieb! Todestrieb!
LOUIS Rolle spielen, Holofernes, Rolle spielen.
PROFESSOR Rolle?
LOUIS Die Rolle für die Rollentherapie, Holofernes.
PLON-PLON Wir wollen doch wieder gesund werden, Holofernes.
PROFESSOR Gesund?

Stutzt, dann böse.

PROFESSOR Ich bin gesund.

Rappelt sich hoch.

LOUIS Natürlich sind Sie gesund, Holofernes. Nur nervlich etwas angegriffen. Darum Rollentherapie, Holofernes.

PLON-PLON Für die Balance. Für das seelische Gleichgewicht. Ein kurzer Griff ins Unbewußte wirkt Wunder. Wird Nebukadnezar freuen.

Haben sich ebenfalls erhoben.

LOUIS Sie haben es versprochen.

PROFESSOR Hab ich versprochen?

PLON-PLON Haben Sie versprochen.

Der Professor schaut sich um.

PROFESSOR Wo sind denn die Ärzte?

LOUIS Auf einem Kongreß.

PROFESSOR Immer sind sie auf einem Kongreß.

PLON-PLON Und das Personal streikt.

PROFESSOR Scheißkapitalismus.

LOUIS Trotzdem, Holofernes, Rolle spielen.

PROFESSOR Na schön. Spielen wir die Rolle.

Plon-Plon nimmt aus dem Wäschekorb eine Zeitung. Louis schiebt das Bett unter den Betthimmel.

Büchner eilt zum Professor, drückt ihm wild beschriebene Seiten in die Hand, geht zum Tisch rechts zurück, schreibt weiter. Der Professor wirft die Seiten weg, sucht im Wäschekorb, setzt sich einen Napoleonhut auf, darauf eine Sonnenbrille, zieht ein Lexikon heraus, kleiner als der ›Meyer‹, blättert. Nimmt die Rolle Napoleons an.

NAPOLEON Ich bin, meine verehrten Zuschauer, Ihr wißt, wer ich bin.

Liest.

NAPOLEON Geboren am 15. August 1769 zu Ajaccio auf Korsika als zweiter Sohn des Carlo Bonaparte, eines patriotischen korsischen Patriziers, und der Lätitia Ramolino – gestorben am 5. Mai 1821 abends sechs Uhr während eines furchtbaren Sturms an Magenkrebs auf Sankt Helena. Ich zitiere aus dem ›Lexikon der allgemeinen Weltgeschichte, die historischen Begebenheiten und Personen aller Zeiten und Völker, Geschichte aller Reiche mit besonderer Berücksichtigung der Neuzeit‹, Leipzig, Verlag des Bibliographischen Instituts 1882.

Schließt das Lexikon. Zeigt auf die beiden Ärzte Louis und Plon-Plon.

NAPOLEON Meine Neffen. Charles Louis Napoléon ist der jüngste Sohn meines Bruders Louis, den ich zum König von Holland machte, und meiner Stieftochter Hortense Beauharnais. Geboren 1808, wurde er Thurgauer, bernischer Hauptmann der Artillerie, in Thun ausgebildet und 1852 als Napoleon III. Kaiser der Franzosen.

Louis winkt dem Publikum zu.

NAPOEON Napoléon Joseph Charles, vom Volkswitz Plon-Plon genannt, ein Schwadroneur, politisch harmlos, der Sohn des Königs von Westfalen, Jérôme, meines jüngsten Bruders, und der Katharina, Prinzessin von Württemberg. Ich liebe deutsches Blut.

Plon-Plon winkt dem Publikum zu.

NAPOLEON Ich beschäftige die beiden als Kammerdiener. Ich bin sentimental und nachsichtig geworden.

Wirft das Lexikon in den Wäschekorb.

PLON-PLON Die neue Zeitung der Freien Gewerkschaft.
NAPOLEON Auflage?
LOUIS Acht Millionen.

Plon-Plon gibt Napoleon die Zeitung.

NAPOLEON Mit einem Bild Jeannes?
PLON-PLON Mit einem Aktbild Jeannes.

Im Fenster erscheint Jeanne d'Arc in voller Rüstung, mit Helm und Schwert.

JEANNE Mit meinem Aktbild. Ich bin Jeanne d'Arc: als Hexe am 30. Mai 1431 in Rouen verbrannt, heiliggesprochen am 30. Mai 1920 durch Papst Benedikt XV. Bei Shakespeare komme ich in ›Heinrich VI.‹ als la Pucelle vor. Schiller nennt mich die Jungfrau von

Orléans, George Bernard Shaw die heilige Johanna. Jetzt bin ich Callgirl.

Verschwindet wieder.

Von links tritt eine Gestalt in der Uniform eines napoleonischen Generals auf und kräht.

CAMBRONNE Me – Me – Me!

Rechts ab.

NAPOLEON Cambronne.

Setzt sich in den Sessel links, blättert in der Zeitung.

NAPOLEON Er versucht sich an sein berühmtes Wort zu erinnern. Ich ernannte ihn vor der Schlacht bei Waterloo zum Generalleutnant, Grafen und Pair. Ich war immer großzügig.

Von rechts kommt Woyzeck im Kostüm seiner Zeit mit Rasierutensilien.

Räuspert sich.

WOYZECK Rasieren, Herr General.
NAPOLEON Woyzeck. Eine Stunde früher als sonst.
WOYZECK Den Hut, Herr General, die Sonnenbrille.

Nimmt Napoleon den Hut und die Sonnenbrille ab, legt beides aufs Bett.

WOYZECK Verzeihung, Herr General. Ein dunkler Morgen. Kalt. Der Winter kommt.

Bindet Napoleon das Rasiertuch um.

WOYZECK Und die Freimaurer.
NAPOLEON Langsam, Woyzeck, langsam.
WOYZECK Das hat der Hauptmann –
NAPOLEON Auch immer gesagt. Das weiß ein jeder, Woyzeck. Ein jeder weiß das.

Woyzeck schlägt Seifenschaum.

NAPOLEON Mein verehrtes Publikum, was sich hier oben abspielt, strapaziert Ihre Einbildungskraft um so beträchtlicher, als im Verlauf dieser durchaus realistischen und den heutigen politischen Konstellationen angemessenen Handlung, die sich irgendwo zwischen den im Eismeer erstarrenden Strömen Sibiriens und den von Autoschlangen durchwühlten Landschaften Westeuropas abspielt, noch Benjamin Franklin, Jan Hus, drei Päpste, Richelieu, Robespierre, Jeanne d'Arc, die sich eben selbst vorstellte, Lord Tony, Kaiser Sigismund und sogar Karl Marx sich in Rollen materialisieren, die jenen, die sie einmal spielten und spielen, zwar entsprechen, die aber auf eine eigenartige – ja, gestehen wir es offen, manchmal befremdliche – Weise variiert sind und dies alles durch die Zeit, in der wir leben – Sie im Zuschauerraum und wir auf der Bühne –, als würde ein neuartiges Musikinstrument alte Motive in anderen Rhythmen und in anderen Tonarten wiedergeben.
WOYZECK Einseifen, Herr General.

Seift Napoleon ein.

NAPOLEON Gewiß, ich könnte euch, verehrte Zuschauer, insofern beschwichtigen, als Sie einem Stück beiwohnen, das, als Rollentherapie von den experimentierfreudigen Ärzten der Klinik Achterloo entworfen und mit uns, den Patienten, besprochen, sich Freiheiten erlaubt, die, wäre es von einem berufsmäßigen Stückefabrikanten verfaßt und von Schauspielern interpretiert, wohl kein Mensch achselzuckend hinnähme. Doch wir spielen frisch drauflos, von keinem beruflichen Ehrgeiz gepackt und an keinen Text gebunden, auch nicht an den, den das Unikum, das sich für Georg Büchner hält, unaufhörlich zusammenschmiert, und was die Realität betrifft, so gibt es auf der Bühne keine andere als jene, die wir spielen.
WOYZECK Eingeseift, Herr General.

Beginnt das Rasiermesser zu schleifen.

NAPOLEON Doch wie steht es mit eurer Realität, falls Ihr unsere Spielrealität bezweifelt, in der, ich geb es zu, die Zeit arg durcheinander gewirbelt ist? Wenn meine Worte euch erreichen oder eurer Beifall oder eurer Protest mich, hat sich alles schon verspätet, der Schall braucht eine gewisse Zeit, bis er euch oder mich erreicht, und sei es nur eine Hundertstelsekunde, er dringt aus der Vergangenheit zu uns, aber wir alle sind schon anderswo in dieser Hundertstelsekunde, die Erde einige hundert Meter um die Sonne gewirbelt, die Sonne inzwischen einige hundert Meter gegen den Herkules zugerast und gleichzeitig mit der Drehung der Milchstraße in Richtung des Schwans einige Kilometer, und auch die Milchstraße saust mit uns dem Andromedanebel entgegen.

Von hinten ist in einem alten phantastischen, endlos geflickten Nachthemd eine ehrwürdige Dame gekommen. Napoleon winkt ihr zu.

NAPOLEON Frau von Zimsen. Alter Adel. Die letzte ihres Geschlechts. Ich bin der erste meines Geschlechts.

Frau von Zimsen sucht im Wäschekorb das Kostüm Kardinal Richelieus zusammen. Geht damit in den Hintergrund, wo ihr Louis und Plon-Plon einen Schminktisch bringen, sie beginnt sich umzukleiden und zu schminken.

WOYZECK Rasieren, Herr General.

Rasiert, Napoleon schiebt ihm das Messer weg.

NAPOLEON Wir sprechen von Realität und wissen nicht, in welchen Zeiten und Räumen wir uns bewegen. Die Bühnenrealität, die wir spielen, ist ebenso unwirklich wirklich wie jene, in der Ihr euch als Zuschauer befindet: Beide sind Vergangenheit, nehmen wir sie wahr, versunken im Abgrund des Nicht-mehr-Seins.

Woyzeck will weiterrasieren, Napoleon schiebt ihm wieder das Messer weg.

NAPOLEON Woyzeck, es schaudert mich, wenn ich denke, daß sich die Welt an einem Tag herumdreht!

Was für eine Zeitverschwendung! Es ist mir ganz schwindlig.

WOYZECK Das hat der Hauptmann auch immer gesagt.

NAPOLEON Noch eins. Louis und Plon-Plon sind, wie Sie sehen, Ärzte, Psychiater, die die Freundlichkeit haben, mitzuspielen. Darf ich vorstellen: Professor Hans Löffel.

Louis nickt dem Publikum zu.

NAPOLEON Sigmund Freud.

Plon-Plon nickt dem Publikum zu.

Louis tritt an die Rampe.

LOUIS Meine Damen und Herren, verehrte Kollegen, liebe Pa – liebe Freunde. Ich allein bin Arzt. Sigmund Freud ist ein Damenschneider, dessen Namen mitzuteilen mir meine ärztliche Schweigepflicht verbietet. Nicht weiter schlimm, meine Damen und Herren. Für Ihre Sicherheit ist gesorgt. Im Ernstfall die Notausgänge benutzen. Weiterspielen, Professor. Weiterrasieren, Woyzeck.

Mit Plon-Plon rechts ab.

WOYZECK Jawohl, Herr Doktor.

Rasiert wieder.

NAPOLEON Er hat den Hauptmann unter dem Rasiermesser gehabt, Woyzeck, den Hauptmann und den Tambourmajor, die beide mit der Marie geschlafen hatten. Beide. Hat Er ihnen die Kehle durchschnitten? Wenn ich sag: Er, so mein ich Ihn, Ihn –

WOYZECK Ich rasier, Herr General.

Rasiert.

NAPOLEON Der Marie hat Er die Kehle durchschnitten, Woyzeck. Der Marie.

WOYZECK Nicht mit *meinem* Rasiermesser, Herr General.

NAPOLEON Mit einem Messer, das Er von einem Jud gekauft hat.

WOYZECK Mein Rasiermesser ist mir heilig, Herr General.

NAPOLEON Nicht schwatzen, rasieren.

WOYZECK Jawohl, Herr General.

Rasiert.

NAPOLEON Nichts ist Ihm heilig, Woyzeck, nichts. Kaum hatte ich Ihn begnadigt und zum Scharfrichter ernannt, vor zwanzig Jahren, hatte Er eine Stunde später dem Chef der Partei die Kehle durchschnitten. Mit Seinem Rasiermesser. Ist das heilig?

WOYZECK Ich rasier Sie ja auch mit meinem Rasiermesser, Herr General.

NAPOLEON Fünfmal hat Er seither einem Chef die Kehle durchschnitten. Einem Chef der Partei, Woyzeck! Fünfmal! Macht fünf Parteichefskehlen, die Er durchschnitten hat. Das ist enorm, Woyzeck.

WOYZECK Jetzt sind Sie Chef der Partei, Herr General.

Rasiert, singt dabei.

WOYZECK Es ist ein Schnitter, der heißt Tod.

Von links wieder Cambronne, kräht.

CAMBRONNE Me – Me – Me!

Wieder rechts ab.

NAPOLEON Woyzeck. Er ist ein guter Mensch. Aber Er hat keine Moral.

WOYZECK Unsereins ist nicht in der Partei, Herr General.

Rasiert.

NAPOLEON Hat Er die neuste Zeitung der Freien Gewerkschaft gesehen, Woyzeck, mit dem Aktbild Seiner Tochter?

Weist auf die Zeitung.

WOYZECK Unsereins schaut sich so was nie an, Herr General. Unsereins hat keine Mannskraft nicht mehr.

NAPOLEON Jeanne ist ein schönes Weib. Er kann stolz auf Seine Tochter sein.

WOYZECK Vielleicht ist sie meine Tochter, Herr General. Vielleicht ist sie die Tochter des Tambourmajors oder des Hauptmanns, oder vielleicht noch von einem anderen. Ihre Mutter, die Marie, war eine Hur, aber Jeanne ist eine Heilige. Weil sie die Tochter des Volkes ist. Sie kann sich nackt fotografieren lassen, sie bleibt eine

Heilige. Sie kann mit den Parteifunktionären und mit den Diplomaten schlafen, sie bleibt eine Heilige. Nur unsereiner kann sündigen, Herr General. Ich glaub, wenn wir in den Himmel kämen, so müßten wir donnern helfen.

Singt.

WOYZECK Leiden sei all mein Gewinnst,
Leiden sei mein Gottesdienst.
Herr! wie dein Leib war rot und wund,
So laß mein Herz sein aller Stund.

Rasiert.

WOYZECK Robespierre ist gelandet.

Im Fenster erscheint Robespierre.

ROBESPIERRE Ich bin gelandet. Maximilien Marie Isidore de Robespierre. Geboren am 6. Mai 1758 zu Arras, hingerichtet am 28. Juli 1794 auf der Place de la Concorde in Paris durch die Guillotine.

Verschwindet.

NAPOLEON Der Chefideologe.
WOYZECK After-shave, Herr General?
NAPOLEON Ist er bei Fouché?
WOYZECK Bei Jeanne, Herr General. In ihrem Bett.
NAPOLEON Warum ist Er informiert und ich nicht?
WOYZECK Jetzt sind Sie informiert, Herr General.

NAPOLEON Von Ihm, nicht von meinem Geheimdienst, Dunhill.

Fährt sich über den Hals.

NAPOLEON Woyzeck, hat Ihm Fouché –?
WOYZECK Jawohl, Herr General.
NAPOLEON Du sollst mir die Kehle –?
WOYZECK Jawohl, Herr General.

Reibt ihm After-shave ein.

NAPOLEON Warum hast du nicht?
WOYZECK Wenn Sie kein Patriot wären, hätt' ich. Hätt' ich, Herr General, hätt' ich. Aber Sie sind ein Patriot, Herr General.
NAPOLEON Bist du sicher?
WOYZECK Jeanne hat's mir gesagt.
NAPOLEON Na ja.

Woyzeck nimmt eine kleine Schere.

WOYZECK In Ihren Nasenlöchern.

Macht sich an ihnen zu schaffen.

WOYZECK Ich denk immer an Vogelnester, schneid ich in Ihren Nasenlöchern herum.

Tritt zurück.

WOYZECK Fertig, Herr General.

NAPOLEON Geh Er jetzt zu Fouché.

Woyzeck erschrickt.

WOYZECK Zum Ersten Sekretär der Partei, Herr General?
NAPOLEON Er denkt zuviel, Woyzeck, das zehrt. Er sieht immer so verhetzt aus.

Woyzeck kläglich.

WOYZECK Ich komm doch schon von Fouché, Herr General.

Packt seine Rasierutensilien zusammen.

NAPOLEON Macht nichts, Woyzeck, macht nichts. Rasier Er ihn.
WOYZECK Er hat sich schon rasiert, Herr General. Elektrisch.
NAPOLEON Nicht sauber genug, nicht gründlich genug. Nicht für immer, Woyzeck.
WOYZECK Ich weiß nicht, Herr General.
NAPOLEON Fouché ist kein Patriot.
WOYZECK Jawohl, Herr General.

Louis von rechts.

LOUIS Benjamin Franklin.
NAPOLEON Rein mit ihm.

Louis geht zu Büchner. Napoleon erhebt sich, reckt sich.

NAPOLEON Müd, Woyzeck, müd. Die Nacht eine Besprechung nach der andern, und nun noch der amerikanische Botschafter. Geh Er jetzt rasieren, Woyzeck. Langsam, hübsch langsam die Straße hinunter.

Setzt sich wieder.

WOYZECK Wie hell! Über der Stadt ist alles Glut! Ein Feuer fährt um den Himmel und ein Getös herunter wie Posaunen.

Woyzeck rechts ab.

Im Fenster erscheint Fouché (eine Balletteuse), um den Hals ein blutiges Tuch.

FOUCHÉ Ich bin Joseph Fouché, geboren 1759, gestorben 1820, ich stimmte für die Hinrichtung Ludwigs XVI., wechselte skrupellos von den Jakobinern zu ihren Verfolgern, wurde Polizeiminister unter Napoleon und Ludwig XVIII., eine Möglichkeit, alle Gaben meines scharfen Verstandes, meines verschlagenen Geistes und meiner trefflichen Kenntnis der Menschen und Parteien zu verwerten. Eben bin ich, am Morgen des 12. Dezembers 1981, von Woyzeck rasiert worden.

Verschwindet wieder.

Von hinten rechts kommt die Zimsen als Richelieu.

RICHELIEU General Bonaparte.

Plon-Plon führt Richelieu zurück.

PLON-PLON Zu früh, Frau von Zimsen, zu früh.
RICHELIEU Ach so.

Setzt sich wieder auf den Schminktisch.

Louis rüttelt Büchner.

LOUIS Auftreten, Büchner.
BÜCHNER Ach so.

Sucht in den Papieren.

BÜCHNER Mein Text – Ich find meinen Text nicht.
LOUIS Egal. Reden Sie irgendwas.
BÜCHNER Gefunden.

Liest.

BÜCHNER Erstaunt sein. Konsternation.

Tritt als Franklin vor, erstaunt, konsterniert.

NAPOLEON Hi, Benjamin!

Franklin starrt Napoleon entgeistert an.

NAPOLEON Was haben Sie denn?
FRANKLIN Ich – ich –

Stammelt.

FRANKLIN Ich bin konsterniert. Ihr Text.

Reicht ihm ein Bündel Papiere.

NAPOLEON Danke.

Schmeißt die Papiere in die Ecke.

FRANKLIN Ich bin gekommen, Ihre Leiche zu besichtigen.
NAPOLEON Tut mir leid.
FRANKLIN Fouché?
NAPOLEON Wurde von Woyzeck rasiert.
FRANKLIN Steht nicht im Text.
NAPOLEON Bald dürfen Sie dessen Leiche besichtigen.
FRANKLIN Sie lassen ihn aufbahren?
NAPOLEON Fouché hat sich sein Staatsbegräbnis verdient.
FRANKLIN Gott der Allmächtige.
NAPOLEON Beruhigen Sie sich. Im großen und ganzen sind Ihre Informationen ja richtig. Woher stammen sie denn? Von Jeanne?
FRANKLIN Von ihr. Aber sie hat mir verschwiegen, daß Sie gerettet werden sollen. Oh, Pardon.

Stellt sich an die Rampe.

FRANKLIN Ich hab mich gar nicht in meiner Rolle vorgestellt: Benjamin Franklin, geboren am 17. Januar 1706 als Sohn eines Seifensieders, Schriftsteller, Naturforscher und Politiker, von 1776 bis 1785 am Hofe Ludwigs XVI. amerikanischer Botschafter in Paris –
NAPOLEON Louis hat Sie bereits angemeldet.
FRANKLIN Der Seelenquacksalber?

Wendet sich wieder ans Publikum.

FRANKLIN Vor allem meine Sprichwörter haben mich überlebt: Fische und Gäste beginnen nach drei Tagen zu stinken, drei können ein Geheimnis wahren, wenn zwei tot sind, ça ira, Zeit ist Geld, ein leerer Sack –

Louis von rechts.

LOUIS Darf serviert werden?
FRANKLIN Ein leerer Sack kann nicht aufrecht stehen. Gestorben am 17. April 1790.
NAPOLEON Halten Sie mit, Benjamin?
FRANKLIN Mit Vergnügen, Napoleon. Gut gefrühstückt –
NAPOLEON Bitte, Benjamin, kein Sprichwort.

Setzt sich in den Sessel links.

FRANKLIN Aber ich wollte doch gerade eins kreieren.
NAPOLEON Trotzdem nicht.
FRANKLIN Na schön.

Nimmt den Stuhl, den er als Büchner braucht, stellt ihn in die Mitte der Bühne.

Plon-Plon schiebt einen Servierwagen mit blechernen Tellern, einer alten Teekanne, Zuckerdose, Wassergläsern, Schnapsflaschen und Anstaltsbesteck herein, zu dessen Ärmlichkeit die riesige Menge der Speisen einen grotesken Gegensatz bildet.

PLON-PLON Das Frühstück.

Ab.

NAPOLEON Was hat der Präsident wieder Schlaues vor?
FRANKLIN Sie sollten unseren Präsidenten nicht unterschätzen.
NAPOLEON Greifen wir zu.

Sie frühstücken, schieben einander dabei den Wagen zu.

FRANKLIN Über dem Teich ist man hochbesorgt.

Franklin schiebt Napoleon den Wagen zu.

FRANKLIN Wären wir nicht um Ihr Land besorgt, wäret Ihr schon längst besetzt.
NAPOLEON Ich fürchte mich vor dieser Gefahr weniger als vor euren schlechten Nerven. Arteriosklerotiker stehen Hysterikern gegenüber.

Schiebt Franklin den Wagen zu.

FRANKLIN Unser Präsident wollte Fouché militärische Hilfe anbieten.

Schweigen. Sie essen.

FRANKLIN Ich meldete, Sie seien nicht mehr am Leben.

Schiebt Napoleon den Wagen zu.

NAPOLEON Voreilig.
FRANKLIN Weiß der Teufel. Mit dem militärischen Hilfs-

angebot des Präsidenten als Rückendeckung hätte Fouché sich mit der Freien Gewerkschaft verbündet. Jan Hus hat mit ihm bei Jeanne verhandelt.

NAPOLEON Das Biest schläft auch mit jedem.

Von rechts kommt Jan Hus in Bluejeans, Joggingschuhen, Pullover, zu kurzer Kittel, clochardhaft, tritt zum Wagen. Napoleon und Franklin erstarren, als würde die Zeit angehalten.

HUS Ich bin Jan Hus. Entschuldigung, daß ich mitten in die Szene platze. Ich sollte eigentlich hinter dem Fenster erscheinen, gespensterhaft.

Kommt nach vorne.

HUS Meine liebe Gemeinde – nun, das geht freilich nicht –, mein liebes Publikum, ich bin natürlich nicht Jan Hus, geboren 1369 in Hussinetz, Magister der Freien Künste, Rektor der Universität und Prediger in der Bethlehemskapelle zu Prag, sondern ich spiele nur Jan Hus, aber in Wirklichkeit bin ich in Achterloo Pfarrer oder ein Pfarrer in Achterloo, wobei ich nicht zu entscheiden wage, welche der beiden Möglichkeiten auf mich zutrifft. Wenn ich mich nun persönlich an Sie wende, meine verehrten Zuschauer, so nicht aus verletztem Schauspielerehrgeiz, sondern weil mir zugemutet wird, diesen Jan Hus zu spielen – diesen –, womit ich die Rolle des Jan Hus meine, wie sie für diese Bühne konzipiert worden ist. Gewiß, rein persönlich kann ich ja verstehen, daß mir Jan Hus angenähert wurde, war er doch ein so gewaltiger Prediger, daß sich die Bethlehemskapelle in Prag als zu klein erwies, verkündete er das Wort Gottes, während bei mir, bevor ich in Achterloo entweder eingestellt oder vielleicht nur abgestellt wurde, wenn ich im Eremitenkirchlein Ecke Eugen-Moser-Straße/Pfitznergasse predigte, höchstens fünfzehn alte Weiblein um die Kanzel hockten, die nur kamen, weil sie während meiner Predigt strikken durften, wobei ich, waren alle eingenickt, statt die automatische Orgel einzustellen, auf meiner Blockflöte spielte.

Zieht eine Blockflöte hervor.

HUS Bach. Sonate für Flöte solo a-moll. Am liebsten spiel ich die Sarabande.

Flötet.

HUS Leider ist es mir nicht gelungen, zwei alte Straßenbahnschaffner zu integrieren. Ihr Schnarchen störte derart mein Blockflötenspiel, daß die Weiblein aufwachten. Sie stellten mich vor die Alternative: sie oder die beiden. Aber auch bei den Urchristen kam es ja zu Streitigkeiten.

Flötet.

HUS Vielleicht wäre die Rolle des Jan Hus gestrichen worden, hätte nicht mein einziger Zuhörer, verkünde ich in der Achterlookapelle das Evangelium, ein vom Obdachlosenamt eingewiesener Clochard, einen derart grandiosen Woyzeck abgegeben, daß für diese Nebenrolle eine poetische Entsprechung gesucht wurde. Eine Nebenrolle für die Nebenrolle, ich.

Ruft.

HUS Woyzeck!

Von links kommt Woyzeck.

WOYZECK Rasieren, Herr Pfarrer?
HUS Niederknien, Woyzeck.
WOYZECK Jawohl, Herr Pfarrer.

Kniet nieder.

HUS Was hat Er am 27. August 1824 um elf Uhr vormittags auf dem Blutgerüst zu Leipzig gesungen, bevor Ihm der Scharfrichter schnell mit großer Geschicklichkeit den Kopf abhieb, so daß dieser noch auf dem breiten Schwerte saß, bis der Scharfrichter das Schwert wandte und der Kopf herabfiel? Wenn ich sag Er, so mein ich Ihn, Ihn.

Woyzeck singt, während Hus flötet.

WOYZECK Vergib mir, Vater, meine Sünden
Vergib, was ich nicht recht getan
Nimm mich zu deinen Gnadenkindern
Um meines Mittlers Willen an
In seinem Namen fleh ich dich
Er litt und starb ja auch für mich
HUS Während ich am 6. Juni 1415 auf dem Scheiterhaufen

in Konstanz gesungen habe, ›Christus, du Sohn des lebendigen Gottes, erbarme dich meiner‹. Wenn ich sag ich, so mein ich mich, mich, Hus. Du kannst wieder rasieren gehn, Woyzeck.

WOYZECK Jeder Mensch ist ein Abgrund, es schwindelt einem, wenn man hinabsieht.

Nach rechts ab.

HUS Gewiß, auch ich bin ein Clochard, ein freischaffender Pfarrer, der sich freiwillig von jeder Bindung mit dem Staate gelöst hat, von jener unheilvollen Allianz, die das Christentum schon so früh korrumpierte –

Schreit auf.

HUS Wer nennt sich hierzulande nicht alles Christ!

Schweigt.

HUS Ich flöte lieber.

Flötet.

HUS Meine Privatgemeinde waren die fünfzehn alten Weiblein. Sie sorgten für mich. Sie haben mir diesen Pullover gestrickt, und der Rock stammt vom Küster des Eremitenkirchleins. Er hatte eine Hasenscharte. Er ist gestorben. Alle sind gestorben. Sie waren für mich das Sinnbild des lebendigen Christentums. Hierzulande. Ich weiß nicht warum.

Flötet.

HUS Auch Christus war nur ein Clochard.

Flötet, hört abrupt auf, geht zum Wäschekorb, sucht, findet den mittelalterlichen Ketzerhut aus Papier mit Teufeln bemalt und der Inschrift HAERESIARCHA, *setzt ihn auf.*

HUS Trotzdem. Bin ich auch eine Fehlbesetzung, kommt mir die Hauptrolle zu, um so mehr als ich die Weltkrise auslöse, auf die sich die Handlung hier oben bezieht. Vor Gott, mein verehrtes Publikum, sind wir alle Fehlbesetzungen. Leider gibt es auch in Achterloo keine Dramaturgen mehr, und welche Chance wäre ich für einen wirklichen Büchner, sind doch in mir gleich zwei Rollen verpackt, ein historischer und ein heutiger Jan Hus. Geht es dem historischen darum, eine allmächtige Kirche zu demokratisieren, ohne die metaphysischen Begründungen ihrer Macht in Frage zu stellen, trachtet der heutige danach, eine allmächtige Partei zu demokratisieren, ohne die metaphysischen Begründungen ihrer Macht anzutasten, der eine wie der andere versucht die Quadratur des Kreises, beide sind ebenso lächerlich wie erhaben, lächerlich und erhaben wie Don Quijote. Und solch eine weltgeschichtliche Potenz wie ich muß eine Nebenrolle spielen.

Flötend links ab.

NAPOLEON War das Ihr Text?
BÜCHNER Sein Text.
NAPOLEON Das erlauben Sie?

BÜCHNER Sie sprechen ja auch nicht meinen Text.

NAPOLEON Ich spiele die Hauptrolle. Und im übrigen haben Sie meinen Text noch gar nicht geschrieben.

BÜCHNER Ich bin immer noch bei Ihrem Anfangsmonolog.

NAPOLEON Als Georg Büchner sind Sie verdammt langsam.

BÜCHNER Ich bin ja nicht Georg Büchner, ich bin der Erbe einer Spanferkelkette.

NAPOLEON Mein Gott, haben Sie Ihren Wahnsinn verloren?

BÜCHNER Wenn ich dichten will, bin ich Georg Büchner, dichte ich, weiß ich die grauenhafte Wahrheit.

NAPOLEON Das muß für Sie die Hölle sein.

BÜCHNER Dichten ist nichts Lustiges.

NAPOLEON Spielen wir weiter?

BÜCHNER Spielen wir weiter.

NAPOLEON Drüben ist jetzt tiefste Nacht?

FRANKLIN Halb zwei.

NAPOLEON Ihre Morgenblätter und das Fernsehen werden meinen Tod und das Angebot Ihres Präsidenten bekanntgeben.

FRANKLIN Der Präsident wird das Angebot auch Ihnen unterbreiten.

Napoleon schiebt Franklin den Wagen zu.

NAPOLEON Und ausgerechnet heute wollte ich in Ruhe frühstücken.

FRANKLIN Ich begreife nicht, weshalb Sie sich ärgern. Sie haben mit dem Angebot des Präsidenten einen kolossalen Trumpf zugespielt bekommen.

Schiebt Napoleon den Wagen zu.

NAPOLEON Jemand anders hat einen kolossalen Trumpf zugespielt bekommen. Wird das Angebot bekannt, werden wir morgen besetzt. Zwischen uns und unserem Nachbarn liegt kein Teich.

FRANKLIN Verdammt, Napoleon, ich brauche einen Schnaps.

NAPOLEON Begreiflich, warum Jeanne Sie im Glauben ließ, ich sei von Fouché beseitigt worden.

Schenkt Franklin einen Schnaps ein.

NAPOLEON Die Heilige will einen Krieg.

Schiebt den Wagen zu Franklin.

FRANKLIN Ich setze mich mit meinem Außenminister in Verbindung.

Stürzt den Schnaps hinunter, erhebt sich.

FRANKLIN Die Absichten unseres Präsidenten sind falsch interpretiert worden.

Schiebt Napoleon den Wagen zu.

NAPOLEON Nur noch Politiker halten faule Ausreden für glaubwürdig.

Von rechts treten Müller I mit Bart in einem gelben und Müller II in einem grünen Schlafanzug auf. Jeder trägt eine Tiara und hält einen Papststab.

MÜLLER I Ich bin Angelo Correr, Papst Gregor XII.
MÜLLER II Ich bin Peter de Luna, Papst Benedikt XIII.
MÜLLER I Wir sind zwei der drei Päpste,
MÜLLER II die zur Zeit, als Hus seine ketzerischen Lehren verbreitete,
BEIDE gleichzeitig
MÜLLER I über die Christenheit regierten.
NAPOLEON Gestrichen.
MÜLLER I Gestrichen?
MÜLLER II Gestrichen?
NAPOLEON Gestrichen.
BÜCHNER Gestrichen.

Hat sich wieder an den Tisch gesetzt, streicht Manuskriptblätter durch. Während Müller I und II rechts abgehen, kommt von links Cambronne, gekleidet wie ein mittelalterlicher Seeräuber, Holzbein, einäugig, schwarze Augenbinde, aber auch mit Tiara und Papststab.

CAMBRONNE Ich bin der dritte Papst. Baldassare Cossa, Johannes XXIII. 1411 habe ich Hus exkommuniziert, am 5. November 1414 eröffnete ich das Konzil in Konstanz, und am 29. Mai 1415 wurde ich als Papst abgesetzt und in Gottlieben eingekerkert, in einem Schloß mit einem Dörfchen, das Sie am besten mit dem öffentlichen Verkehrsschiff, Abfahrt Konstanz 9 Uhr 15, Ankunft 9 Uhr 35, erreichen. In meiner Jugend war ich Soldat und Seeräuber, die ›Realenzyklopädie für protestantische Theologie‹ bezeichnet mich als eine derbe Kraftnatur, listig und kühn und zu jedem Verbrechen fähig, Eigenschaften, die mich befähigt haben sollen, meinen Vorgänger, Papst Alexander V., zu vergiften.

Von Papst Martin v. begnadigt, bin ich in Florenz als Kardinalbischof von Tuskulum 1419 gestorben.

NAPOLEON Gestrichen.

CAMBRONNE Gestrichen?

NAPOLEON Louis!

Louis kommt von rechts, geht auf Cambronne zu.

CAMBRONNE Als Cambronne hab ich keinen nennenswerten Text und als Johannes XXIII. eine Bombenrolle.

NAPOLEON Die ist deiner Textunsicherheit nicht zuzumuten. Statt deiner wird die Zimsen als Kardinal Richelieu die Kirche vertreten.

Louis führt Cambronne nach rechts hinaus. Von links kommt Plon-Plon.

BÜCHNER Protestiere! Den Text für Johannes XXIII. habe ich schon geschrieben. Diese Kraftnatur liegt mir. Wie Danton, wie Aretin. Die Zimsen als Richelieu? Liegt mir nicht!

Beginnt Manuskriptblätter durchzustreichen.

Plon-Plon tritt an die Rampe.

NAPOLEON Jetzt beginnt auch der Damenschneider zu reden. Den kann niemand abstellen. Ich schlaf weiter.

Geht zum Bett, setzt Sonnenbrille und Hut auf, legt sich nieder, deckt sich zu.

PLON-PLON Ich bin Sigmund Freud, geboren am 6. Mai 1856 in Friedberg, Mähren, gestorben am 23. September 1939 in London, doch nicht identisch mit Sigmund Freud, geboren am 6. Mai 1856 in Friedberg, Mähren, gestorben am 23. September 1939 in London. Ich bin dessen Doppelgänger. Ich hab die Psychoanalyse erfunden, und alles, was Sigmund Freud, geboren am 6. Mai 1856 in Friedberg, Mähren, gestorben am 23. September 1939 in London, veröffentlicht hat und wofür er 1902 Professor in Wien wurde, 1930 den Goethepreis bekam und 1936 Foreign Member der Royal Society wurde, hat er mir, Sigmund Freud, geboren am 6. Mai 1856 in Friedberg, Mähren, gestorben am 23. September 1939 in London, abgeschrieben. Geklaut. Schlicht und einfach. Aber ich will Sie mit dieser aller Welt bekannten Geschichte nicht belästigen. Es geht mir nur darum, meine Bedenken gegen die Rollentherapie anzumelden, die hier auf der Bühne nicht zuletzt aufgrund der Vorschläge meines Kollegen Löffel durchgeführt wird. Es gibt zwei Wege, meinen Weg und Löffels Weg, meiner führt in die Helle der Selbsterkenntnis, seiner in die Dunkelheit der Selbstumnachtung. Es genügt, daß ich Ihre Aufmerksamkeit auf den bemitleidenswerten Professor für Neuere Geschichte lenke, der sich einbildet Holofernes zu sein und den man zwingt – zwingt, meine Damen und Herren –, Napoleon Bonaparte zu spielen. Jetzt schläft er wieder.

Während der folgenden Ansprache an das Publikum behandelt er den schlafenden Napoleon und den wild schreibenden Büchner als ärztliche Objekte, nimmt ihnen den

Puls, untersucht ihnen die Augen usw., ohne daß Napoleon und Büchner etwas bemerken.

PLON-PLON Verständlich. Er flüchtet sich in den Schlaf. Lag der Grund seines Wahns, Holofernes zu sein, im Wunsch, als Sühne für seine gescheiterte Friedensmission als Außenminister durch das Schwert in der Hand Judiths zu sterben und damit wahrhaft fulminant seine Sehnsucht sexueller Erlösung mit dem Todestrieb zu paaren, so wie sich das Eichenblatt zwischen Siegfrieds Schulterblättern nach dem Speer Hagens sehnt, wurde dieser aktive Erlösungswahn durch die Aufgabe, Napoleon darzustellen, ins Negative umgebogen und in den Hafen der Entsagung Sankt Helena gesteuert. In den Schlaf, meine Damen und Herren. Und erst unser armer Gastronom und Inhaber der von seinem Vater übernommenen Spanferkelkette, der glaubt, als Georg Büchner zu dichten! Kein Wunder, daß er in der ihm eingeredeten Rolle als Benjamin Franklin die nach mir benannte Fehlleistung begeht und Franklins Erfindung des Blitzableiters zu erwähnen vergißt, die Unzähligen das Leben rettete, im Gegensatz zur Lektüre des ›Hessischen Landboten‹, den Büchner unter das Motto stellte: »Friede den Hütten! Krieg den Palästen!«, die Unzähligen das Leben erschwerte, indem sie ihre soziale Unzufriedenheit schürte, will er doch als Dozent für vergleichende Anatomie auch ein bedeutender Naturforscher sein. Das Rollenspiel ist für ihn Gift, meine Damen und Herren. Aber warum hält er sich für Georg Büchner? Die Antwort ist klar: Weil Büchner den ›Woyzeck‹ schrieb, der unglücklicherweise auch in diesem Stück vorkommt. So ist denn einerseits ein unstillbarer dichterischer Drang am Werk, anderseits ein Millionengeschäft, einerseits die Poesie, anderseits die Massenschlachterei unschuldiger Jungschweine: Das mußte zur seelischen Katastrophe führen. Ein Spanferkel ist eine Kreatur, und Woyzeck ist eine Kreatur. Der Professor und der Gastronom gehören auf meine Couch. Nur durch eine radikale Analyse sind sie zu heilen.

Von hinten kommt die Zimsen als Richelieu. Sie geht am Stock, berührt damit den schlafenden Napoleon.

RICHELIEU Aus dem Bett. Napoleon spielen. Hopp, hopp!

Napoleon klettert aus dem Bett. Plon-Plon links ab.

RICHELIEU Wie sehen Sie denn aus? Ich bin im Ornat. Ziehen Sie sich den Krönungsmantel an.
NAPOLEON Oh, Pardon.

Holt aus dem Korb den Krönungsmantel, zieht ihn an.

RICHELIEU Lorbeerkranz.
NAPOLEON Nicht auf?
RICHELIEU Nicht auf.
NAPOLEON Ach so.

Wirft den Hut in den Wäschekorb, entnimmt diesem einen goldenen Lorbeerkranz, setzt ihn auf.

NAPOLEON Sitzt er?

Richelieu tritt zurück, betrachtet Napoleon, tritt noch einmal heran, rückt am Lorbeerkranz.

RICHELIEU Jetzt.

Napoleon steht in seinem historischen Krönungsornat majestätisch da.

RICHELIEU Die Zeitung.
NAPOLEON Wieso?
RICHELIEU Haben wir besprochen.
NAPOLEON Bin noch ganz verschlafen.

Nimmt die Zeitung vom Bettende.

RICHELIEU Können wir anfangen?
NAPOLEON Können.

Blättert in der Zeitung.

RICHELIEU General Bonaparte.
NAPOLEON Armand Jean du Plessis, Herzog von Richelieu, geboren am 9. September 1585, wurde 1622 zum Kardinal ernannt und starb am 4. Dezember 1642.
RICHELIEU Lassen Sie den Unsinn, Bonaparte. Ich bin unsterblich. Da spielen Daten keine Rolle.
NAPOLEON Bleich.
RICHELIEU Wieder einmal Fieber. Sie sehen gesund aus.

Von links taucht Cambronne auf.

NAPOLEON Überrascht? Ich bin fett geworden und alt.

Ich bin seit zwei Monaten Staatschef, und Sie besuchen mich zum ersten Mal.

Cambronne steht plötzlich vor Richelieu, kräht.

CAMBRONNE Amen! Amen!

Verschwindet.

RICHELIEU Das war doch Cambronne.
NAPOLEON Das war auch Cambronne.
RICHELIEU Der sagt doch »merde«.
NAPOLEON Er ist textunsicher.

Richelieu sieht sich um.

RICHELIEU Sie sind noch nicht ins Staatspalais übergesiedelt, Bonaparte?
NAPOLEON Ich bin an diese Bude gewöhnt.
RICHELIEU Kärglich.
NAPOLEON Früher ein Arrestloch für Offiziere.

Weist auf den Wagen.

NAPOLEON Tee? Schnaps? Toast? Butter? Lachs? Kaviar?

Blättert in der Zeitung weiter.

RICHELIEU Das Volk hungert.
NAPOLEON Wir stehen vor dem puren Chaos. Toll, nicht?

Zeigt auf das Aktbild Jeannes in der Zeitung, überreicht sie Richelieu.

RICHELIEU Ein Wunderwerk der Natur.

NAPOLEON Heiliggesprochen.

RICHELIEU Die schwachsinnigste Fehlleistung der unfehlbaren Kirche. Hätten wir sie am 30. Mai 1431 ins Bordell gesteckt, statt sie zu verbrennen, wäre uns das nicht passiert. Der Angstschweiß bricht mir aus. Mit Hilfe ihrer Aktbilder verbreitet Hus seine politischen Ziele. Die Freie Gewerkschaft ist die populärste Arbeiterbewegung der Welt geworden.

NAPOLEON In der Schlacht oder im Bett, Jeanne dient dem Vaterland.

RICHELIEU Sie dient nicht dem Vaterland, sie dient Hus. Er ist ein Reformator. Wollte er im 15. Jahrhundert die Kirche reformieren, will er heute die Partei reformieren. Ich kenn den Ketzer. Schon in Konstanz versuchte ich, dieses faule Holz abzuhauen und zu verbrennen, damit die Fäulnis nicht den ganzen Stamm anstecke. Das Feuer loderte vergebens. Die Kirche hat Pech mit ihren Scheiterhaufen. Exkommuniziere ich Jeanne und fordere ich Hus auf, sich zu mäßigen, bin ich politisch erledigt.

Wirft die Zeitung auf den Boden.

RICHELIEU Er fordert in seinen Leitartikeln freie Wahlen.

NAPOLEON Ich les nie seine Leitartikel. Zu schlecht geschrieben.

RICHELIEU Sprengstoff benötigt keinen Stil. Ich kenn Sie, Bonaparte, aber ich durchschau Sie nicht. Sie spielen den Sorglosen, und dabei haben Sie Robespierre auf dem Hals. Der Advokat von Arras wird heute nachmittag eintreffen.

NAPOLEON Seine Ankunft ist ein Staatsgeheimnis.

RICHELIEU Und?

NAPOLEON Sie wissen es, Richelieu.

RICHELIEU Wußten Sie's?

NAPOLEON Ich bin der Partei- und Staatschef.

RICHELIEU Wie lang noch?

NAPOLEON Wer spielte Ihnen die Nachricht zu?

RICHELIEU Nebensächlich.

NAPOLEON Setzen wir uns.

Napoleon setzt sich in den Sessel links.

RICHELIEU Ich zweifle, Bonaparte, ob Sie heut noch einmal davonkommen. Die immer extremeren Forderungen der Freien Gewerkschaft, die Ankunft Robespierres –

Richelieu greift in den Korb, wirft Napoleon dessen Stiefel zu.

RICHELIEU Ziehen Sie sich Ihre Stiefel an. Ein Bonaparte stirbt mit Stil.

NAPOLEON Zur Sache, Richelieu.

RICHELIEU Ich hab nicht resigniert wie Sie, Bonaparte.

NAPOLEON Ihr Metier ist dasselbe geblieben.

RICHELIEU Ich hab mein Ziel nicht aufgegeben. Aber es hat weltweite Dimensionen angenommen.

NAPOLEON Ein solches Ziel hatte ich auch einmal.

Napoleon zieht den rechten Stiefel an.

RICHELIEU Unvollkommen. Sie wollten Europa mit dem bürgerlichen Pack Ihrer Spaghetti-Dynastie einigen, geschminkt mit ›Freiheit, Gleichheit und Brüderlichkeit‹. Läppisch. Sie schürten gleichzeitig zwei Feuer: die Demokratie und die Despotie. Das Resultat? Die Reaktion auf beide: die Freiheitskriege mit ihren Hoffnungen und die Restauration mit ihren Enttäuschungen: der Nationalismus endlich, der Europa endgültig zerfetzte.

Napoleon, nur im rechten Stiefel, hinkt herum.

NAPOLEON Ich soll womöglich noch die beiden Weltkriege bewirkt haben!
RICHELIEU Warum nicht?
NAPOLEON Das werfen Sie mir vor?
RICHELIEU Seelenruhig.
NAPOLEON Historisch sind Sie als Staatsmann nach Strich und Faden gescheitert.

Napoleon zieht den linken Stiefel an.

RICHELIEU Nur stilvoller als Sie. Ich prägte ein Zeitalter, Sie sind eine Episode. Ich schuf den absoluten Staat mit einem alleinherrschenden König und mit einer Kirche, um einen Kulturstaat zu formen, und Sie krönten sich zum Kaiser, um mich zu übertrumpfen. Ich herrschte nicht, ich ließ den König herrschen. Sie wollten Herrscher und Richelieu zugleich sein. Sie waren nichts als eine maßlos übertriebene Kopie meiner selbst. Löffel, Sigmund Freud, helft mir da hinauf!

Sie klopft mit dem Stock auf den Wäschekorb.

Louis und Plon-Plon kommen.

RICHELIEU Als Ärzte solltet Ihr wissen, wohin ich zu plazieren bin.

Louis und Plon-Plon helfen ihr auf den Wäschekorb.

RICHELIEU Zugegeben, jetzt sind wir beide marode. Die Menschen brauchen einen eisernen Käfig, sonst werden sie gemeingefährlich. Nichts schadet der Menschheit mehr als Menschlichkeit. Die Käfige, die wir bauten, waren zu schwach.

Napoleon umkreist in Napoleonshaltung die auf dem Wäschekorb Thronende.

RICHELIEU Wir sind beide schuldig, aber Jeanne und Hus sind schuldiger als wir. Als Gott die Welt schuf, schuf er auch die Schlange. Auf die Schlange folgte Kain. Die Reihe brach nie ab. Hus forderte den Kelch für alle, jeder Bauernlümmel sollte das Blut Christi trinken dürfen. Jeanne behauptete, Befehle von Gott ohne Vermittlung der Kirche zu erhalten. Und zu Nationalhelden wurden sie beide: die schlimmste der Ketzereien.

NAPOLEON Das sagen Sie.

RICHELIEU Das sage ich.

NAPOLEON Der Begründer des Absolutismus.

RICHELIEU Wer meine Ideen zu Ende denkt, kommt zum absoluten Staat.

NAPOLEON Ich war auf Sankt Helena.

RICHELIEU Na und? Ich kann mir Ihre Nostalgie nicht leisten. Heute sind wir in der Lage, den ausbruchsicheren Käfig zu konstruieren. Die Kirche ist etwas Absolutes, und die Partei ist etwas Absolutes. Beide denken global.

Macht es sich auf dem Wäschekorb bequem.

RICHELIEU Die Kirche und die Partei müssen miteinander verschmelzen, der Vatikan und der Kreml sich vereinen, das Hirtenamt des Papstes und jenes des Ersten Sekretärs der Kommunistischen Partei sich in einer Person verkörpern. Die Partei hat ihren Atheismus aufzugeben und sich einer Kirche unterzuordnen, die marxistisch geworden ist. Zum absoluten Weltstaat ist weder die heutige Kirche noch die heutige Partei, sondern nur eine katholisch-marxistische alleinseligmachende Kirche fähig. Mein Ziel. Ich erleb es nicht mehr, aber ich bereite es vor. Der Mensch braucht Gerechtigkeit im Diesseits und Gnade im Jenseits. Die Gerechtigkeit im Diesseits ist nur ohne Freiheit möglich, und die Gnade im Jenseits nur durch die Freiheit Gottes. Er wird auch uns beiden gnädig sein. Allein die Ketzer sind auf ewig verdammt. Wer die Freiheit im Diesseits wünscht, fällt der Gerechtigkeit im Jenseits anheim: der Hölle. Heute abend treff ich Robespierre.

NAPOLEON Falls er für Sie zu sprechen ist.

RICHELIEU Das Treffen wurde vor einer Woche zwischen Bischof Zabarella und Botschafter Molotow arrangiert.

NAPOLEON Wo haben die beiden sich denn kennengelernt?

RICHELIEU Bei Jeanne. Das Wunderwerk der Natur ist auch der Kirche nützlich. Mit Fouché hab ich mich geeinigt. Der akzeptiert die Neutralität der Kirche.

Erregt.

RICHELIEU Sigmund Freud, Löffel!

Louis und Plon-Plon nehmen Achtungstellung an.

PLON-PLON Eminenz!
LOUIS Frau von –
RICHELIEU Ich muß auch Robespierre dazu bringen. Ein schwierigeres Unterfangen. Ich werde ihn an seine Vergangenheit erinnern: Er gab die Existenz eines höchsten Wesens zu.

Wutausbruch.

RICHELIEU Und es gibt dieses höchste Wesen! Es gibt Gott! Es gibt ihn.
PLON-PLON Frau von –
LOUIS Eminenz!

Richelieu beruhigt sich schlagartig.

RICHELIEU Helft mir runter.

Louis und Plon-Plon helfen Richelieu vom Wäschekorb.

Louis und Plon-Plon ziehen sich wieder zurück.

Richelieu zieht ein Brevier hervor, tritt feierlich auf Napoleon zu.

RICHELIEU Bonaparte, es gibt für Sie kein Sankt Helena mehr. Mit Hus haben Sie sich entzweit, und Fouché hat Sie entmachtet. Woyzeck ist auf dem Weg zu Ihnen. Darf ich die letzte Beichte –

Von rechts Hus in einem angebrannten Priesterkleid, als käme er vom Scheiterhaufen, auf dem Kopf den Ketzerhut.

HUS Napoleon, ich –

Stutzt.

HUS Richelieu. Verdammt. Heilige Jungfer Marie!
RICHELIEU Sie stören eine heilige Handlung, Jan Hus.

Stutzt.

RICHELIEU Was tragen Sie denn für einen komischen Hut?
HUS Den Ketzerhut. Ich trug ihn auf dem Scheiterhaufen.
NAPOLEON Halten Sie mit, Hus? Schnaps? Toast? Butter?
HUS Das Volk hungert.
NAPOLEON Das hat schon Richelieu festgestellt.
RICHELIEU Wir stehen vor dem puren Chaos.

Steckt ärgerlich das Brevier wieder ein.

HUS Geräucherte Forelle, Lachs, Kaviar, russische Eier.

Beugt sich über den Servierwagen.

NAPOLEON Greifen Sie zu.
HUS Ich muß essen. Wenn ich so 'ne Menge Speisen seh, muß ich essen. Aber mir fehlt ein Stuhl.

Geht zum schreibenden Büchner.

HUS Bitte.

Nimmt ihm den Stuhl weg.

BÜCHNER Was fällt Ihnen ein?
HUS Ich brauch einen Stuhl.
BÜCHNER Sie sind doch Hus!
HUS Na und?
BÜCHNER Sie treten später auf. Ich feile noch am Text Richelieus.
HUS Der ist doch schon längst aufgetreten.
BÜCHNER Schreibe immer um! Auch Ihren Text!
HUS Zu spät. Schon auswendig gelernt.

Setzt sich, greift nach den Speisen, beginnt zu essen. Napoleon hat sich wieder in den Sessel links gesetzt. Büchner schreibt wild weiter, kniend.

NAPOLEON Er frißt mir alles auf.
HUS Wenn schon.

Ißt weiter.

RICHELIEU Bei Ihrer Verbrennung in Konstanz fehlte ich leider.

HUS Dafür warf Ihr Sekretär als erster seine Fackel an meinen Scheiterhaufen.

RICHELIEU Sind wir uns nachher nicht irgendwo begegnet?

HUS Erinnern Sie sich nicht?

RICHELIEU Nein.

HUS Dann nicht.

Ißt.

HUS Der Parteiideologe Robespierre ist gelandet.

NAPOLEON Wissen wir auch.

HUS Fouché wird Regierungschef.

RICHELIEU Wissen wir auch.

HUS Jeder weiß schon alles!

NAPOLEON Das Natürlichste in einem Land, wo alles geheim ist.

HUS Tauchen Sie unter, Napoleon.

Langt weiter zu, dann endlich, kauend.

HUS Eine Adresse.

Wirft Napoleon einen Zettel zu.

HUS Dort sind Sie sicher.

NAPOLEON Hier bin ich sicher.

Steckt den Zettel ein.

HUS Sie hocken in einer Mausefalle, Napoleon. Sie lassen sich in Ihrer Kaserne so nachlässig bewachen, daß es zugeht wie in einer Bahnhofshalle.

Ißt.

NAPOLEON Das ist mir auch schon aufgefallen.
HUS Woyzeck kommt heut zu Ihnen.

Ißt.

NAPOLEON Er rasiert mich jeden Morgen.
HUS Heut rasiert er Sie zum letzten Mal.

Ißt.

HUS Sehn Sie, das wissen Sie nicht.

Ißt.

RICHELIEU Ich hab ihn schonend darauf vorbereitet. Und Sie von Gott verlassener Ketzer hindern Napoleon Bonaparte am Beichten!
NAPOLEON Woyzeck ist bei mir gewesen.
RICHELIEU Schon?

Napoleon nickt.

RICHELIEU Ihr Nicken ist keine Antwort.
NAPOLEON In meinem Falle schon.
RICHELIEU Aber Fouché –
NAPOLEON Kann nicht mehr nicken.

HUS Hat Woyzeck ihn –?

Draußen Chopins Trauermarsch.

NAPOLEON Sie bringen ihn.
RICHELIEU Ich kehre in den erzbischöflichen Palast zurück.
NAPOLEON Enttäuscht?
RICHELIEU Woyzeck hätte seine Pflicht tun sollen.

Büchner eilt zu ihm mit Manuskriptseiten.

BÜCHNER Ihr Text, Eminenz.
RICHELIEU Ich danke dir, mein Sohn.

Wirft den Text in den Wäschekorb. Links ab. Hus ruft ihm nach.

HUS Adieu!

Der Kardinal nach links ab. Hus läßt sich nicht stören, ißt gemächlich weiter.

Büchner bleibt unschlüssig stehen.

HUS Für den bin ich Dreck.
NAPOLEON Nicht nur für ihn. Du verbreitest in deiner Gewerkschaftszeitung Aktbilder einer Heiligen.
HUS Die Zeitung findet auch beim Klerus reißenden Absatz.
NAPOLEON Dabei gibst du vor, ein treuer Sohn der Kirche zu sein.

HUS Als treuer Sohn der Kirche hab ich den Lebenswandel einer Person nicht zu kritisieren, die vom Papst Benedikt XV. heiliggesprochen ist.

NAPOLEON Noch mehr als die Kirche ist die Partei verärgert, deren Prüderie weltanschaulich verankert ist.

HUS Unsere sozialistischen Nachbarstaaten haben die Zeitung verboten.

NAPOLEON Sie erzielt bei ihnen Preise, die sich nur hohe Funktionäre leisten können.

Büchner tippt Hus schüchtern auf die Schulter.

BÜCHNER Ich möchte endlich *meinen* Text hören.

HUS Er fällt mir ohnehin nicht mehr ein.

BÜCHNER Wenn ich ihn an Ihrer Stelle –

HUS Aber gern. Bitte, Sie haben ihn schließlich gedichtet.

Ißt weiter. Büchner, hinter Hus stehend, liest von einem Manuskript dessen Text ab.

Napoleon wirft den Lorbeerkranz in den Wäschekorb.

Immer noch Trauermusik.

BÜCHNER Zum Glück konntest du Woyzeck umstimmen.

NAPOLEON Jeanne hat ihn umgestimmt.

BÜCHNER Das hat sie mir verschwiegen.

NAPOLEON Was hat die Freie Gewerkschaft beschlossen?

Wirft den Krönungsmantel in den Wäschekorb.

BÜCHNER Die Sitzung hat die ganze Nacht gedauert.

NAPOLEON Und?

Wirft die Brille in den Wäschekorb. Hus ißt mit großem Appetit weiter.

BÜCHNER Du hast die Legalität der Freien Gewerkschaft vertraglich bestätigt, aber die Verhaftungen nehmen zu.

Napoleon zieht die Stiefel aus.

NAPOLEON Ich verhafte nur wer sich politisch gegen mich wendet.

BÜCHNER Wir verlangen eine Wirtschaft, die funktioniert, genügend Lebensmittel für die Bevölkerung, gerechtere Löhne –

NAPOLEON Freie Wahlen.

Wirft den rechten Stiefel in den Wäschekorb.

BÜCHNER Die sind von der Verfassung garantiert.

NAPOLEON Ihr stellt politische Forderungen.

Napoleon wirft den linken Stiefel in den Wäschekorb.

BÜCHNER Wir stellen selbstverständliche Forderungen.

NAPOLEON Auch selbstverständliche Forderungen sind bei uns politisch.

Hus ißt.

HUS Was hat bei uns nicht eine politische Bedeutung? Furzen: daß die Partei stinkt; Gähnen: daß der Marxismus langweilig ist; Bumsen mit Pariser: daß man nicht mehr an den Sieg des Proletariats glaubt; Bumsen ohne Pariser: daß man einen Revisionisten zeugen will.

Hus ißt.

BÜCHNER Wir können nicht schweigen, wenn Studenten und Dissidenten in den Gefängnissen verschwinden.
NAPOLEON Wer bei uns nicht schweigt, raucht auf dem Gelände einer Pulverfabrik. Ihr habt dermaßen geschlotet, daß jetzt Robespierre aufgetaucht ist.

Draußen schweigt die Trauermusik.

HUS Der Trauermarsch ist zu Ende.

Zündet sich eine Pfeife an.

NAPOLEON Er verwehte zu Ehren des politischen Schurken, mit dem ihr paktiert habt.
BÜCHNER Wir mußten mit deinem Sturz rechnen.
NAPOLEON Ihr habt euch verrechnet.
BÜCHNER Meine Freunde werden den Generalstreik ausrufen.
NAPOLEON Wozu?
BÜCHNER Gegen dich zu protestieren.
NAPOLEON Dann marschieren sie ein.
BÜCHNER Sie wagen's nicht.
NAPOLEON Du stehst Dogmatikern gegenüber.
BÜCHNER Die können mir mit ihren Dogmen den Arsch wischen.
NAPOLEON Du bist immer noch so leichtsinnig wie damals in Konstanz, Jan Hus. Vermeidet, was vermieden

werden kann. Keine Provokationen und Deklarationen mehr. Keinen Generalstreik, und Schluß mit deinen Artikeln.

BÜCHNER Die Freie Gewerkschaft läßt sich nicht mehr zügeln.

Hus steht auf.

NAPOLEON Du hast sie zu zügeln.

BÜCHNER Wie? Durch mich wurde sie das, was ich einmal gewesen bin: Hus. Nun gibt es viele Husse, hunderttausende von Hussen. Aber keinen Hus mehr. Ich hab meine Macht über die Freie Gewerkschaft verloren. Morgen wird der Generalstreik ausgerufen.

Draußen Trauermarsch.

NAPOLEON Wieder der Trauermarsch. Ich geh ins Bett.

Von rechts Louis.

LOUIS Maximilien Marie Isidore de Robespierre.

Ab.

NAPOLEON Verflixt. Der Chefideologe.

BÜCHNER Wieder zu früh. Habe noch Text!

HUS Egal. Robespierre hält wie immer ungefähr die Rede, mit der er die Todesstrafe für Ludwig XVI. gefordert hat. Er wird sie jetzt auch gegen mich halten.

NAPOLEON Ich mag mit dem Kerl nicht diskutieren. Ich geh ins Bett.

HUS Dann weckt er dich.

NAPOLEON Ich steig in den Wäschekorb.
HUS Ich rauche meine Pfeife zu Ende.
BÜCHNER Ich schreibe den Text des Jan Hus noch einmal um. Er hat mir nicht gefallen.

Büchner schreibt, Napoleon klettert in den Wäschekorb, schließt den Deckel über sich. Hus setzt sich in den Sessel links, raucht.

Von rechts wird Robespierre von Louis hereingetragen und mitten vor die Rampe gestellt. Robespierre ist ein kesses blondes Geschöpf in der Kleidung Robespierres, Marlene Dietrich nicht unähnlich, mit schneidender kalter Stimme, offenbar doch ein Mann. Er hält seine Rede, als wäre er vor der Nationalversammlung.

ROBESPIERRE Die sogenannte Revolution ist noch nicht fertig; wer eine Revolution nur zur Hälfte vollendet, gräbt sich selbst sein Grab.

Hus raucht.

Robespierre läßt sich nicht stören.

ROBESPIERRE Jan Hus ist keineswegs ein Angeklagter. Ich bin keineswegs Richter. Ich bin und kann nur ein Repräsentant des Proletariats sein. Ich habe keineswegs ein Urteil für oder gegen einen Menschen zu fällen, sondern einen Akt jenes dialektischen Prozesses auszuführen, den man die Weltgeschichte nennt.

Louis stellt Robespierre auf den Wäschekorb.

Robespierre läßt sich nicht stören.

ROBESPIERRE Ein entlarvter Revisionist ist in einer sozialistischen Republik nur zu zwei Dingen gut: entweder die Ruhe der Republik zu stören und die Freiheit zu erschüttern oder beide zugleich zu befestigen. Jan Hus ist Revisionist, und die sozialistische Republik ist gegründet.

Hus geht zum Wäschekorb, auf welchem Robespierre redet, klopft die Pfeife aus.

Robespierre läßt sich nicht stören.

ROBESPIERRE Damit sind die Fragen bereits entschieden. Jan Hus hat durch seine Verbrechen die Partei verlassen. Er hat, um sie zu züchtigen, die Heere der ausländischen Agenten herbeigerufen.

Hus ab. Louis nimmt Robespierre auf die Arme, trägt ihn herum. Napoleon schaut vorsichtig aus dem Wäschekorb.

Robespierre läßt sich nicht stören.

ROBESPIERRE Hus kann aber nicht gerichtet werden. Er ist schon verurteilt. Vorzuschlagen, daß man Jan Hus den Prozeß macht, heißt, die Revolution selbst in Frage zu stellen. Denn wenn das Schicksal eines Revisionisten noch zum Gegenstand einer Gerichtsverhandlung werden kann, dann kann er freigesprochen werden, kann er unschuldig sein, dann sind die Partei, das Volk der Hauptstadt, alle Patrioten des Landes schuldig.

Louis stellt Robespierre aufs Bettende, geht nach rechts hinaus.

Robespierre läßt sich nicht stören. Er steht auf dem Bett wie ein Volkstribun.

ROBESPIERRE Und der große Prozeß zwischen Verbrechen und Tugend, den wir vor dem Tribunal der Weltgeschichte anhängig gemacht haben, endet mit dem Sieg des Verbrechens und des Faschismus.

Von rechts kommt Jeanne in voller Rüstung.

Nach ihr tritt Lord Tony auf, in der Maske und im Kostüm Casanovas, behängt mit Kameras, ständig fotografierend, durch eine Balletteuse dargestellt.

Robespierre läßt sich nicht stören.

ROBESPIERRE Ich beantrage, daß die Partei Hus unverzüglich zum Verräter an der sozialistischen Republik, zum Verbrecher an der Menschheit erklärt. Ich beantrage, daß man ein großes Exempel statuiert, dazu bestimmt, in den Herzen der Völker den Abscheu vor den Revisionisten...

Fällt nach hinten auf das Bett und bleibt unbeweglich.

Aus dem Wäschekorb taucht Napoleon wieder im eleganten schwarzen Schlafanzug auf, bückt sich, taucht aufs neue auf, hat sich nun den Hut aufgesetzt.

NAPOLEON Schläft er?

Blitzlicht. Während des Folgenden geht der Lord im Raum herum, beugt sich über Robespierre, läuft Napoleon oder Jeanne nach, kniet, ständig fotografierend, mit oder ohne Blitzlicht, neue Filme einlegend.

Napoleon erblickt Jeanne.

NAPOLEON Die Jungfrau von Orléans!

Klettert aus dem Korb.

NAPOLEON Die Heilige Johanna.

Geht zum Bett.

NAPOLEON Maximilien.

Draußen verklingt der Trauermarsch.

Blitzlicht.

JEANNE Eben lag er noch in meinem Bett.
NAPOLEON Nun liegt er in meinem.

Beugt sich über Robespierre.

NAPOLEON Rührt sich nicht.
JEANNE Er war bei mir schon einmal so.
NAPOLEON Da hat er keine Rede gehalten.
JEANNE Vorher doch.

NAPOLEON In deinem Bett?
JEANNE Bevor er –
NAPOLEON Reden halten mußte er immer.

Sie starren auf Robespierre.

NAPOLEON Worüber hat er denn geredet? In deinem Bett? Bevor er?
JEANNE Über die Tugend.
NAPOLEON Sein Lieblingsthema.
JEANNE Es war einmal auch mein Lieblingsthema.

Napoleon rüttelt Robespierre.

NAPOLEON Maximilien!

Rüttelt ihn wieder.

NAPOLEON Genosse Robespierre!

Läßt von ihm ab.

NAPOLEON Mundbeatmung mach ich nicht.

Sie starren auf Robespierre.

NAPOLEON Du?
JEANNE Nein.

Schweigen.

JEANNE Und ich hab mich wieder angezogen.

Blitzlicht.

NAPOLEON Wieder die Rüstung?

Jeanne sieht an sich nieder.

NAPOLEON Heute ist der 12. Dezember 1981.
JEANNE Ich trage das falsche Kostüm.

Blitzlicht.

NAPOLEON Wer fotografiert da immer?
JEANNE Der Lord.
NAPOLEON Welcher Lord?
JEANNE Tony. Er fotografiert für die Gewerkschaft.
NAPOLEON Sieht wie Casanova aus.
JEANNE Sie hält sich auch für Casanova.
NAPOLEON Sie?
JEANNE Eine Transvestitin.
NAPOLEON Eine verrückte Lesbierin hat uns gerade noch gefehlt. Sie soll sich zum Teufel scheren.

Der Lord fotografiert weiter.

JEANNE Gott sei Dank ist der gräßliche Trauermarsch nicht mehr zu hören.
NAPOLEON Der wird bald wieder einsetzen.
JEANNE Sollte man nicht einen Arzt –
NAPOLEON Nein.

Sie starren auf Robespierre.

JEANNE Er sieht aus wie ein Mädchen.

Schweigen.

JEANNE Ganz sanft.

Schweigen.

JEANNE Ich kam mir mit ihm im Bett wie eine Kinderschänderin vor.

Schweigen.

NAPOLEON Man hat vor ihm gezittert.
JEANNE Sie auch?
NAPOLEON Einmal.

Schweigen.

JEANNE Helfen Sie mir aus der Rüstung?
NAPOLEON Gern.

Hilft ihr. Die verschiedenen Rüstungsteile werfen sie in den Wäschekorb.

JEANNE Er hat gesagt, ich sei seine erste Frau gewesen.
NAPOLEON Um Jan Hus zu widerlegen, hat er dessen Zeitung gelesen und dich zu oft nackt gesehen. Kompliziert, so eine Rüstung.
JEANNE Unpraktisch.
NAPOLEON Hat Robespierre dir auch geholfen?
JEANNE Beim Ausziehen.

NAPOLEON Louis!

Louis von rechts. Blitzlicht.

NAPOLEON Trag das da in den Hof.

Weist auf Robespierre.

NAPOLEON Und aufbahren. Neben Fouché.

Louis führt Robespierre an der Hand hinaus.

LOUIS Ein berühmter Transvestit. Spielt heute seine erste Männerrolle.

Blitzlicht.

NAPOLEON Plon-Plon!

Plon-Plon kommt. Blitzlicht.

NAPOLEON Ein Telegramm an den Generalsekretär.

Wirft ein Stück von Jeannes Rüstung rasselnd in den Wäschekorb.

NAPOLEON Der Chefideologe Genosse Maximilien Marie Isidore de Robespierre sei an seiner letzten Rede gestorben, überzeugt, unsere Partei sei imstande, die ökonomischen Schwierigkeiten sowie die revisionistischen und imperialistischen Machenschaften aus eigener Kraft zu überwinden.

Wirft ein weiteres Stück rasselnd in den Wäschekorb.

NAPOLEON Genosse Bonaparte.

Plon-Plon ab. Jeanne hat mit Napoleons Hilfe die Rüstung ausgezogen. Darunter trägt sie einen Jeansanzug.

NAPOLEON Fouché ist tot, Robespierre ist tot.

Draußen Trauermarsch.

NAPOLEON Da ist der Trauermarsch wieder.

Blitzlicht.

NAPOLEON Der Lord ist immer noch da. Raus!

Der Lord kriecht hinter den Wäschekorb.

NAPOLEON Warum bist du gekommen?
JEANNE Übermorgen marschieren sie ein.
NAPOLEON Das hast du dir ja gewünscht. Franklin konnte das Hilfsangebot nicht mehr rückgängig machen.
JEANNE Der Einmarsch ist schon vorher beschlossen worden.
NAPOLEON Das hast du von Robespierre?
JEANNE Er hat's mir gesagt.
NAPOLEON Wann?

Schweigen.

NAPOLEON Ich muß alles wissen.

JEANNE War es wirklich zum ersten Mal in seinem Leben?

NAPOLEON Wirklich.

JEANNE Darauf wurde er ohnmächtig.

NAPOLEON Begreiflich.

JEANNE Ich dachte, er sei tot.

NAPOLEON Weiter.

JEANNE Eine Angelegenheit der Heiligen.

NAPOLEON Was sich in deinem Bett abspielt, ist eine Angelegenheit des Staates.

Schweigen.

NAPOLEON In meiner Lage muß ich alles wissen.

Schweigen.

Blitzlicht.

Napoleon geht zum Wäschekorb, zieht den Lord am Kragen dahinter hervor, wirft ihn nach rechts hinaus.

NAPOLEON Seinerzeit ließ sich ein Invalider täglich in einem Korb vor das Hauptportal der Tuilerien tragen. Er hatte weder Arme noch Beine. Man ließ ihn jeden Tag fortbringen, und ich sah den Invaliden nie.

Geht herum.

NAPOLEON Als ich davon hörte, befahl ich, den Invaliden zu verköstigen. So blieb er Tag und Nacht vor dem Hauptportal. Aber ich ging nie an ihm vorüber. Ich benutzte einen Seitenausgang, und ließ er sich dort hinbringen, ging ich durch das Hauptportal. Ich wollte ihn ebensowenig sehen, wie du von Robespierre reden willst.

JEANNE Darf ich rauchen?

NAPOLEON Rauch.

Sie nimmt eine Zigarette aus der Bluejeansjacke, die sich dabei öffnet.

NAPOLEON Gib mir auch eine Zigarette.

JEANNE Gauloises.

Wirft ihm ein Päckchen zu.

NAPOLEON Die letzte?

JEANNE Ich hab noch bei mir.

Gibt sich Feuer, wirft ihm das Feuerzeug zu.

JEANNE Feuer.

NAPOLEON Danke.

Gibt sich Feuer, wirft ihr das Feuerzeug zurück.

NAPOLEON Du hast schöne Brüste.

JEANNE Ich weiß.

NAPOLEON Nun?

Raucht.

JEANNE Dann kam Robespierre wieder zu sich.

NAPOLEON Weiter.

JEANNE Er hat gesagt, sie hätten beschlossen, übermorgen einzugreifen. Mit der Dritten und Vierten Armee. Und mit der Ersten von Westen und der Zweiten von Süden, und ich müsse mit ihm nächsten Morgen zurückfliegen.

NAPOLEON Die Hälfte der Ersten und Zweiten ist schon bei uns stationiert.

Setzt sich in den Sessel links.

NAPOLEON Weiter.

JEANNE Das ist alles.

NAPOLEON Quatsch.

JEANNE Nicht alles.

NAPOLEON Nun?

JEANNE Dann hab ich zu meiner Heiligen gebetet.

NAPOLEON Weiter.

JEANNE Als er mir's erzählt hatte, hab ich zu meiner Heiligen gebetet.

NAPOLEON Nicht so umständlich.

JEANNE Dann wußte ich, was ich tun mußte.

NAPOLEON Weiter.

JEANNE Ich hab ihn verführt, mich wieder zu lieben. Mehrmals. Ich hab gewußt, daß er schon drei Herzinfarkte –

NAPOLEON Das hab ich nicht gewußt.

JEANNE Aber ich.

NAPOLEON Woher willst du denn das gewußt haben?

JEANNE Von Molotow.

NAPOLEON Hauptsache, die Heiligen haben es auch gewußt.

JEANNE Ich hab Robespierre getötet.

NAPOLEON Wer weiß davon?

JEANNE Nur Tony.
NAPOLEON Der Fotograf?
JEANNE Er hat Robespierre und mich dabei gefilmt.

Napoleon lacht.

NAPOLEON Und ich erzähle dir von meinem Invaliden.

Er steht auf, geht zum Bett.

NAPOLEON Ich werd mich hüten, je mit dir ins Bett zu gehen.
JEANNE Nun gibt's Krieg.
NAPOLEON Du hast es geschafft.

Legt sich aufs Bett.

NAPOLEON Danke, daß du Woyzeck überredet hast, mich zu verschonen.
JEANNE Du bist ein Held.

Jeanne sinkt auf die Knie, blickt verzückt nach oben.

JEANNE Soldaten mit Maschinenpistolen sind auf dem Flachdach.
NAPOLEON Beordert.
JEANNE Sie sinken auf die Knie, blicken zum Himmel.
NAPOLEON Befehlswidrig.
JEANNE Der Himmel wird immer durchsichtiger, strahlender, lichter.
NAPOLEON Eine Schönwetterlage mit großer Kälte kündet sich an: Übers Jahresende wird's eisig.

JEANNE Der Himmel öffnet sich. Die Heilige Katharina, die Heilige Margherita.

NAPOLEON Hoffentlich hält man sie nicht für Fallschirmspringer.

JEANNE Die Soldaten salutieren.

NAPOLEON Helm ab zum Gebet haben sie nicht mehr gelernt.

Jeanne schreit auf.

JEANNE Der Heilige Michael! In Bluejeans. Der Erzengel. Redet zu mir, redet. Ich höre, ich höre –

Flüstert.

JEANNE Marengo.

Andächtig.

JEANNE Du sollst dich an Marengo erinnern.

Erhebt sich.

JEANNE An Jena, Wagram.

NAPOLEON Ich erinnere mich nur an meine Niederlagen.

JEANNE An Austerlitz.

Sie ist verklärt.

NAPOLEON Alles was mir die Heilige Katharina, die Heilige Margherita und der Erzengel Michael zu sagen haben?

JEANNE Alles.
NAPOLEON Siehst du sie öfters?
JEANNE Jeden Tag.
NAPOLEON Haben sie dir auch geraten, dich nackt für Jan Hus fotografieren zu lassen?
JEANNE Die Heilige Margherita hat es mir befohlen.
NAPOLEON Mit Gott, der Welt und dem Teufel zu schlafen?
JEANNE Die Heilige Katharina hat befohlen, mein Vaterland zu retten.
NAPOLEON Und was hat dir der Erzengel Michael noch befohlen?
JEANNE Du hast gesagt, ich hätte schöne Brüste.
NAPOLEON Hat dir der Erzengel Michael befohlen, mit mir zu schlafen?
JEANNE Er hat's befohlen.
NAPOLEON Um mich zu töten? Mit dem Rasiermesser deines Vaters? Wenn ich eingeschlafen bin?
JEANNE Um dir Kraft zu geben, unsere Feinde zu besiegen.
NAPOLEON Du lügst.
JEANNE Ich spiele Jeanne d'Arc.
NAPOLEON Ich spiele Napoleon.

Schweigen.

NAPOLEON Geh zum Wäschekorb.

Jeanne geht zum Wäschekorb.

NAPOLEON Fisch mir die Sonnenbrille heraus.

Jeanne sucht und findet die Sonnenbrille im Wäschekorb.

NAPOLEON Setz sie mir auf.

Jeanne setzt ihm die Sonnenbrille auf.

NAPOLEON So. Jetzt kann ich beruhigt schlafen. Sonst wüßte ich beim Erwachen nicht mehr, daß ich Napoleon bin. Geh.

Schläft ein. Von links kommt Louis, setzt sich in den Sessel links. Jeanne geht nach rechts, hebt eine Manuskriptseite auf, liest.

JEANNE ›Er ging gleichgültig weiter, es lag ihm nichts im Weg, bald auf-, bald abwärts. Müdigkeit spürte er keine, nur war es ihm manchmal unangenehm, daß er nicht auf dem Kopf gehen konnte.‹

Bleibt bei Büchner stehen.

JEANNE Haben Sie das geschrieben?
BÜCHNER Ich hab das geschrieben.
JEANNE Mir ist es auch unangenehm, daß ich nicht auf dem Kopf gehen kann.
BÜCHNER Mir auch.
JEANNE Haben Sie das Stück geschrieben, in welchem ich jetzt spiele?
BÜCHNER Ich schreibe es. Aber niemand spielt meinen Text.
JEANNE Ich bin Judith.
BÜCHNER Ich weiß.

JEANNE Es tut weh, Jeanne d'Arc spielen zu müssen.

BÜCHNER Ich spiel Benjamin Franklin auch nicht gern.

JEANNE Warum hast du eine Heilige geschrieben, die eine Hure ist?

BÜCHNER Weil ich glaube, daß es weder Heilige noch Huren gibt.

JEANNE Mein Großvater trug eine schwarze Uniform. Er nannte mich Marienkäferchen, sein Marienkäferchen. Er nahm mich auf den Schoß. Meine Großmutter spielte auf dem Klavier, und mein Großvater sang die ›Winterreise‹ von Schubert. Wir wohnten in einem kleinen Holzhaus ganz in Blumen, noch nie habe ich nachher einen so schönen Garten gesehen. Einmal kam ein Mann in einem gestreiften Kleid zu uns, der sang auch die ›Winterreise‹, aber nicht so schön wie mein Großvater, er zitterte und hatte eine leise Stimme. Mein Großvater sagte, der Mann sei ein berühmter Konzertsänger gewesen. Die Stadt meines Großvaters war eine Fabrikstadt, weil sie nur eine Fabrik hatte und keine Kirche. Um die Stadt waren hohe Wachttürme, und die Häuser waren in langen Reihen und voller Menschen, die alle in der Fabrik arbeiteten, aus der Tag und Nacht Rauch aufstieg, und jeden Tag kamen Menschen in die Stadt meines Großvaters mit der Eisenbahn, um in der Fabrik zu arbeiten, die immer rauchte. Den Geruch habe ich nie vergessen, der von der Fabrik kam.

BÜCHNER Alle Fabriken stinken. Auch die Schlachthöfe stinken, die ich von meinem Vater geerbt habe.

JEANNE Es war eine gesunde Stadt, obgleich immer mehr Menschen in sie hineinkamen. Ich dachte, die Stadt müßte platzen, doch sie platzte nie, und nie gab es eine Beerdigung. Wenn ich an der Hand meines Großvaters durch die Straßen ging, grüßten alle Menschen. Sie waren glücklich, weil sie in Sicherheit waren, denn die Flieger warfen keine Bomben, wenn sie über unsere Stadt flogen. Dann mußte meine Großmutter mit mir in ein Dorf, und nach dem Krieg mußten wir in ein Kino, und auf der Leinwand sah ich viele Menschen und ein Gerüst und Soldaten, die meinen Großvater auf das Gerüst begleiteten. Er trug nicht die schwarze Uniform, sondern das gestreifte Kleid des berühmten Konzertsängers. Dann haben die Soldaten meinen Großvater erhängt. Ich hab meinen Großvater geliebt. Ich hab nachher keinen Menschen mehr geliebt. Wenn es einen Gott gibt, sieht er wie mein Großvater aus.

BÜCHNER Ich liebe alle Menschen. Auch die tugendhaften, bornierten und dummen, weil ich über sie lachen, auch die mächtigen, weil ich sie hassen kann. Nur meinen Vater lieb ich nicht, weil er mich gemacht hat.

JEANNE Nun muß ich die Männer, Weiber und Kinder der Stadt Bethulia retten. Ich hab noch mit keinem Mann geschlafen. Aber ich werde zum Feldhauptmann Holofernes gehen, mit ihm schlafen und ihn dann töten.

BÜCHNER Wenn du Judith bist, hast du ihn schon getötet.

JEANNE Was geschehen muß, geschieht immer wieder.

Legt ihm ein Messer auf den Tisch.

JEANNE Das Messer Woyzecks. Das Messer meines Vaters. Es wäre angenehm, wenn ich jetzt auf dem Kopf gehen könnte.

Geht rechts ab. Büchner schreibt wild weiter. Louis tritt von links auf.

LOUIS Dieser, der sich einbildet, Büchner zu sein, schreibt, und jene, die sich einbildet, Judith zu sein, geht. Sie ließ auf eine ergreifende Zeitspanne lang das Kostüm ihrer Rolle und dann das Hemd ihres Wahnsinns fallen und zeigte sich nackt, um sich dann, wieder kostümiert, wie es in Achterloo schicklich ist, zurückzuziehen. Gewiß, wir fühlen uns normal, geistig beieinander, gesund womöglich, doch gibt es einen Normalsinn oder einen Gesundsinn? Erfaßt uns nicht die ungeheure Leere der Normalität, geht die Welt nicht an ihrer strotzenden Gesundheit zugrunde, saust sie nicht mit der trainierten Behendigkeit der Spitzenathleten den Abhang hinunter, der in Wahrheit ein Abgrund ist, weil nur der Irrtum einen Sinn hat, den Irrsinn?

Geht zum Wäschekorb.

LOUIS Unser Damenschneider, der so ergötzlich jenem nachplappert, der zu sein er sich einbildet, fragt nach dem Grund des Wahnsinns, dem wir alle verfallen sind, seien wir nun wahnsinnig, oder glauben wir nur, es nicht zu sein, ein Glaube, den wir auch mit dem Wahnsinnigen teilen, so oder so sind wir irrsinnig. Wir haben nach dem Sinn des Irrsinns Mensch zu suchen. Es gibt uns seit fast drei Millionen Jahren, einige lächerliche Minuten im ungeheuren Verlauf der Evolution. Von unseren Vorfahren zeugen nur noch einige Knochen, vor allem Gebisse oder doch Reste von Unterkiefern, die uns erlauben, die Gebisse unserer hominiden Vorfahren zu rekonstruieren.

Zieht aus dem Wäschekorb mit der rechten Hand ein riesiges Demonstrationsgebiß hervor, hebt es in die Höhe.

LOUIS Ein gutes Gebiß. Ein echtes Gebiß. Ein schönes Gebiß. Ein Menschengebiß. Unser aller Gebiß.

Zieht mit der linken Hand eine Zahnprothese aus seinem Ärztemantel, hält sie neben das Demonstrationsgebiß.

LOUIS Ein besseres Gebiß. Ein echteres Gebiß. Ein schöneres Gebiß. Eine Zahnprothese. Unser aller Hoffnung. Wie das Affengebiß danach drängte, ein Menschengebiß zu werden, so sehnte sich das Menschengebiß, gefoltert von Zahnschmerzen, nach dem Idealgebiß, dem Gebiß außerhalb seiner, nach dem künstlichen Gebiß. Der Archetypus der Gebisse schlechthin ist die Prothese, die Prothese ist der Sinn der Gebisse, in der Prothese findet das Gebiß seine Vollendung.

Wirft das Demonstrationsgebiß in den Wäschekorb, steckt die Prothese ein.

LOUIS Suchen wir nach dem Sinn des Menschen, müssen wir ihn außerhalb des Menschen suchen. Der Weg ist schwierig, der Irrwege viele. Das Gebiß eines Menschenaffen weist auf dessen Schädel, der auf dessen Hirn, das Gebiß des Affenmenschen des Prokonsuls ebenso, dasjenige des Neandertalers desgleichen, auch unser Gebiß weist auf unseren Schädel und der auf unser Hirn, doch unsere Zahnprothese? Auch sie weist auf unseren Schädel und auf unser Hirn. Wir scheinen uns in einem Circulus vitiosus zu bewegen, in einem

Irrkreis der Evolution, wiese nicht die Zahnprothese darüber hinaus hin auf die Fähigkeit unseres Hirns, Prothesen herzustellen, damit nicht nur Prothesen des Gebisses, sondern Prothesen seiner selber, Computer. Der Archetypus des Menschen, sein Idealbild, ist der von seinem Schöpfer, dem Menschen, befreite Computer, der Computer ist der Sinn des Menschen, in ihm findet der Mensch seine Vollendung. Die blutige Abendröte, der die Menschheit entgegentaumelt, um sich in ihr, überflüssig geworden, aufzulösen, ist gleichzeitig die Morgenröte, aus deren Feuerbad die neue Menschheit, jene der künstlichen Hirne hervorgeht, sich anschickend, ihren Sinn zu suchen, die Prothesen der Prothesen, den Übercomputer, der den Computer ersetzt als Idee der Idee. Erschrecken Sie nicht, meine Damen und Herren, vor Ihnen steht kein Irrer: Der gute Löffel, von modernen Theorien beeinflußt, denen zufolge die Patienten sich selber heilen sollten, hat Achterloo so klammheimlich verlassen, den Ärztekongreß und den Streik der Pflegergewerkschaft ausnutzend, daß ich als einziger Nichtpatient die Klinik übernehmen mußte. Ich stelle mich Ihnen vor, Sie gleichzeitig beruhigend: Ich bin Carl Gustav Jung, geboren am 6. Juli 1875 in Kesswil, gestorben am 6. Juni 1961 in Küsnacht. Meine Damen und Herren, Sie dürfen jetzt endgültig beruhigt in die Pause gehen.

BÜCHNER Welches Stück schreibe ich denn eigentlich?

Von rechts Cambronne.

CAMBRONNE Ich habe meinen Text vergessen.

Zweiter Akt

Bevor der Vorhang aufgeht, beginnt die Toccata, Adagio und Fuge in C-Dur von Bach.

Vorhang auf.

Bühne wie im ersten Akt. Büchner schreibt.

Nur die Posters der Feldherrn sind durch marxistische Führer ersetzt, Lenin, Stalin, Trotzki, Chruschtschow, Breschnew, Mao, Ho Chi Minh, Fidel Castro, Honecker usw. Auch zwei Posters von Plon-Plon und Louis als Karl Marx.

Napoleon schläft in seinem Bett mit Hut und Sonnenbrille.

Die Zimsen bereitet ihren Auftritt vor.

Die Bühne ist mit Manuskriptseiten bedeckt.

Büchner schaut auf, gibt ein Zeichen.

Die Toccata hört schlagartig auf.

BÜCHNER Meine Damen und Herren, daß Sie sich nach der Pause in unseren Theatersaal gewagt haben, freut mich als den Autor dieses Stücks besonders, obgleich

ich immer noch am Ersten Akt herumbastle, daß man Johannes XXIII. gestrichen hat, wurmt mich, was hätte ich aus diesem ehemaligen Seeräuber nicht alles gemacht, und obgleich von euch mancher, wie ich mir denken kann, sich überlegen wird, wie er, in unser Achterloo hineingekommen, wieder hinauskomme. Das Bühnenbild hat sich nur wenig verändert, Professor Löffel und Sigmund Freud bestanden auf einer Änderung der Posters, warum, keine Ahnung, ich führe nicht Regie. Napoleon schläft noch immer, das Rasiermesser Woyzecks behüte ich wie einen Augapfel, doch was die Toccata in C-Dur betrifft, deren Beginn Sie zu Beginn hörten – meine Damen und Herren, das links von Ihnen postierte Harmonium wird Sie schon im ersten Akt irritiert haben, hätte es doch auch vor der Pause unser Stück beleben sollen. Wir hatten es mühsam genug mit vereinten Kräften von der Kapelle auf unsere Bühne geschleppt, wobei Claudius Cäsar Augustus Germanicus Nero sich ein Bein brach, der eigentlich, verführt durch seine schauspielerische Leidenschaft, den amerikanischen Präsidenten spielen wollte und nun nicht auftreten kann. Dafür vermag nun jener aufzutreten, für den das Harmonium bestimmt ist: Der Schlüssel zur Gummizelle, worin der taubstumme Musikus aus Königsberg, heute Kaliningrad, bisweilen in Raserei verfällt, fähig zwölf Sprachen von den Lippen abzulesen und zu verstehen, zweiter Preisträger des Orgelwettbewerbs in Adelaide, Australien, sich einbildend, der von E. T. A. Hoffmann erfundene Kapellmeister Johannes Kreisler zu sein, dieser Schlüssel konnte in der Pause gefunden werden. Fürchten Sie nichts. Kreisler wird nur gefährlich, wenn er nicht an einem Instrument sitzt.

Wendet sich gegen den hinter dem Harmonium unsichtbaren Kreisler.

BÜCHNER An - fan - gen.

Die Toccata beginnt wieder.

Von rechts und links schieben Louis und Plon-Plon die schlafenden Müller I und Müller II hinein. Die Betten prallen aufeinander.

Die Toccata hört schlagartig auf.

BÜCHNER Pech. Professor Hans Löffel und Sigmund Freud haben Schwierigkeiten.
LOUIS Müller eins schläft.
PLON-PLON Müller zwo auch.
LOUIS Müller eins ist nicht wachzurütteln.
PLON-PLON Müller zwo nicht wachzukneifen.
LOUIS Sie kneifen?
PLON-PLON Ich hab ihm noch eine Backpfeife gegeben.

Louis gibt Müller I eine Backpfeife.

PLON-PLON Nun?
LOUIS Schläft weiter.
PLON-PLON Kneifen!

Louis kneift Müller I.

PLON-PLON Wirkung?
LOUIS Keine.

PLON-PLON Sie haben meinem Müller Tranxilium gespritzt.
LOUIS Somnifen – wie kommen Sie auf Tranxilium?

Stutzt.

LOUIS *Sie* haben meinem Müller Tranxilium gespritzt.
PLON-PLON Jetzt schlafen sie beide.
LOUIS Jetzt können beide Karl Marx nicht spielen.

Plon-Plon weist auf die Wand.

PLON-PLON Sie haben sich schon als Karl Marx auf die Wand geklebt.
LOUIS Sie sich auch.
PLON-PLON *Ich* spiele Karl Marx.

Greift nach Müller II, nimmt dessen Bart und hängt ihn um.

LOUIS *Ich* spiele ihn.

Greift nach Müller I, der Bart kommt nicht.

Versucht es noch einmal.

PLON-PLON Ihr Müller hat einen echten Bart.

Louis wirft unwillig die Decke über Müller I.

PLON-PLON Ich wußte, daß Sie meinem Müller ein Schlafmittel spritzen würden.

LOUIS Und ich wußte, daß Sie meinem Müller ein Schlafmittel spritzen würden. Da hab ich Ihrem Müller halt auch eins verpaßt.

PLON-PLON Beide wollten Karl Marx spielen.

LOUIS So ein Blödsinn. Es gibt nur einen Karl Marx.

PLON-PLON Den spiele *ich*.

LOUIS Das wollen wir sehen –

Geht zum Wäschekorb, sucht, findet einen Bart, hängt ihn um.

LOUIS *Ich* spiele Karl Marx.

Plon-Plon ist fassungslos.

PLON-PLON Wozu ist ein Bart in diesen Wäschekorb gekommen?

LOUIS Mein archetypisches Denken hat mich nicht im Stich gelassen. Bei diesen Verrückten muß sich jemand einbilden, er sei der Liebe Gott.

Man sieht die Hand Kreislers, die eine leere Sektflasche auf das Harmonium stellt.

PLON-PLON Und nun wollen *Sie* Karl Marx spielen?

LOUIS Ich bin als Kammerdiener unterbesetzt.

PLON-PLON Na und? Eine Bombenrolle.

LOUIS Sie wissen wohl nicht, wer ich bin?

PLON-PLON Sind Sie bereit, daß ich Ihnen die Wahrheit ins Gesicht schleudere?

LOUIS Schleudern Sie.

Nimmt Stellung an.

PLON-PLON Sie sind nicht der Direktor von Achterloo, Professor Hans Löffel, wie Sie uns weismachen wollen.

LOUIS Na und?

PLON-PLON Sie sind auch nicht Carl Gustav Jung, wie Sie dem Publikum weismachen wollen.

LOUIS Nur zu.

PLON-PLON Sie sind der Gebißtechniker Jean-Pierre Leuli vom Zahnärztlichen Institut Sempach.

LOUIS Danebengeschleudert. Ich bin Carl Gustav Jung.

PLON-PLON Die Rolle des Karl Marx ist *mir* auf den Leib geschrieben.

LOUIS Als Karl Marx wären Sie die Fehlbesetzung des Jahrhunderts.

PLON-PLON Ich muß schon fragen, für wen halten Sie mich?

LOUIS Sind Sie bereit, daß ich Ihnen die Wahrheit ins Gesicht schmettere?

PLON-PLON Schmettern Sie.

Nimmt Stellung an.

LOUIS Sie sind nicht Sigmund Freud, wie Sie uns weismachen wollen.

PLON-PLON Nur zu.

LOUIS Sie sind auch nicht Sigmund Freuds Doppelgänger, wie Sie dem Publikum weismachen wollen.

PLON-PLON Na und?

LOUIS Sie sind der Damenschneider Ignaz Schwänzel aus Oberhofen am Thunersee.

PLON-PLON Danebengeschmettert. Ich bin Sigmund Freuds Doppelgänger.

Plötzlich kurze Passage der Toccata, in welcher der Streit untergeht.

PLON-PLON Nur ich bin fähig, Karl Marx darzustellen!

LOUIS Sie wären höchstens imstande, Lenchen Demuth ein Umstandskleid zurechtzuschneidern, die sich in Marxens Haushalt aufopferte.

PLON-PLON Das Klappern Ihres Gebisses hat mich nie gestört, aber als Karl Marx? Der hatte kein Gebiß, Sie Gebiß-Corbusier, Sie!

LOUIS Er hatte eins. Es trug meine Initialen.

PLON-PLON Er hatte keins.

LOUIS Ich sollte Sie wohl auf der Couch hineinschieben, wollen Sie Karl Marx spielen?

PLON-PLON Wäre Marx auf meiner Couch gelandet, hätte er nicht seine ödipalen ökonomischen Theorien verkündet.

Erneut kurze Passage der Toccata, in welcher der Streit untergeht.

PLON-PLON Müller zwo schlägt die Augen auf.

LOUIS Müller eins erwacht.

PLON-PLON Somnifen?

LOUIS Tranxilium?

PLON-PLON Habe noch.

LOUIS Habe noch.

PLON-PLON Spritzen wir.

LOUIS Spritzen wir.

Louis mit Müller II nach links ab, Plon-Plon mit Müller I nach rechts.

MÜLLER I Ich bin Karl Marx!
MÜLLER II Ich bin Karl Marx!

Sie werden hinausgeschoben.

Büchner hat unterdessen immer weitergeschrieben.

Die Toccata beginnt von neuem.

Napoleon schreckt auf, ebenso Büchner.

Napoleon steigt aus dem Bett, setzt sich in den Sessel links.

NAPOLEON Ich verkünde, daß sich diese Nacht ein Militärrat für die nationale Rettung konstituiert hat. Der Staatsrat hat entsprechend den Festlegungen der Verfassung gestern um Mitternacht den Ausnahmezustand auf dem Territorium des gesamten Landes verkündet. Ich möchte, daß alle die Motive und das Ziel unseres Handelns verstehen. Wir streben keinen Militärputsch, keine Militärdiktatur an. Das Volk hat genügend Kraft, genügend Weisheit, um ein funktionstüchtiges demokratisches System sozialistischer Ordnung zu schaffen, in welchem die Streitkräfte dort bleiben können, wo ihr Platz ist: in den Kasernen. Keines unserer Probleme kann man auf längere Sicht mit Gewalt lösen. Louis, Plon-Plon!

Von links und rechts stürzen Louis und Plon-Plon herein, werfen ihre Spritzen fort, tragen Bärte.

NAPOLEON Das Volk, Louis?

Während sich Napoleon im Vordergrund aufhält, nehmen Louis und Plon-Plon die zu ihrer Verwandlung notwendigen Kleider aus dem Wäschekorb.

LOUIS Straßenkämpfe.
NAPOLEON Die Freie Gewerkschaft?
PLON-PLON Generalstreik.
NAPOLEON Wir?
PLON-PLON Die Armee geht mit Panzerwagen und Wasserwerfern vor.
LOUIS Die Kaserne ist abgeschirmt.
NAPOLEON Ich regiere aus einem Grab.
LOUIS Eine Extraausgabe.
PLON-PLON Jeanne mit Robespierre im Bett!

Gibt Napoleon eine Zeitung.

LOUIS Schlägt wie eine Bombe ein.
NAPOLEON Der Fotograf?
PLON-PLON Lord Tony sitzt in der Verkehrsmaschine der British Airways nach London.

Plon-Plon und Louis kleiden sich um.

Von rechts kommt Woyzeck, hinkend, mit seinen Rasierutensilien.

WOYZECK Die Schwämme, Herr General. Da, da steckt's. Haben Sie schon gesehen, in was für Figuren die Schwämme auf dem Boden wachsen? Wer das lesen könnt'.

NAPOLEON Woyzeck. Eine Stunde später als sonst.
WOYZECK Wurde verprügelt, Herr General.
NAPOLEON Von wem?
WOYZECK Vom Volk.
NAPOLEON Weshalb?
WOYZECK Herr General wissen schon –
NAPOLEON Weil du mich nicht – ?
WOYZECK Den Hut, Herr General, die Sonnenbrille.

Nimmt Napoleon den Hut und die Sonnenbrille ab, legt beides aufs Bett.

NAPOLEON Eins nach dem andern.
WOYZECK Jawohl, Herr General.

Bindet Napoleon das Rasiertuch um.

NAPOLEON Er hat gestern tüchtig gearbeitet, Woyzeck. Fouché bekommt ein Staatsbegräbnis. Geh Er zum Wäschekorb.

Woyzeck gehorcht. Louis und Plon-Plon als Marxe ab.

NAPOLEON Zieh Er den Großen Roten Treueorden mit Sichel und Hammer heraus.

Woyzeck gehorcht.

NAPOLEON Steck Er ihn an.

Woyzeck steckt sich den Orden an.

WOYZECK Jawohl, Herr General.
NAPOLEON Seif Er mich ein.
WOYZECK Sofort, Herr General.

Schlägt Seifenschaum.

WOYZECK Dank auch für den Orden, Herr General.
NAPOLEON Fürs Hinrichten, nicht fürs Rasieren.
WOYZECK Werd's mir merken, Herr General.
NAPOLEON Er trägt den Orden, den Fouché trug.
WOYZECK Es blieb ihm nichts anderes übrig, als sich mir hinzusetzen, und es blieb mir nichts anderes übrig, als ihm die Kehle durchzuschneiden, Herr General, und nun haben Sie sich ja auch hingesetzt.

Seift ein. Louis holt sich bei Büchner Text.

NAPOLEON Woyzeck, Er philosophiert wieder.
WOYZECK Es war eine Fehlleistung, Herr General.
NAPOLEON Wer hat Ihm das denn beigebracht?
WOYZECK Der Doktor, Herr General. Auch die Marie ist eine Fehlleistung gewesen, vor zwanzig Jahr. Ich hätt' dem Doktor und dem Tambourmajor die Kehle durchschneiden sollen, hat der Herr General selber gesagt, und ich hätt' gestern Ihnen die Kehle durchschneiden sollen, nicht Fouché. Eingeseift, Herr General.
NAPOLEON Dient Er immer noch dem Doktor für seine Experimente, Woyzeck? Frißt Er immer noch Erbsen?
WOYZECK Als Scharfrichter wird unsereiner Vegetarier, Herr General. Mein Messer.

Sucht. Plon-Plon holt sich bei Büchner Text.

WOYZECK Ich hab mein Messer verloren, Herr General.
NAPOLEON Deine Tochter hat dein Messer.
WOYZECK Jeanne?
NAPOLEON Sie war zu feige, mir die Kehle durchzuschneiden.
BÜCHNER Hier.

Gibt Woyzeck das Messer.

BÜCHNER 's is ganz grad. Wollt Ihr Euch den Hals mit abschneiden? Nu, was is es? Ich geb's Euch so wohlfeil wie ein andrer. Ihr sollt Euern Tod wohlfeil haben, aber doch nit umsonst. Was is es? Er soll einen ökonomischen Tod haben.
WOYZECK Das kann mehr als Brot schneiden –
NAPOLEON Rasieren.

Woyzeck beginnt zu rasieren.

NAPOLEON Langsam, Woyzeck, langsam. Was soll ich denn mit den zehn Minuten anfangen, die Er heut zu früh fertig wird.

Woyzeck singt.

WOYZECK Auf der Welt ist kein Bestand,
Wir müssen alle sterben.

Rasiert.

WOYZECK Der Generalsekretär ist gelandet.

Im Fenster erscheint Plon-Plon als Karl Marx, wie dieser auf der berühmten Fotografie mit Monokel und schon weißem Vollbart.

MARX I Ich bin Karl Marx, geboren am 5. Mai 1818 in Trier und gestorben am 14. März 1883 in London. Ich habe die Welt verändert, aber ich komme im ›Lexikon der allgemeinen Weltgeschichte‹, Leipzig 1882 nicht vor. Ich bin ein Jude, der Enkel eines Rabbiners. Mein Vater wurde ein Christ, um nicht mehr Jude zu sein und der Verachtung und der Entwürdigung zu entgehen, und ich wurde Denker, um die Verachtung und Entwürdigung abzuschaffen, die Menschen durch Menschen erleiden. Die Religionen hassend, stiftete ich eine neue Religion, wie Jahwe sein Volk auserwählte, wählte ich mein Volk aus, das Proletariat, und wie Moses dem auserwählten Volk die Gesetze Jahwes übergab, übergab ich dem Proletariat die Gesetze der Weltgeschichte.

Verschwindet wieder.

NAPOLEON Der Generalsekretär.
WOYZECK Er selbst.
NAPOLEON Jetzt wird's ernst.
WOYZECK Und wie.
NAPOLEON Jeanne?
WOYZECK Wurde verhaftet.

Rasiert.

NAPOLEON Vorauszusehen.
WOYZECK Werden Herr General Jeanne helfen?

NAPOLEON Nein.
WOYZECK Dann wird der Himmel Jeanne helfen.
NAPOLEON Sie wird sich selber helfen.
WOYZECK Jetzt kommt am Hals Ihre heikle Stelle.

Rasiert.

NAPOLEON Schabt Er mit dem gleichen Messer, mit dem Er Fouché –?
WOYZECK Unsereins hat kein zweites Messer, Herr General. Ein ordentlicher Mensch hat sein Leben lieb, und ein Mensch, der sein Leben lieb hat, hat keine Courage, nicht? Wer Courage hat, ist ein Hundsfott.

Rasiert.

Mächtiger Einsatz der Toccata.

WOYZECK Man schießt, Herr General. Man schießt im Kasernenhof. Päng.
NAPOLEON Vorbei mit der Grabesstille.

Toccata.

Woyzeck rasiert.

WOYZECK Päng, päng, päng und päng! Immerzu, immerzu. Das hat die Marie gesagt und getanzt mit dem Tambourmajor. Was ist der Mensch? Knochen, Staub, Sand, Dreck. Aber die dummen Menschen, die dummen Menschen. Der Mensch haut, schießt, sticht, hurt.

Wirft das Rasiermesser auf den Boden.

WOYZECK After-shave, Herr General?
NAPOLEON Dunhill.

Woyzeck reibt Napoleon After-shave ein.

WOYZECK Die Höll ist kalt, wollen wir wetten?
NAPOLEON Ich mein es gut mit Ihm. Er hätte zuschneiden sollen.
WOYZECK Herr General, ich hab's Zittern.
NAPOLEON Die Erbsen, Woyzeck, die Erbsen.

Toccata.

WOYZECK Blaue Bohnen, Herr General, blaue Bohnen. Päng, päng, immerzu.

Tritt zurück.

WOYZECK Fertig, Herr General.

Packt seine Rasierutensilien zusammen.

WOYZECK Ich hab keine Courage, Herr General. Ich bin kein Hundsfott. Adjes, Herr General.

Will gehen.

NAPOLEON Woyzeck.
WOYZECK Herr General?
NAPOLEON Das Messer.

Woyzeck kommt zurück, hebt das Rasiermesser auf.

NAPOLEON Wer kein Hundsfott ist, ist ein Ehrenmann, Woyzeck, und Er ist ein Ehrenmann.

Gibt Woyzeck einen Fußtritt, daß er hinstürzt.

NAPOLEON Wenn ich sag Er, so mein ich Ihn, und wenn ich sag Ihn, so mein ich das Volk. Wirf das Messer in den Wäschekorb.

WOYZECK Ich blut.

Wirft das Messer in den Wäschekorb.

NAPOLEON Hinaus mit dir. Es ist unanständig, vom Volk Courage zu fordern.

Woyzeck hinkt nach rechts hinaus.

WOYZECK Das machen die Freimaurer, Herr General, die Freimaurer. Seht, wie die Sonn kommt zwischen den Wolken hervor, als würd'n Nachttopf ausgeschütt.

Ab.

NAPOLEON Franklin. Auftreten.

Büchner fährt von seinem Schreiben auf.

BÜCHNER Meinen Sie mich?

NAPOLEON Sie.

BÜCHNER Ich bin Georg Büchner und schreibe ›Achterloo‹.

NAPOLEON Sie spielen in diesem Stück Benjamin Franklin.

BÜCHNER Ich hab meine Rolle schon geschrieben.

Kniet am Boden herum, sucht in den Papieren.

BÜCHNER Ich muß den Text nur noch finden.

Schlägt den Kopf ans Bett.

BÜCHNER Au!

Steht auf. Napoleon starrt ins Publikum.

NAPOLEON Sie bluten an der Stirn, Franklin, Woyzeck blutet, Sie bluten. Ein blutiger Morgen.

Büchner spielt Franklin.

FRANKLIN Nicht der Rede wert, Bonaparte. Ein Panzer fuhr frontal in meinen Cadillac.

NAPOLEON Bestürzt.

FRANKLIN Mein Fahrer ist tot. Ein Schwarzer.

NAPOLEON Beileid.

FRANKLIN ›Black is beautiful‹. Gut für unsere Propaganda. Der Panzer fuhr mich in Ihre Garage.

Napoleon reicht ihm die Zeitung.

FRANKLIN Phantastisch, die Extraausgabe.

NAPOLEON In Rekordzeit gedruckt.

FRANKLIN Wie wird es der Generalsekretär aufnehmen?

NAPOLEON Er ist gelandet, und Jeanne ist verhaftet.

FRANKLIN Das Fernsehen drüben hatte Ihr Ableben und das militärische Hilfsangebot des Präsidenten an Fouché schon gemeldet.

NAPOLEON Jeannes Bemühungen, einen Krieg zu entfesseln, konnten nur durch eine Militärdiktatur verhindert werden.

FRANKLIN Unbegreiflich, daß dieses Mädchen so blutrünstig gewesen ist.

NAPOLEON Wer an eine unsterbliche Seele glaubt, für den ist der Weltuntergang nicht sonderlich schlimm. Der Präsident?

FRANKLIN Wütet.

NAPOLEON Warum denn?

FRANKLIN Er mußte das Hilfsangebot zurückziehen. Er wäre sonst mit einer weiteren Militärdiktatur verbündet. Ich habe den zweitschärfsten Protest zu überreichen, den der Präsident je verfaßt hat.

Er will Napoleon einen Brief überreichen.

NAPOLEON In den Wäschekorb damit.

Franklin gehorcht.

FRANKLIN Der schärfste geht an den Generalsekretär.

NAPOLEON Na, sehen Sie: Jetzt hat der Präsident endlich einmal eine glanzvolle Idee gehabt.

Ein Servierwagen mit Frühstück für zwei rollt von links auf die Bühne.

Toccata.

FRANKLIN Man schießt.
NAPOLEON Erschießt.
FRANKLIN Wen?
NAPOLEON Woyzeck.
FRANKLIN Ihren Barbier!
NAPOLEON Meine Gegenwart führte ihn immer mehr in Versuchung. Frühstücken wir!
FRANKLIN Schön. Ich halte mit.

Holt den Servierwagen herbei, benutzt den Stuhl, den er als Büchner benutzte.

Toccata.

FRANKLIN Jetzt?
NAPOLEON Parteifunktionäre. Ich nutze eine Gelegenheit: Alles denkt an die Gewerkschaft und niemand an die Partei. Ein Grund, sie zu säubern.

Sie frühstücken und schieben dabei einander den Servierwagen zu.

NAPOLEON Toast?
FRANKLIN Bitte.
NAPOLEON Kaviar?
FRANKLIN Hungrig.
NAPOLEON Schnaps?
FRANKLIN Gern.

Schenkt sich ein.

FRANKLIN Wenn ich aufgeregt bin, kann ich meinen Appetit nicht bändigen.

Trinkt den Schnaps aus.

FRANKLIN Und meinen Alkoholkonsum auch nicht.

Schenkt sich wieder Schnaps ein.

Napoleon trinkt Tee.

NAPOLEON Morgen wären sie einmarschiert.

Franklin trinkt, starrt Napoleon entgeistert an.

FRANKLIN Wären? Der Generalsekretär ist gelandet.
NAPOLEON Na und? Er wird mir zu meiner Militärdiktatur gratulieren, am Abend zurückfliegen und seine Truppen zu Hause lassen.
FRANKLIN Er hat Jeanne verhaften lassen.
NAPOLEON Ich kann mir denken, was er mit ihr vorhat.
FRANKLIN Noch einen Schnaps.

Schenkt sich ein.

FRANKLIN Glauben Sie –

Leert das Glas.

FRANKLIN Napoleon, glauben Sie, daß er nicht einmarschiert?
NAPOLEON Wenn der Präsident glaubt, hinter meiner

Militärdiktatur stecke der Generalsekretär, marschiert dieser nicht ein.

FRANKLIN Darum wütet er ja. Aus einem Gefühl der Ohnmacht heraus! Er kann Ihnen nicht helfen, weil Sie auf Befehl des Generalsekretärs eine Militärdiktatur errichtet haben, um diesem den Einmarsch zu ermöglichen. Unsere Truppen landen nicht, wenn Ihre Armee statt in den Händen des Volkes in Ihren Händen ist, Napoleon. Das Risiko wäre zu groß. Es leuchtet der ganzen Welt ein, wenn wir jetzt nichts tun. Der Präsident blamiert sich, wenn der Generalsekretär nicht einmarschiert.

NAPOLEON Und der Generalsekretär blamiert sich, wenn er jetzt einmarschiert.

Lacht.

NAPOLEON Noch einen Toast mit Kaviar?

FRANKLIN Lieber noch einen Schnaps.

NAPOLEON Es ist wichtig, daß Sie jetzt nüchtern bleiben. Besaufen können Sie sich im Flugzeug.

Franklin streicht gehorsam Kaviar auf ein Stück Toast.

NAPOLEON Sie beschwören den dritten Weltkrieg herauf, wenn der Präsident auf die Idee kommt, ich hätt aus eigenem Antrieb eine Militärdiktatur errichtet. Den Wagen.

Franklin schiebt den Wagen zurück.

NAPOLEON Passen Sie auf, Benjamin.

Demonstriert das Folgende mit Toaststücken.

NAPOLEON Wir haben zwei Machtblöcke: den Ihren und den unsrigen. Ihrer ist ein Bündnis von Staaten, der unsrige auch. Der Ihre wird von einer Supermacht dominiert, der unsrige auch.

FRANKLIN Die beiden Machtsysteme können Sie unmöglich vergleichen.

NAPOLEON Gerade auf ihre Gleichheit gründet sich meine Überlegung.

FRANKLIN Unterschiede sind Unterschiede.

NAPOLEON Jede Supermacht glaubt, die andere beherrsche ihre Partner vollständig.

FRANKLIN Das ist in Ihrem Machtlager jedenfalls so.

NAPOLEON Ihr Einwand beweist, daß meine Überlegung nicht ganz falsch ist. Sie projizieren in unser Machtlager das Bild, das Sie sehen möchten. Daß unsere Seite der Ihren gegenüber der gleichen Täuschung verfällt, ist ein weiterer Beweis. Jeder Versuch einer politischen Änderung in den zwei Machtbereichen wird auf den Einfluß der anderen Supermacht zurückgeführt: Unsere Freie Gewerkschaft wird euch und eure Friedensbewegung uns zugeschrieben.

FRANKLIN Banalitäten.

NAPOLEON Auch die Grundlagen der Logik sind banal. Der Identitätssatz, der Satz vom ausgeschlossenen Dritten und so weiter, und was läßt sich nicht aus diesen Banalitäten folgern. Nach der Ansicht des Präsidenten geschieht nichts in unserem Machtsystem ohne den Willen des Generalsekretärs, also auch nicht meine Machtübernahme. Und weil es der Präsident glaubt, unternimmt der Generalsekretär nichts, den Glauben des Präsidenten zu zerstören. In dem Augenblick aber, wo der Präsident glaubt, ich hätte eigenwillig gehandelt, bricht auch der Grund des Generalsekretärs zusammen, gegen mich nichts zu unternehmen, und ich vermag den Krieg unserer Armee gegen seine Truppen nicht zu verhindern, und der Präsident muß einschreiten.

FRANKLIN Sie spielen riskant.

NAPOLEON Ich zähle darauf, daß Sie den Präsidenten in seiner fixen Idee bestärken, ich hätte auf Befehl des Generalsekretärs gehandelt, sonst könnte der Atomkrieg ausbrechen.

FRANKLIN Noch einen Schnaps.

NAPOLEON Bedienen Sie sich.

Schiebt Franklin den Wagen zu.

Franklin schenkt sich ein.

FRANKLIN Napoleon –

NAPOLEON Franklin?

FRANKLIN Ich muß in meine Botschaft zurück.

NAPOLEON Der Panzer steht zu Ihrer Verfügung.

FRANKLIN Da wär noch was.

Trinkt.

FRANKLIN Ich hab in meinen Schriften ein einfaches Leben gepredigt. Ich glaube an den Erfolg durch Fleiß, Rechtschaffenheit, Selbstdisziplin und Sparsamkeit.

NAPOLEON Und?

FRANKLIN Ob wohl Aufnahmen von Jeanne und mir –?

NAPOLEON Anzunehmen.

FRANKLIN Die Vereinigten Staaten wurden im Namen Gottes und der Vernunft gegründet. Ich bin neben Washington, Jefferson und Lincoln für die Amerikaner ein Idol der Demokratie, ihr lebendiges Denkmal sozusagen.

NAPOLEON War ich auch einmal. Beethoven hat mir die ›Eroica‹ gewidmet.

FRANKLIN Die Widmung hat er wieder durchgestrichen.

NAPOLEON Komponisten sind launisch.

Von hinten rechts Richelieu. Der Kardinal ist mit der braunen Kutte eines Trappistenmönchs bekleidet und vollkommen durchnäßt. Er trägt eine tote sandfarbene Hündin in den Armen, bedeckt mit einem violetten Tuch mit goldenem Kreuz. Er bleibt schlotternd unbemerkt neben dem Feldbett stehen.

FRANKLIN Wenn an den Kantinenwänden unserer Soldaten Posters hängen, auf denen ich mich mit Jeanne nackt in einem Bett wälze, werde ich aus dem Buch der Geschichte gestrichen.

Napoleon steht auf.

NAPOLEON Im Gegenteil, Sie würden noch populärer.

Öffnet den Wäschekorb, gibt Franklin einen Briefumschlag.

NAPOLEON Die Fotos und die Negative. Bye-bye, Benjamin.

Franklin zum Tisch zurück, betrachtet die Fotos, schreibt als Büchner weiter.

Napoleon gießt sich wieder Tee ein.

Die Zimsen kommt als Richelieu nach vorne.

RICHELIEU Bonaparte.
NAPOLEON Richelieu!

Stutzt.

NAPOLEON Was tragen Sie denn für eine unmögliche Kutte?
RICHELIEU Ich trete in ein Trappistenkloster ein.
NAPOLEON Wozu?
RICHELIEU Damit ich endlich den Mund halte.
NAPOLEON Sie sind flotschnaß.
RICHELIEU Einer Ihrer Wasserwerfer.
NAPOLEON Saßen Sie denn nicht in Ihrem Mercedes?
RICHELIEU Ich stand hinten im offenen Kabriolett, um mich unwürdigen Sünder den Gläubigen zu zeigen. Ich stand wie in einer Badewanne, als ich in Ihrer Kaserne ankam. Ich bin bis auf die Knochen durchfroren.
NAPOLEON Ziehen Sie schleunigst die Kutte aus.
RICHELIEU Mich ausziehen –? Niemals!

Niest.

RICHELIEU Jeanne ist auf Befehl des Generalsekretärs verhaftet worden.
NAPOLEON Er hatte allen Grund dazu.

RICHELIEU Läßt sie der Generalsekretär erschießen, spricht sie die Kirche zum zweiten Mal heilig.

NAPOLEON Der Generalsekretär ist kaum so unvorsichtig.

RICHELIEU Jan Hus!

NAPOLEON Lasse ich verhaften.

RICHELIEU Verhaften Sie mich statt seiner.

NAPOLEON Ich mache mich nicht lächerlich.

RICHELIEU Meine Antwort.

Legt Napoleon feierlich den Tierkadaver zu Füßen, enthüllt ihn.

RICHELIEU Eine tote Hündin. Sie wurde vor meinem Palais von einem Panzer überfahren. Was hat dieser blutige Brei von Fleisch, Knochen und sandfarbenem Fell mit Ihren Plänen zu tun, Bonaparte?

Napoleon steht auf, starrt auf den Kadaver.

NAPOLEON Wenn ich den Volksaufstand jetzt nicht niederschlage, kommt es zum Bürgerkrieg; kommt es zum Bürgerkrieg, marschieren sie ein. Der Generalsekretär ist schon im Land, und der Kardinal Richelieu legt mir eine tote Hündin vor die Füße. Ich habe nichts mit diesem Kadaver zu tun.

RICHELIEU Nichts? Und wenn es ein Kind gewesen wäre, nichts? Und hundert Kinder, nichts? Und nichts mit den Plänen des Hus, der Ihre Pläne bewirkte, Bonaparte, und nichts mit meinen Plänen, die durch die Ihren bestimmt wurden, und nichts mit den Plänen des Generalsekretärs, die Sie zu beeinflussen suchen. Alle unsere Pläne haben nichts mit dieser toten Hündin zu tun? Nichts? Ich schlottere.

NAPOLEON Tee mit Schnaps?

RICHELIEU Kümmern Sie sich nicht um mein zeitliches Wohl.

NAPOLEON Sie klappern mit den Zähnen.

Er holt aus dem Wäschekorb den Krönungsmantel.

RICHELIEU Schüttelfrost.

NAPOLEON Ich laß einen Arzt kommen.

RICHELIEU Hüten Sie sich, Gott ins Handwerk zu pfuschen.

NAPOLEON Wärmen Sie sich wenigstens.

Wirft Richelieu den Krönungsmantel zu.

RICHELIEU Sie sind von Sinnen –

NAPOLEON Ihre Hände und Kutte sind blutig.

RICHELIEU Stört es Sie, Bonaparte?

Fühlt sich den Puls.

RICHELIEU Mein Puls rast.

Hustet.

RICHELIEU Gott der Herr sei gelobt. Der Husten schmerzt. Eine Lungenentzündung kündet sich an. Hoffentlich noch Schlimmeres. Haben Sie eine starke Zigarre?

NAPOLEON Gott allein weiß, was sich alles in diesem Wäschekorb –

Sucht.

NAPOLEON Eine Kiste Fidel Castros und ein Feuerzeug.

Richelieu nimmt eine Zigarre, Napoleon gibt ihm Feuer, wirft das Feuerzeug in den Korb zurück.

RICHELIEU Jetzt nähme ich doch gern den Krönungsmantel.
NAPOLEON Bitte.
RICHELIEU Wenn ich mich an Sie schmiegen dürfte –

Pafft.

RICHELIEU Der Schüttelfrost läßt meine Gedanken gefrieren. Aus mir dampft eine Eishölle.
NAPOLEON Selbstverständlich.

Beide hüllen sich in den Krönungsmantel, setzen sich vor den Wäschekorb.

RICHELIEU Wärmt.

Pafft.

RICHELIEU Irgendein Gelehrter, der über Raum und Zeit nachdachte, schrieb einmal: Insofern sich die Sätze der Mathematik auf die Wirklichkeit bezögen, seien sie nicht sicher, und insofern sie sicher seien, bezögen sie sich nicht auf die Wirklichkeit.

Hustet.

RICHELIEU Ich bin gespannt, ob ich bei meinem desolaten Zustand überhaupt noch in mein Trappistenkloster komme.

NAPOLEON Die Ambulanz ist bereit.

RICHELIEU Die Stiche nehmen zu. Es ist etwas Großartiges, wie sich eine tödliche Krankheit ausbreitet.

Pafft.

RICHELIEU Was der unbekannte Gelehrte schrieb, gilt auch für die Theologie und die Ideologie: Insofern sich die Sätze der Theologie und der Ideologie auf den Menschen beziehen, sind sie nicht sicher, und insofern sie sicher sind, beziehen sie sich nicht auf den Menschen. Die Theologie und die Ideologie sind nur im menschenleeren Raum wahr. Ich hätte es als Priester wissen müssen: Das Christentum ist nur ohne Christen vollkommen.

Von links ist Cambronne aufgetaucht.

CAMBRONNE Ich – ich –

RICHELIEU Was wünschen Sie, Pierre Jacques Etienne de Cambronne, Pair de France?

CAMBRONNE Ich hab mein Wort vergessen.

RICHELIEU Ich kenn es. Es ist dem Zustand der Kirche angemessen. Gehen Sie wieder.

Cambronne verschwindet.

RICHELIEU Bonaparte, Sie, ich und der Generalsekretär haben auf Erden die Hölle geschaffen. Ohne uns wäre der Mensch der ganz passable Raubaffe mit durchaus beachtlichen humanen Zügen geblieben, wie ihn Gott erschaffen hat. Was ihn verteufelte, war unser Hang zum Absoluten. Wir erdachten uns eine Welt ohne den Menschen, weil wir ihn nicht liebten in all seinen bösen und guten Eigenschaften, in all seiner Erbärmlichkeit und in all seiner Herrlichkeit, Sie träumten von der Restauration des Römischen Imperiums, ich träumte vom absoluten Staat von Gottes Gnaden, und unser guter Generalsekretär hofft noch immer auf den Sankt-Nimmerleins-Tag der Weltrevolution. Doch wir träumten nicht nur, wir planten; und wir planten nicht nur, wir handelten und zwangen den unvollkommenen Menschen in unsere vollkommenen Hirngespinste.

Hustet.

RICHELIEU Das ist mir aufgegangen, als ich diese tote Hündin gefunden habe, von einem Panzer plattgewalzt. Es war mir, als läge die Menschheit vor mir.

Pafft.

RICHELIEU Die Güte des Herrn währet ewiglich. Jetzt machen sich auch die Stiche vorne auf der Brust bemerkbar. Das Rauchen beschleunigt rasant. Eine Erneuerung der Partei ist ebenso unmöglich wie eine der Kirche oder der Mathematik. Sicher, es gibt Erweiterungen – zur euklidischen Geometrie stößt die nichteuklidische –, aber weder besteht das Kirchenvolk aus Theologen, noch setzen sich die Volksschüler aus Mathematikern zusammen, und die Marxisten erklären ohnehin jene, die den Marxismus weiterdenken, für verrückt. Bonaparte, öffnen Sie den Wäschekorb.

Hustet ins Taschentuch. Napoleon gehorcht.

RICHELIEU Und ich Sünder verkündete eine katholisch-marxistische alleinseligmachende Weltkirche! Phantastisch, diese Montecristo Numero Eins.

Von rechts Jan Hus in Handschellen, den Ketzerhut auf dem Kopf.

RICHELIEU Jan Hus! Du bist gefangen, und ich sterbe.

Erhebt sich.

RICHELIEU In den Wäschekorb mit mir.

Napoleon und Hus helfen Richelieu in den Wäschekorb. Sie hustet in ihr Taschentuch.

RICHELIEU Ein Schwall von Blut. Jetzt erinnere ich mich, wann ich dich zum ersten Mal gesehen habe, Jan Hus: Als man dich in Konstanz verbrannte, diskutierte ich in Florenz mit Brunelleschi die Regeln der Perspektive und verpaßte das Spektakel, aber mehr als zweihundert Jahre später warst du unter dem Namen Guiton Bürgermeister der hugenottischen Stadt La Rochelle, die ich über ein Jahr lang belagerte. Ich hungerte die Stadt aus, von 25 000 waren noch 5000 am Leben, als sie sich ergab. Du schlepptest dich an mir vorbei, mehr ein Gerippe als ein Mensch, und ich hatte wieder einmal Fieber. Ich glaubte, über dich gesiegt zu haben. Ich bin ein Narr gewesen, Jan Hus, und ich bin ein Narr geblieben. Ich möchte fluchen, doch mein Amt ist beten.

Betet.

RICHELIEU Mein Gott. Ich kann dich wegdenken, dich und den Raum, sich ins Endlose dehnend mit seinen Milchstraßen, und die Zeit mit ihren heran- und hinwegstürzenden Sekunden, alles kann ich wegdenken, auch mich, einen erbärmlichen Tölpel, der deine Unerforschlichkeit zu durchdenken versucht.

Segnet die Hündin.

RICHELIEU Alles vermag ich wegzudenken, Gott, nur diese tote Hündin nicht, plattgewalzt von einem Panzer, dieses Sinnbild einer sinnlosen Schöpfung, alles, alles, nur sie nicht.

Taucht Zigarren rauchend in den Wäschekorb.

Hus schaut hinein, schließt ihn.

HUS Tot.
NAPOLEON Schleif die Hündin hinaus.
HUS Ich bin nicht dein Sklave.
NAPOLEON Aber mein Gefangener.

Hus schleift in Handschellen die Hündin hinaus.

Napoleon wirft den Krönungsmantel von sich.

NAPOLEON Jetzt bin ich flotschnaß.

Geht zum Wäschekorb, öffnet ihn, beginnt sich als Napoleon umzukleiden.

Hus kommt zurück. Erblickt den Servierwagen.

HUS Geräucherte Forelle, Lachs, Kaviar, kaltes Huhn, Parmaschinken.

Hus beugt sich über den Servierwagen.

HUS Ich muß essen. Wenn ich so 'ne Menge Speisen seh, muß ich essen.

Holt sich in Handschellen den Stuhl Büchners, der kniend weiterschreibt.

HUS Ich hab immer gern gegessen. Als mir auf dem Scheiterhaufen der Wind die Flamme ins Gesicht schlug, dachte ich, daß ich eigentlich nur Priester geworden bin, um ein gemächlicheres Leben zu führen.

Beginnt in Handschellen zu essen.

HUS Köstlich, diese Gänseleber. Wenn ich an die Hafergrütze zurückdenke, die mir und dem Papst in Gottlieben ins Maul geschmiert wurde, als wir zusammen im gleichen Gefängnis lagen. Donnerwetter, konnte der alte Sünder fluchen. Büchner, Text übernehmen! Ich red nicht gern mit vollem Mund!

BÜCHNER Wie hast du mich aufgestöbert?

NAPOLEON Sie haben dich dort gefunden, wo ich untertauchen sollte.
BÜCHNER Marschieren sie ein?
NAPOLEON Nein.
BÜCHNER Warum hast du mich dann verhaftet?

Hus ißt.

NAPOLEON Damit sie nicht doch noch einmarschieren.

Er steht als Napoleon gekleidet da, wie auf dem Bild mit Hut. Nur die Sonnenbrille stört.

BÜCHNER Für wen bist du eigentlich?
NAPOLEON Für die einzige Lösung.
BÜCHNER Die wäre?
NAPOLEON In den nächsten Tagen laß ich von euch Tausende verhaften.
BÜCHNER Den Generalstreik kannst du nicht unterdrücken.
NAPOLEON Es wird Tote geben.
BÜCHNER Viele Tote.
NAPOLEON Das Volk wird nach und nach seine hoffnungslose Lage akzeptieren.
BÜCHNER Das nennst du eine Lösung.
NAPOLEON Die einzige.
BÜCHNER Was hast du mit mir vor?

Hus ißt.

NAPOLEON Du bekommst Hausarrest in der Villa Fouchés.

BÜCHNER Laß mich erschießen.

NAPOLEON Alle wünschen heut, erschossen zu werden.

BÜCHNER Besser wär verbrennen.

NAPOLEON Du bist nicht mehr in Konstanz. Übergieß dich mit Benzin, zünd dich statt deine Pfeife an; einige Monate Kränze und Kerzen, aber dann vergißt man dich. Es gibt zu viele Märtyrer heut, zu viele verbrennen sich selber.

BÜCHNER Wir waren Freunde.

NAPOLEON Wir sind es noch.

BÜCHNER Kaiser Sigismund hat mich in Konstanz auch verraten.

NAPOLEON Aus Dummheit.

Im Fenster erscheint Robespierre als Kaiser Sigismund, im Frack, mit Monokel und Zylinder.

SIGISMUND Ich stehe im ›Meyer‹ 1897 zwischen Siegmar, einem sächsischen Nest in der Nähe von Zwickau, und Siegwurz, siehe Gladiolus und Lauch, als Siegmund, Römischer Kaiser, zweiter Sohn Kaiser Karls IV. von dessen vierter Gemahlin Elisabeth von Pommern. Keine Ahnung, wer diese Herrschaften sind. Vielleicht waren sie im King's Club in Sankt Moritz, als ich dort als Marlene Dietrich auftrat, aber ich glaube kaum, denn Kaiser Karl IV. ist schon 1378 gestorben. Ich trete immer als Marlene Dietrich auf.

Singt ›Sag' mir, wo die Blumen sind, wo sind sie geblieben‹.

SIGISMUND Manchmal werde ich auch mit ihr verwechselt. Aber ich treibe es nur mit Lesbierinnen. Die erleben dann eine Offenbarung. Ich bin nämlich ein Transvestit. Vor der Pause habe ich Robespierre dargestellt, mein Tod wird euch ziemlich unwahrscheinlich vorgekommen sein. Mir auch. Wenn das passiert wäre, was Jeanne berichtete, wäre sie auf der Strecke geblieben, nicht ich. Und da sitze ich mit Müller eins und zwo und Lord Tony – eine Balletteuse, die sich einbildet, Casanova zu sein und Lord Tony spielt und Fouché – in der Anstaltskantine und spiele Karten und werde aufgefordert, Kaiser Sigismund zu spielen. Scheiße.

Steigt aus dem Fenster, geht zum Wäschekorb, zieht Reichsinsignien heraus.

SIGISMUND Das Kaiserzepter, der Reichsapfel, die Kaiserkrone, das Schwert des Heiligen Moritz.

Stutzt.

SIGISMUND Da liegt ja eine Leiche drin.
NAPOLEON Kardinal Richelieu.
SIGISMUND Was soll ich mit dem Plunder. Ich bleibe so, wie ich bin. Ich trage immer Frack, Monokel und Zylinder, es gibt nichts Weiblicheres. Ich kann auch so den Kaiser Sigismund darstellen, von dem ich nur weiß, er habe Hus freies Geleit versprochen und sei in Znaim gestorben. Wer stirbt schon in Znaim? Wo ist das überhaupt? Was sonst noch im ›Meyer‹ über mich stand, hab ich gar nicht gelesen. Wozu auch?

Wirft alles in den Wäschekorb zurück.

SIGISMUND Ich begreife nicht, warum dieser Erbe einer

Spanferkelkette, der sich für einen Dichter hält, der schon lange tot ist, mich als Kaiser Sigismund auftreten läßt. Es besteht kein Grund dazu. Dramaturgisch bin ich ein Unsinn. Ich kann das beurteilen. Ich wollte einmal Schauspieler werden. Das Theater verlockte mich. Aber wer will sich schon einer Kunst hingeben, die nur noch im Irrenhaus stattfindet? So wurde ich Transvestit.

Legt Büchner den linken Arm um die Schultern.

SIGISMUND Armer Georgy Büchner.

Setzt ihm den Zylinder auf.

SIGISMUND Nur ihm zuliebe hab ich die Rolle des Sigismund angenommen. Ich fühle schwesterlich für ihn, das heißt natürlich, brüderlich. Er schreibt und schreibt. Aber vielleicht hat er das Stück gar nicht geschrieben, das wir spielen. Vielleicht gibt es ein Achterloo hinter Achterloo, wo ein Irrsinniger ein Stück schreibt, in welchem ein Irrsinniger ein Stück schreibt, das von Irrsinnigen gespielt wird. Vielleicht meint der Irrsinnige, langsam dem Grab zurutschend, einen Irrsinnigen schreibend, der schreibt, mit diesem sich selber.

Starrt ins Publikum.

SIGISMUND Ich bin tief religiös. Ehrlich. Ich denke über Gott nach. Wenn Gott die Welt geschaffen hat, wer hat Gott geschaffen, und wer den Gott, der den Gott geschaffen hat, der die Welt geschaffen hat, und so frage ich immer weiter. Immer steht hinter einem Gott noch ein Gott, ich bin schon auf hunderttausend Gotts gekommen oder auf eine Million, ich weiß es nicht so genau, nur ungefähr, und immer steht wieder ein Gott hinter einem Gott, und weil ich immer an Gott denke, hat mich der Papst in Achterloo eingelocht. Ich weiß nur nicht, welcher. Gregor XII., Benedikt XIII. oder Johannes XXIII. Sie sind alle gestrichen, und ich kann sie nicht mehr fragen.

Steht auf.

SIGISMUND Tschüs, Georgy.

Hus beendet sein Frühstück.

HUS Der Parmaschinken ist zu trocken. Ich hab schon damals verdammt wenig gefordert, den Kelch für das Volk beim Abendmahl, das war alles. Und jetzt: ein Jota besseres Leben, ein Jota mehr Freiheit, ein Jota mehr Gerechtigkeit. Ich bin verflucht bescheiden gewesen. Ich habe nur das Mögliche verlangt. Und um dieses Jota, dieses Wenige, Bescheidene, Mögliche zu erreichen, hab ich die Freie Gewerkschaft gegründet und Jeanne mißbraucht, und nun werd ich in einer Luxusvilla verfetten wie Luther in Wittenberg. Es siehet aus – es siehet aus –

Stockt, sieht zu Büchner hinüber.

BÜCHNER Es siehet aus, als würde die Bibel Lügen gestraft. Es siehet aus, als hätte Gott die Bauern und Handwerker am fünften Tage und die Fürsten und Großen am sechsten gemacht, und als hätte der Herr zu diesen gesagt: ›Herrschet über alles Getier, das auf Erden kriecht‹ und hätte die Bauern und Bürger zum Gewürm gezählt.

Hus steht auf.

HUS Es gibt kein Jota. Das Wenige ist zuviel, das Bescheidene unbescheiden, das Mögliche unmöglich. Leb wohl, Napoleon. Ich geh in Fouchés Villa.

Hus geht nach rechts, begegnet Marx I.

MARX I Genosse.

Breitet die Arme aus.

HUS Genosse.

Büchner holt seinen Stuhl.

MARX I Umarmen wir uns.
HUS Kann nicht.

Marx I betrachtet Hus.

MARX I Du bist in Handschellen?
HUS Das ist unter uns Proletariern heut so Mode.
MARX I Kurios. Umarmen wir uns. Küssen wir uns.

Umarmt und küßt Jan Hus.

HUS Genosse Generalsekretär.

MARX I Genosse Bonaparte. Ein Gespenst geht um in Europa.
HUS Und wie.
MARX I Die Geschichte aller bisherigen Gesellschaft ist die Geschichte von Klassenkämpfen.
HUS Das wird uns gerade vordemonstriert.

Marx I betrachtet Jan Hus kritisch.

MARX I Du trägst einen sonderbaren Hut, Genosse Bonaparte.
HUS Auch Mode.
MARX I In parteitreuen Kreisen?
HUS In Arbeiterkreisen.
MARX I Dubios, Genosse Bonaparte. Und deine Kleidung?
HUS Unserer Wirtschaftslage entsprechend.
MARX I Sieht mittelalterlich aus. Allerdings bin ich in der letzten Zeit eminent kurzsichtig geworden, Genosse Bonaparte.
HUS Tut mir leid.

Marx I betrachtet Hus aufmerksam.

MARX I Du bist doch Genosse Bonaparte?
HUS Wer sonst, Genosse Generalsekretär.
MARX I Du verwilderst förmlich, Genosse Bonaparte. Richelieu soll bei dir sein.
HUS Liegt tot im Korb, Genosse Generalsekretär.
MARX I Der läßt sich auch gehen.

Hus zieht seine Flöte hervor.

MARX I Porträts.

Betrachtet durch das Monokel die Poster.

MARX I Von meinen Darstellern.

Hus beginnt zu flöten.

MARX I Die haben mich alle miserabel gespielt.

Hus flötet.

MARX I Schmierenkomödianten.

Zeigt auf Ho Chi Minh. Hus flötet.

MARX I Wenn ich dessen Bart mit meinem vergleiche!

Setzt sich in den Sessel links. Hus flötet.

MARX I Ich habe 1848 das ›Kommunistische Manifest‹ verfaßt, um die proletarische Bewegung in Gang zu setzen. Ich war der Meinung, daß sie die selbständige Bewegung der ungeheuren Mehrzahl im Interesse der Mehrzahl sei. Ich schrieb: ›Die Bourgeoisie hat nicht nur die Waffen geschmiedet, die ihr den Tod bringen, sie hat auch die Männer erzeugt, die diese Waffen führen werden – die modernen Arbeiter, die Proletarier.‹ Im Glauben, der unaufhaltsame Ablauf der Geschichte gebäre aus sich heraus eine vernünftige Weltordnung, schmiedete ich die Waffen für eine ungeheure Minderzahl und ermöglichte ihr, über eine ungeheure Mehrzahl zu herrschen.

Schaut in ein Papier.

MARX I Ob das mein Text ist?
HUS Sicher.
MARX I Er kommt mir so merkwürdig vor.
HUS Na ja, heutzutage.
MARX I Ich bin verwirrt. Ich hab doch einen ganz andern Text einstudiert.

Hus geht langsam flötend nach rechts hinaus.

Von links kommt gleichzeitig Marx II.

NAPOLEON Da kommt ja noch ein Generalsekretär.
MARX I Der Gebißtechniker.

Marx II stutzt, wie er Marx I sieht.

MARX II Der Damenschneider. Mit meinem Text!

Marx II breitet die Arme aus.

MARX II Genosse!
NAPOLEON Genosse!
MARX II Umarmen wir uns. Küssen wir uns.
NAPOLEON Küssen wir uns. Umarmen wir uns.
MARX II War das nicht Dubček?
NAPOLEON Hus. Ließ ihn eben verhaften.
MARX II Er flötet.
NAPOLEON Bach. Sonate a-moll.
MARX II Seine Komplizin Charlotte Corday –
NAPOLEON Jeanne d'Arc.

MARX II Jeanne d'Arc ließ ich verhaften.
NAPOLEON Klug von dir.
MARX II Sie soll eine Heilige –
NAPOLEON Der Papst ist unberechenbar.
MARX II Wir verstehen uns immer besser mit ihm. Aber was sie mit dem uralten Schdanow –
NAPOLEON Robespierre.
MARX II Robespierre im Bett trieb –
NAPOLEON Ein schöner Tod.
MARX II Schockiert ist nur der Damenschneider.

Boxt Napoleon freundschaftlich.

MARX II Schlau von dir, das Kriegsrecht auszurufen.
NAPOLEON Der einzige Ausweg.
MARX II Du willst vermeiden, daß ich einmarschiere, he?
NAPOLEON Ich will vermeiden, daß durch ein falsches Vorgehen unserer gemeinsamen Sache geschadet wird.
MARX II Du bist zu klug, die Dummheiten des guten Luther –
NAPOLEON Hus.
MARX II Hus mitzumachen, und ich bin zu klug, um einzumarschieren.

Marx I schreckt auf. Die Flöte verstummt.

MARX I Hus hat recht!

Sinkt wieder in sein Denken zurück.

MARX II Wenn schon, Damenschneider.

Lacht.

MARX II Ob Zwingli recht hat oder nicht, ist ebenso gleichgültig wie die Frage, ob die Dissidenten recht haben oder nicht. Es geht um den Kampf der beiden Weltmächte. Dieser Reichskanzler –

NAPOLEON Präsident.

MARX II Präsident. Bietet Bismarck –

NAPOLEON Fouché.

MARX II Du bist doch Fouché?

NAPOLEON Napoleon Bonaparte.

MARX II Na ja, ist auch egal. Bietet Danton militärische Hilfe an, und der Kerl nimmt an. Hättest du ihm nicht den Kopf abrasieren lassen, müßte ich nun einmarschieren. Verdammt, ich muß auf meinen Blutdruck aufpassen.

Holt Büchners Stuhl, setzt sich.

Büchner schreit auf.

BÜCHNER Wenn man mir immer den Stuhl nimmt, wird der erste Akt nie fertig!

MARX II Kennt denn Chou En-Lai die Spielregeln nicht? Er hat in unserer Hemisphäre nichts zu suchen. Ihr gehört zu uns. Wir sind ein treues Volk. Wir haben euch an die Brust unserer Freundschaft gedrückt. Euch militärische Hilfe anbieten! Und das in einer Umwälzung der Weltwirtschaft durch eine Technologie, welche die Proletarier, die unsere Ideologie befreien will, ins Abseits stößt. Sie werden einfach nicht mehr gebraucht. Auch bei uns nicht mehr. Die Genossen werden staunen.

Unermeßliche Straßenputzerheere für Straßen, die nicht vorhanden sind, werden unsere Steppen durchziehen. Sinnlos! Zwecklos! Mein Gott! Mein Gott! Meine Pillen. Wo hab ich meine Pillen?

Sucht in den Taschen. Draußen wieder die Flöte.

MARX II Wo sind sie denn? Wo?

Findet sie, nimmt zwei.

MARX II Sie helfen meinem Gedächtnis auf die Beine.

Nimmt weitere vier.

MARX II Bin gespeichert wie ein Computer. Vergesse nichts. Wo waren wir denn?
NAPOLEON Bei den Straßenputzern.
MARX II Bei den Straßenputzern? Das sozialistische Wirtschaftssystem rentiert nur, wenn das kapitalistische blüht, und das kapitalistische Wirtschaftssystem blüht nur, wenn es aufrüstet, und aufrüsten kann es nur, wenn es behauptet, das sozialistische Wirtschaftssystem hätte einen Aufrüstungsvorsprung, und das sozialistische Wirtschaftssystem muß aufrüsten, um mit dem kapitalistischen Aufrüstungsvorsprung Schritt zu halten, und hat das kapitalistische Wirtschaftssystem einen Aufrüstungsvorsprung, so kann es das sozialistische Wirtschaftssystem nicht angreifen, weil das kapitalistische dann nicht mehr blüht, und hätte das sozialistische Wirtschaftssystem einmal einen Aufrüstungsvorsprung, so könnte es das kapitalistische Wirtschafts-

system nicht angreifen, weil das sozialistische dann pleite wär. Kapiert?

NAPOLEON Nein.

MARX II Ich auch nicht. Ich improvisiere schließlich.

NAPOLEON So rüstet ab.

MARX II Menschenskind, das tun wir ja auch! Wir verschrotten täglich veraltete Raketen, Schlachtschiffe, Unterseeboote, Flugzeuge, Panzer, Kanonen, Unmengen von Maschinenpistolen, Granatwerfern, was du nur willst, um neue Raketen, Schlachtschiffe, Unterseeboote, Flugzeuge, Panzer, Kanonen, Maschinenpistolen, Granatwerfer, was du nur willst, herstellen zu können, und auch der Gegner rüstet für seine Aufrüstung wie verrückt ab. Was ganz veraltet ist, verkaufen wir beide.

Denkt nach. Die Flöte verstummt wieder.

MARX II Ob ich und der – und der –

NAPOLEON Der Präsident.

MARX II Ob ich und der Präsident – ob wir zwei Supermächte nicht eine etwas veraltete Politik betreiben?

NAPOLEON Eine völlig veraltete.

MARX II Du aber auch.

NAPOLEON Du zwingst mich, eine rein kosmetische Politik zu treiben. Aber als Außenminister mußte ich das auch.

MARX II Du bist einmal Außenminister gewesen?

NAPOLEON Einmal.

MARX II Was ich einmal gewesen bin, hab ich vergessen.

NAPOLEON Jetzt bist du der Generalsekretär.

MARX II Welcher?

NAPOLEON Spielt keine Rolle.

Marx II blickt an sich nieder.

MARX II Mir fehlt ein Orden.

Beginnt seine Orden zu zählen.

Von rechts kommt Jeanne.

Von links kommt Cambronne.

Verneigt sich.

CAMBRONNE Du bist Jeanne?
JEANNE Ich bin Jeanne.

Cambronne kniet nieder.

CAMBRONNE Du hast die Heilige Katharina, die Heilige Margherita und den Erzengel Michael gesehen?
JEANNE Ich habe sie gesehen, und sie haben mit mir gesprochen.
CAMBRONNE Ich hab mein berühmtes Wort vergessen. Du bist eine Heilige. Kannst du es mir sagen?
JEANNE Ich kann dir nicht helfen. Du mußt warten, bis die Heiligen dir helfen.
CAMBRONNE Dann kann niemand mir helfen. Und nicht einmal ordentlich vorgestellt hat man mich. Aber jetzt hab ich nicht nur mein berühmtes Wort vergessen, ich hab auch vergessen, wer ich bin, und nicht nur, wer ich bin, auch wer ich war. Ich bin niemand mehr.

Geht traurig ab.

Jeanne bleibt links an der Rampe stehen.

Zwischen ihr und Napoleon Marx I und Marx II.

JEANNE Napoleon Bonaparte.
NAPOLEON Was willst du?
JEANNE Mein Vater ist erschossen worden.
NAPOLEON Er hat Fouché hingerichtet.
JEANNE Auf deinen Befehl.
NAPOLEON Ich hab dir das Du nicht angeboten.
JEANNE Verräter duzt man.
NAPOLEON Gib mir eine Zigarette.

Sie wirft ihm ein Päckchen Zigaretten zu.

JEANNE Englische.
NAPOLEON Großzügig.

Sie wirft ihm ein Feuerzeug zu.

JEANNE Feuer.

Napoleon zündet sich eine Zigarette an.

JEANNE Der Lord sitzt nicht in der Verkehrsmaschine der British Airways nach London.
NAPOLEON Ich weiß.
JEANNE Was ist mit ihm geschehen?
NAPOLEON Ich hab seine Filme.
JEANNE Ein Lord weniger.

NAPOLEON Deine Jacke ist wieder aufgerissen.
JEANNE Der Wachoffizier.
NAPOLEON Hast du nie was drunter an?
JEANNE Wozu? Die beiden?

Weist mit dem Kopf auf Marx I und Marx II.

NAPOLEON Sie haben dich verhaftet.
JEANNE Molotow hat mich verhaftet.
NAPOLEON In ihrem Namen.
JEANNE Leben sie noch?
NAPOLEON Es sind Monumente.
JEANNE Darf man sie anrühren?
NAPOLEON Denke schon.
JEANNE Lieber nicht.
NAPOLEON Besser nicht.
MARX I Die Weltrevolution fand nur in meinem Kopfe statt. Die aus dem Untergang der bürgerlichen Gesellschaft hervorgegangene volksdemokratische Gesellschaft hat die Klassengegensätze nicht aufgehoben. Sie hat nur neue Klassen, neue Bedingungen der Unterdrückung, neue Gestaltungen des Kampfes an die Stelle der alten gesetzt. Im Schlamm der menschlichen Trägheit dreht sich das Rad der Geschichte sinnlos um seine Nabe weiter. Die Gesetze der Weltgeschichte erwiesen sich als irr.

Geht nach rechts ab.

Marx II erhebt sich.

MARX II Mein Text! Ich hätte ihn gesprochen, daß jedes Gebiß in diesem Saal vor Angst geklappert hätte.

Schaut an sich nieder.

MARX II Ich hab noch alle Orden. Es ist wichtig, daß ich noch alle Orden hab. Mein Aufstieg in einer Zeit, in der sich mein Vaterland zerfleischte und zerfleischt wurde, verlief unblutig. Er bestand darin, daß ich Reden zuhörte, Reden hielt und Berichte schrieb über die Reden, denen ich zugehört und die ich gehalten hatte, und wenn es mir nachträglich scheint, daß es immer dieselben Reden waren, die ich gehört, und daß die Reden dieselben waren, die ich dann hielt, und daß auch die Berichte, die ich darauf schrieb, immer dieselben waren, höchstens, daß von Zeit zu Zeit Namen durch andere Namen ersetzt werden mußten, so waren doch diese Reden und Berichte die Wegsteine meines Aufstiegs, und auch die Wegsteine sahen immer gleich aus und jedesmal nach tausend gleichen Reden, die ich gehört, gehalten und berichtet hatte, erhielt ich einen Orden, und je näher ich mich dem Gipfel zuhörte, zuredete und zuberichtete, den ich jetzt erreicht habe, der Spitze der Parteihierarchie, desto reichlicher flossen die Orden, aber immer noch muß ich dasitzen und den Reden zuhören und keine Miene verziehen, denselben Reden, und dieselben Reden halten, stundenlang, und neue Orden erhalten. Nur Berichte muß ich nicht mehr schreiben. Die werden jetzt über mich geschrieben, weil ich alt geworden bin und bald sterben werde, und Männer, die fast so alt sind wie ich, werden meinen Sarg vor die Mauern tragen und mich mit meinen Orden begraben. Diesen Text hätte eigentlich der Damenschneider sprechen sollen.

NAPOLEON Du konntest das viel besser.

MARX II Ich bin nämlich Carl Gustav Jung.
NAPOLEON Ein Stein fällt mir vom Herzen.
MARX II Leb wohl, Genosse Trotzki.

Geht ab, an Jeanne vorbei, ohne sie beachtet zu haben.

Napoleon setzt sich wieder aufs Bett.

NAPOLEON Molotow ließ dich verhaften, und du bist hier.
JEANNE Sie ließen mich wieder frei.
NAPOLEON Unter einer Bedingung?

Sie schweigt.

NAPOLEON Gib mir den Revolver.
JEANNE Ich hab keinen.
NAPOLEON In deiner Jacke.

Sie rührt sich nicht.

NAPOLEON Na komm.

Sie zieht den Revolver aus der Tasche, wirft ihn aufs Bett.

Napoleon nimmt den Revolver.

NAPOLEON Er ist nicht entsichert.

Entsichert den Revolver.

NAPOLEON Jetzt kannst du abdrücken.

Gibt ihr den Revolver zurück.

NAPOLEON Ich warte.

Jeanne starrt ihn an.

NAPOLEON Schweigt der Himmel?

Jeanne starrt ihn an.

NAPOLEON Keine Antwort von oben?

Jeanne starrt ihn an.

NAPOLEON Lassen die Heilige Katharina, die Heilige Margherita und der Erzengel Michael auch dich im Stich?

Raucht.

Sie wirft den Revolver aufs Bett.

JEANNE Das war die Bedingung. Laß mich abführen.
NAPOLEON Du duzt mich immer noch.
JEANNE Mach schnell.
NAPOLEON Womit?

Drückt die Zigarette mit dem Fuß aus.

JEANNE Mit Erschießen.
NAPOLEON Wozu?
JEANNE Gib mir einen Cognac.

Napoleon geht nach vorne zum Servierwagen, schenkt zwei Gläser Cognac ein.

NAPOLEON Setz dich.

Jeanne setzt sich in den Sessel links.

Napoleon gibt ihr ein Cognacglas.

Sie trinkt.

Napoleon setzt sich wieder aufs Bett.

JEANNE Jetzt warte ich.

Napoleon trinkt.

JEANNE Noch immer.

Trinkt.

Von links rast Sigismund auf die Bühne.

SIGISMUND Mein Zylinder!

Nimmt den Zylinder Büchner vom Kopf, rast wieder nach links hinaus.

JEANNE Ich hab Zeit.
NAPOLEON Ich kann mir deinen Tod nicht leisten. Ich brauche deine Hilfe. Ich brauche Informationen.

In Jeanne glimmt Hoffnung auf.

JEANNE Du willst kämpfen?
NAPOLEON Ich will den Krieg vermeiden.

Jeanne ist enttäuscht.

JEANNE Ich hätt dich töten sollen.
NAPOLEON Wär dir ein Krieg lieber?
JEANNE Du hast in Marengo gesiegt, in Jena, in Wagram, in Austerlitz.
NAPOLEON Der Himmel öffnete sich in seinem Glanz und redete dir ein, mich an meine Siege zu erinnern? Ein obszöner Himmel. Schämst du dich nicht? Warum bist du so jämmerlich ins Heldische mißraten?

Beginnt die Stiefel auszuziehen.

JEANNE Ich wollte mehr sein als meine Mutter.
NAPOLEON Mehr sein als deine Mutter! Meinst du, die Soldaten waren glücklich in Marengo, in Jena, in Wagram, in Austerlitz? Sie waren nur zwischen den heißen Schenkeln deiner Mutter glücklich. Meine Siege waren nichts als Kotze, Blut und Dreck. Heute?

Wirft die Stiefel in den Wäschekorb.

NAPOLEON Ich bin das kleinere Übel, das die große Pose verhindert: den Heldenkampf eines Volkes mit Millionen von Toten. Von der Gefahr, daß unser Planet hops geht, greift noch der Präsident ein, ganz zu schweigen. Ich ging gern zu den Freistilringern. Jeder Schlag, jede

Finte ist abgesprochen. Ein Freistilringer spielt die Wirkung. Erhält er einen Schlag, überschlägt er sich, nicht weil er einen Schlag bekommt, sondern weil er das Sich-Überschlagen spielt. Urtheater.

Wirft den Rock in den Wäschekorb.

NAPOLEON Das Wichtigste ist nicht der Held, sondern der Feigling. Das Publikum pfeift, wenn er kommt. Er beschimpft die Zuschauer, klettert aus dem Ring, greift von hinten an. Unfairneß wirkt immer glaubwürdig; sie mag noch so übertrieben sein. Das Publikum tobt vor Wut. So geht es auch in der Politik zu. Nur sind die Schläge echt. Die Wirkung braucht man nicht zu spielen, aber den Charakter. Jemand muß den Feigling spielen, und ich spiel ihn.

Wirft Hut und Brille in den Wäschekorb.

NAPOLEON Du trinkst nicht.

Leert das Glas Cognac in einem Zug.

JEANNE Ich trinke.

Trinkt.

NAPOLEON Judith machte Holofernes auch besoffen.

Er geht in weißem Hemd und enger Hose zum Servierwagen, schenkt sich Cognac ein.

NAPOLEON Judith und Holofernes, eine Frau, die sinnvoll töten und ein Mann, der sinnvoll getötet werden konnte. Als Judith Holofernes getötet hat, ist ihr Land frei geworden. Tötest du mich, wird der Unsinn unserer Unfreiheit nur noch unsinniger.

JEANNE Ich bin nicht Judith.

Trinkt den Cognac aus.

NAPOLEON Ich bin nicht Holofernes.

Trinkt den Cognac aus.

JEANNE Ich möchte nicht mehr Jeanne sein.

NAPOLEON Ich möchte nicht mehr Napoleon sein.

Er setzt sich zu ihren Füßen nieder. Legt den Kopf in ihren Schoß.

Beginn des Adagios der C-Dur-Toccata.

JEANNE Es wäre schön, wenn ich Judith sein dürfte. Ich würde meinen Namen vergessen und auf den warten, der mich als Judith erkennt. Es wäre schön, wenn du Holofernes wärst.

NAPOLEON Es wäre schön, wenn ich Holofernes sein dürfte. Ich würde vergessen, was ich angestiftet habe. Es wäre schön, wenn du Judith wärst.

Das Adagio verklingt.

Büchner ordnet sorgfältig die Papiere.

Während seiner Rede erheben sich Napoleon und Jeanne. Sie geht zum Wäschekorb, sie kleidet sich aus, wirft ihr Bluejeanskleid in den Wäschekorb, entnimmt ihm ein weißes elegantes Hemd, zieht es an, läßt die Haare über den Rücken fließen. Napoleon nimmt den roten Krönungsmantel, hüllt sich in ihn, doch so, daß die Innenseite, die golden ist, außen ist.

BÜCHNER Es treten uns zwei sich gegenüberstehende Grundansichten entgegen. Die erste betrachtet alle Erscheinungen des organischen Lebens vom teleologischen Standpunkt aus, sie findet die Lösung des Rätsels im Zweck, der Mensch hat Hände, um zu greifen. Doch handelt die Natur nicht nach Zwecken, sie reibt sich nicht in einer unendlichen Reihe von Zwecken auf, von denen der eine den anderen bedingt, sondern sie ist in allen ihren Äußerungen sich selbst genug. Alles was ist, ist um seiner selbst willen da. Das Gesetz dieses Seins zu suchen ist das Ziel der philosophischen Grundansicht. Der Mensch greift, weil er Hände hat. Was als Zweck erscheint, ist Wirkung. Nach dieser Philosophie bin ich in meinen wissenschaftlichen Studien als Dozent für vergleichende Anatomie an der Universität Zürich vorgegangen, aber auch in meinem politischen Manifest, dem ›Hessischen Landboten‹, und nicht zuletzt in meinen poetischen Arbeiten. Mich interessierte nicht der Zweck der menschlichen Unternehmungen, sondern deren Ursachen. Den Menschen nennen wir frei oder unfrei, gerecht oder ungerecht, tugend-, lasteroder gar verbrecherhaft, aber all diese Eigenschaften sind Bewertungen, die der Consensus der menschlichen Gesellschaft über den Menschen wie ein Netz wirft, worin sich der Mensch verfängt. Doch die Bewertung macht nicht den Menschen aus, der Mensch bewertet. Forscht man nach den Ursachen, warum sich der Mensch entweder freiwillig oder gezwungen in das Gefängnis seiner Werte sperrt, die er sich selber schafft, so stoßen wir abermals auf die menschliche Natur. Darum habe ich ›Achterloo‹ geschrieben, die komische Tragödie eines Aufstands, der unterblieb, weil ein Irrer vernünftig zu sein versuchte und einen Krieg vermied, der die Menschheit zugrunde gerichtet hätte, um einen Frieden zu retten, an dem die Menschheit zugrunde geht, eingewebt in Ursachen, die zufällig zu Wirkungen wurden, die sich wiederum zu Ursachen neuer zufälliger Wirkungen verwandelten, ein Teppich, der hinabreicht bis zu dem nur mit Hypothesen ahnbaren Beginn des Alls, mündend in der Unendlichkeit des Nichts, und darum habe ich, um die Konstellation nachzubilden, die das Geschehen am 12. und 13. Dezember 1981 hervorbrachte, Muster aus ganz anderen Zeiten genommen, weil jedes Muster des unendlichen Teppichs anderen Mustern gleicht. Doch ist es für mich, Georg Büchner, unerträglich, unter Irren der einzige Vernünftige zu sein, die Muster hielten sich kaum an meinen Text, sie redeten, was sie wollten, und nun rutscht gar die Handlung wie die Laufmasche eines billigen Strumpfes in die Zeit fast sechshundert Jahre vor Christi Geburt, hinunter zu Judith und Holofernes. Ich werde von nun an nichts mehr schreiben.

Büchner zerreißt langsam sein Manuskript und läßt die Fetzen über die Bühne flattern.

Auch im folgenden zerreißt Büchner, auf der Bühne herumsuchend, Manuskriptseiten.

Napoleon und Jeanne treten an die Rampe.

NAPOLEON Ich bin Holofernes.

JEANNE Ich bin Judith.

NAPOLEON Ich bin der Gewaltigste der Gewaltigen des Königs von Ninive und Babylon, Nebukadnezar, der Gras aß wie Ochsen und dessen Leib unter dem Tau des Himmels lag, bis sein Haar wuchs so groß als Adlersfedern und seine Nägel wie Vogelsklauen wurden.

JEANNE Ich bin die Witwe Manasses, der auf den Feldern vor der Stadt Bethulia Gerste erntete und von der brennenden Sonne getötet wurde. Ich bin schön und reich und habe viel Gesindes und Höfe voll Ochsen und Schafe.

NAPOLEON Als der Wahnsinn von König Nebukadnezar gewichen war, ergrimmte er und sprach zu mir, dem Gewaltigsten seiner Gewaltigen: Zieh wider alle Reiche, die gegen Abend liegen, und zerstöre ihre Städte und Tempel, dann wirst du auch den Gott töten, der mich gedemütigt hat.

JEANNE Drei Jahre und sechs Monate trauerte ich um meinen Gatten.

NAPOLEON Ich rüstete das Volk zum Kriege, hundertundzwanzigtausend zu Fuß, zwanzigtausend Schützen zu Pferde.

JEANNE Ich war bekleidet mit einem Sack und fastete täglich.

NAPOLEON Ich zog meine Bahn stur wie die Gestirne am Himmel wider die Reiche, die gegen den Abend liegen,

Magazin für Literatur und Kunst – Nummer 5

TINTENFASS

Geschichten von **Ray Bradbury Stanley Ellin Otto Jägersberg Hugo Loetscher Isaac B. Singer Alexander Sinowjew B. Traven Robert Walser** Zum Staunen geboren: **Arthur Rubinstein C. G. Jung Chaplin Fellini** u. a. Zeitgenossen über **Picasso**. Françoise Gilot über Picassos Besuche beim alten Matisse. Das graphologische Gutachten über Picassos Handschrift. Perfekter Mord? Was hat **Max Frisch** zu seinem »Blaubart« inspiriert? **Klaus Mann** und die europäischen Intellektuellen. **Tom Wolfe** über Abstract Expressionism, Action Painting, Pop Op Land Concept und Minimal Art – ihre Künstler, Sammler und Kritiker. Gedichte von **Patricia Highsmith Bernhard Lassahn Mani Matter Niklaus Meienberg Muriel Spark**. Lustspiele. Mensch, Übermensch und Mythos. Ein Essay von **Bruno Bettelheim**. **Wieland Schmied** über **René Magritte**. Dieser Mozart ist ein Banause. Eine Szene aus »Amadeus« von **Peter Shaffer**. Gedanken zu Goethes 150. Todestag von **Friedrich Dürrenmatt**. **David Hockney** und **Roland Topor** über moderne Kunst. Bilder und Zeichnungen von **Botero Gernhardt Morandi Rockwell Sempé Sendak Steinberg** u. a. Das Neueste von gestern: **Hans Christian Andersen Cézanne Kleist Matisse Thomas More Piero della Francesca Auguste Renoir Rodin** u. a.

Tintenfaß Nr. 5
detebe 22005, 320 S., 10.–

Ray Bradbury
Zur warmen Jahreszeit
Eine Picasso-Geschichte

Zum Staunen geboren
Zeitgenossen über Picasso: Matisse, Grosz, Vollard, Apollinaire, Majakowski, C. G. Jung, Böll, Chaplin, Fellini, Simenon u. a.

Tom Wolfe
New York, New York
Abstract Expressionism, Action Painting, Pop Op Land Concept und Minimal Art – ihre Künstler, Sammler, Kritiker

David Hockney
Blaue Streifen?

Fast alles
über die Kunst

Friedrich Dürrenmatt
Von Zeit zu Zeit seh' ich den Alten gern
Stegreifgedanken zu Goethes 150. Geburtstag

TINTENFASS

Günther Anders
Alfred Andersch
Saul Bellow
Bosc
Fernando Botero
Chaval
Federico Fellini
Rainald Goetz
G. Helnwein
Bohumil Hrabal
John Irving
Norbert C. Kaser
Anna Keel
Leszek Kolakowski
Wolfgang Linder
Hugo Loetscher
Malcolm Lowry
B. Mac Laverty
Ludwig Marcuse
Fanny Morweiser
P. P. Pasolini
Gérard Traquandi
John Updike
F. K. Waechter
W. Wondratschek
u. v. a.

Tintenfaß Nr. 6
detebe 22006, 288 S., 10.–

Bohumil Hrabal
Prag – New York und zurück
Legende von den Lamertz-Nadeln

John Updike
Zweibettzimmer in Rom

Fanny Morweiser
Die Reise nach Ungarn

Pier Paolo Pasolini
Der Reichtum des Wissens

Norbert C. Kaser
Ich singe nicht
Gedichte und Briefe

John Irving
Welcher Freud?

Alfred Andersch
Seine Bilder liefern das Bild eines Volkes
Über August Sanders Photographien

Ludwig Marcuse
Das Individuum
Die winzigste, ohnmächtigste, strahlendste Minorität

Tinte
deteb

Gabri
Bestä
Liebe

Manfr
Die B
Zugsc

Franc
Pessir
Optim

Vie
Sa

Hartm
Aus d
Melar

Isaac
Gina
Seele

Arthu
Von d
mit d
ter, d
dem

Ludw
Venе
penh

Bernh
Die S
Lyrik

Wlad
Iwan

und ließ ihre Städte umstellen und die Belagerungstürme vor die Mauern rollen und die Häuser durch Wurffackeln in Brand setzen, und es kamen alle um, Männer, Weiber und Kinder, und wenn der Tempel mit dem Gott verbrannte, den die Stadt anbetete, schoß eine Stichflamme in den Himmel.

JEANNE Da betete ich zu Gott: Strafe Holofernes durch sein eigen Schwert, laß ihn durch seine eigenen Augen gefangen werden, wenn er mich ansieht, und durch meine freundlichen Worte betrogen werden. Und als ich ausgebetet hatte, legte ich den Sack ab, wusch mich und salbte mich mit köstlichem Wasser, ließ mein Haar über den Rücken fließen und zog nichts als ein weißes Hemd an, das mir bis zu den Füßen reichte.

Das Adagio beginnt von neuem.

NAPOLEON Nun liegt mein Heer schon drei Wochen vor der Stadt Bethulia.

JEANNE Ich kam zu ihm vor drei Wochen in der Hitze des Mittags, um die Stadt zu retten.

Sie wenden sich einander zu.

NAPOLEON Ich sah sie an. Sie war schöner als die Weiber Nebukadnezars.

JEANNE Ich sah ihn an, und ich vergaß meinen Mann, um den ich getrauert, einen Sack getragen und gefastet hatte.

NAPOLEON Ich sagte ihr, daß sie gekommen sei, mich zu töten.

JEANNE Ich sagte ihm, daß ich gekommen sei, ihn zu töten.

NAPOLEON Dann trank ich mit ihr in der Hitze des Mittags.

JEANNE Dann schlief ich mit ihm in der Hitze des Mittags.

NAPOLEON Und als die Sonne sank, kehrte sie wieder nach Bethulia zurück.

JEANNE Am nächsten Tag ging ich wieder zu ihm und schlief wieder mit ihm und kehrte wieder nach Bethulia zurück, und wenn die Bethulier fragen, wann wirst du ihn töten, damit wir von ihm befreit werden, antworte ich: morgen.

NAPOLEON Und so schlafe ich denn mit ihr und begreife nicht mehr, warum ich dieses Weib in den Tod schicken und Bethulia verbrennen soll. Bethulia ist nicht wert, zerstört zu werden, aber Judith ist wert zu leben.

JEANNE Und so schlafe ich denn mit ihm und begreife nicht mehr, warum ich ihn töten und Bethulia retten soll. Bethulia ist nicht wert, gerettet zu werden, sein Gott und sein Gesetz haben mich gezwungen, drei Jahre und sechs Monate um einen Mann zu trauern, den ich nicht liebte, und haben mich zum Manne geschickt, den ich liebe, um ihn zu töten.

NAPOLEON Ich werde Judith noch einmal lieben, sie dann nach Bethulia zurückschicken und mit meinem Heer abziehen.

JEANNE Laß uns noch einmal beieinander liegen im Schatten des Zeltes in der Hitze des Mittags vor der Stadt Bethulia.

Sie gehen ins Bett. Schließen die Bettvorhänge.

Das Adagio verklingt.

Aus dem Wäschekorb taucht Frau von Zimsen auf, gekleidet wie ein Trappist.

DIE ZIMSEN Ich bin der Liebe Gott. Geboren irgendwann aus der Unendlichkeit und gestorben irgendwann in der Unendlichkeit, und weil zwischen zwei Zeitpunkten der Unendlichkeit unendlich viel Zeit liegt, so nahe sie auch beieinander liegen, kann es sein, daß ich unendlich lange nicht mehr bin und daß ich nur eine unendlich kurze Zeitlang gewesen bin, eine Zeit, die trotzdem länger war als jede Zeitspanne, denn jede Zeitspanne läßt sich messen und meine Zeit ist unmeßbar. Ich habe eine endliche Welt erschaffen. Aus Gnade, weil eine unendliche Welt die Hölle wäre, aus Barmherzigkeit, weil in der Endlichkeit der Schrecken vergänglich ist, so daß denn alles, was ich schuf, in dieser unendlich kurzen Zeitspanne, in welcher der Gedanke an eine Welt in mir aufblitzte und sich wieder verlor und, noch eingebettet in meinen Gedanken, in der die Welt wurde, sich ausdehnte und verpuffte, nichts anderes gewesen war als Liebe, weil sie allein in der Endlichkeit möglich ist.

Ein Schuß.

Stille.

Beginn der Fuge.

Die Wand, der Betthimmel und die Bettvorhänge werden nach oben gezogen.

Auf dem Bett kauert Jeanne, neben ihr die Leiche Napoleons.

Büchner sucht seine letzten Manuskriptseiten zusammen, zerreißt sie.

Die Fuge bricht ab.

JEANNE Ich werde mit dem Kopf meines Geliebten nach Bethulia zurückkehren, und dann werden in der Nacht die Belagerungstürme angerollt kommen, Holofernes zu rächen, und sie werden Bethulia in Brand setzen. Die Männer, die Frauen und die Kinder werden im Feuer umkommen, und stolz werd ich den Bogenschützen entgegengehen, den Kopf meines Geliebten vor mir hertragend, und wenn die große Stichflamme in den Himmel schießt, werden die Pfeile sich in meinen Leib vergraben.

Die Hand Kreislers wird sichtbar, die auf das Harmonium die zweite leere Flasche Champagner stellt.

DIE ZIMSEN Ich war der Liebe Gott.

Sie versinkt im Wäschekorb.

JEANNE Bin ich verrückt?

Büchner sucht seine letzten Manuskriptseiten zusammen und zerreißt sie.

Vorhang

Friedrich Dürrenmatt
27. Februar 1986

Anmerkungen

(Die Anmerkungen* zu *Achterloo III* beziehen sich ausschließlich auf die im vorliegenden Band abgedruckte Fassung, die zu anderen Werken Friedrich Dürrenmatts auf die Diogenes Gesamtwerkausgabe.)

S. 12 Ich mache einen Film über Melina Mercouri: *Ihre beste Rolle*, Südfunk Stuttgart, Erstsendung 22. Juli 1986.

S. 14 den Anfang des Napoleon-Monologs: *Achterloo III*, Erster Akt, Seite 207.

S. 28 Im *Mann ohne Eigenschaften:* Robert Musil, *Der Mann ohne Eigenschaften*, Erstes Buch, Kapitel 59.
Napoleon, der vom Invaliden erzählt: *Achterloo III*, Erster Akt, Seite 268 f.

S. 32 In unserem *Porträt:* Filmporträt von Charlotte Kerr, *Porträt eines Planeten. Von und mit Friedrich Dürrenmatt*, SDR, III. Programm, Erstsendung 26. Dezember 1984.

S. 56 Auch Voltaire ... hat ein Stück über sie geschrieben: *Das Mädchen von Orléans.*

S. 72 Striese: Schmierentheaterdirektor Striese in Franz und Paul von Schönthans *Der Raub der Sabinerinnen*, beliebte Rolle großer Schauspieler.

S. 77 Der Dani: Daniel Keel, Diogenes-Verleger.

S. 86 Wie der Proust: *In Swanns Welt*, 3. Teil.

die Freßarie: *Es steht geschrieben*, Seite 98 ff.
die Rede des Negers als Wallenstein: *Der Blinde*, Seite 223 f.

S. 97 Karter: Egon Karter, Verleger des Theaterverlags Reiß.

S. 98 Gedicht von Conrad Ferdinand Meyer: *Fingerhütchen.*

S. 102 Wie Karl v. mich beschäftigt hat: *Die Wiedertäufer.*

S. 110 Jakob Burckhardt: *Vorträge. Napoleon I.*
Jeanne, die Shaw zitiert: *Die heilige Johanna.*

S. 121 Als ich *Frank V.* fürs Fernsehen vorbereitete: *Frank V. – Oper einer Privatbank*, NDR, Erstsendung 16. Februar 1967.

S. 122 »Unsinn, du siegst, und ich muß untergehn!«: Friedrich Schiller, *Die Jungfrau von Orleans*, Dritter Aufzug, Sechster Auftritt.

S. 123 Wie in den *Physikern*: Erster Akt, Seite 20.